国家社会科学基金课题（15XGL013）阶段性成果

中国书籍学术之光文库

研学旅行
——理论与实践研究

主编 | 徐仁立

副主编 | 杨 凯　郑祖槐　许庆勇

中国书籍出版社
China Book Press

图书在版编目（CIP）数据

研学旅行：理论与实践研究/徐仁立主编. —北京：中国书籍出版社，2020.11

ISBN 978-7-5068-8114-2

Ⅰ.①研… Ⅱ.①徐… Ⅲ.①素质教育—教育旅游—研究—中国 Ⅳ.①G40-012②F590.75

中国版本图书馆CIP数据核字（2020）第226663号

研学旅行：理论与实践研究

徐仁立　主编

责任编辑	杨铠瑞
责任印制	孙马飞　马　芝
封面设计	中联华文
出版发行	中国书籍出版社
地　　址	北京市丰台区三路居路97号（邮编：100073）
电　　话	（010）52257143（总编室）　（010）52257140（发行部）
电子邮箱	eo@chinabp.com.cn
经　　销	全国新华书店
印　　刷	三河市华东印刷有限公司
开　　本	710毫米×1000毫米　1/16
字　　数	359千字
印　　张	20
版　　次	2020年11月第1版　2020年11月第1次印刷
书　　号	ISBN 978-7-5068-8114-2
定　　价	98.00元

版权所有　翻印必究

序言

文化传承需要多元途径

徐仁立

2016年12月，教育部、国家旅游局等11部门联合印发了《关于推进中小学生研学旅行意见》（以下称《意见》），指出研学旅行应立足红色资源、根植红色基因、传承红色文化，这开启了红色研学旅行的热潮。随后国家、省、市相继出台政策文件，明确要求把研学旅行列入义务教育和普通高中的必修课。2017年和2018年，教育部共颁布581个中小学生研究实践教育基地，70%以上的基地以红色旅游资源为主。2019年11月，教育部把"研学旅行管理与服务"作为2019年9个增补专业之一，并于2020年开始实施。由此开启了全国研学旅行蓬勃发展的热潮。但是，实践发展证明，研学旅行理论准备不足，于是出现了一些乱象。这就提醒我们，必须加强研学旅行理论建设，以确保全国研学旅行持续健康发展。

首先，研学旅行是对旅游文化内涵的深化与发展。过去常说，文化是旅游的灵魂、核心，可是在旅游实践中重视程度不够，文化内涵挖掘不够，似乎形成互不粘连的两张皮。游中学、学中游好像成为一句空话。所以研学旅行有助于进一步促进文化与旅游的紧密融合，也是旅游形式的丰富、专业修学范围的延展。其次，研学旅行有助于各类学生，尤其是中小学生教育方式的改善。这从过去的闭门造车，到开门办学，走出课堂向社会学习、向生活学习，运用这种更加灵活多样、生动有趣的学习方式方法，有助于教育方式、教学方法的改革与完善。再次，研学旅行对于文化传承的积极影响，更是不容置疑。中华民族在九百六十万平方公里幅员辽阔的神州大地上，创造了上下五千年源远流长、厚重且丰富多彩的自然与人文景观文化；同时反哺、滋养着亿万中华儿女绵延不断而自强不息。不论是对于传统优秀历史文化、山水文化、红色文化、民族文化、饮食文化、服饰文化、茶文化以及丰富多彩的地域文化，其传播、传承的途径首先当推学校教育。这种教育当然不仅限于课堂教学，同时还应当包括课外实践教育。这类教育方式当然不只是一种教育教学活动，也是一种休闲与娱乐活动。寓教于乐，教于游，教育与旅游融合发展，才能取得更好的教育效果。研学旅行也是培育爱国主义情感的好课堂。了解祖国与家乡，热爱祖国与家乡，建设祖国与家乡，文脉相传，情感相通，进而为实现中华民族伟大复兴贡献力量。

总之，在全域旅游、产业融合的大背景下，研学旅行对于旅游业、对于教育界改革的促进作用，不容低估！当然，我国研学旅行活动才刚刚开始，还有许多理论与实际问题需要在实践中摸索前行。正因为如此，我们组织一些学者，就我国开展研学旅行活动目前需要解决的诸多问题，进行初步的专题理论与实践探讨，以促进我国研学旅行理论与实践研究的进一步深化，研学旅行活动的持续健康发展。

（徐仁立：作者系中国红色文化研究会红色旅游学术研究专业委员会主任、百色学院革命老区红色旅游研究中心负责人、教授）

目 录
CONTENTS

第一篇　理论研究 … 1
研学旅行的性质与影响 … 3
研学旅行基本理论研究 … 10
国外研学旅行发展概况及其启示 … 32
盘点解读中小学研学旅行的政策法规 … 36
研学旅行发展的历史现状问题与对策 … 45
研学旅行课程设计研究 … 57
研学旅行基地建设研究 … 87
研学旅行的组织实施策略研究 … 117
研学旅行的社会支持系统 … 127
研学旅行实施过程中的瓶颈化解研究 … 137
红色旅游景区在青少年体验式研学旅行开发策略研究 … 144
爱国主义教育基地研学旅行研究 … 151
中小学生研学旅行研究 … 156
研学导师的职业素养与岗位技能培训 … 162
研学旅行效益评估研究 … 172
研学旅行持续发展的影响与前景分析研究 … 187
研学旅行学术研究综述 … 197
生态体验式研学旅行理论与实践 … 207
云南省地方院校研学旅行人才培养探索 … 213

第二篇 实践研究 ·· 217

中国研学旅行从红旗渠走来！
　　——红旗渠风景区研学旅行发展探索 ···················· 219
大别山红色研学旅行课程开发创新模式探究 ················ 226
全域旅游背景下红安县红色研学旅游发展研究 ············· 233
用地域特色激发高校红色基因教育活力
　　——以湘潭大学红色文化建设为例 ······················ 238
依托百色做好新时代红色教育培训 ························· 243
桂北红色教育培训机构存在的问题及对策 ·················· 247
中小学红色研学旅行现状分析与课程设计建议
　　——以浙江省为例 ·· 253
提升河源红色旅游优质发展 ································· 260

附　录 ·· 267

主要参考文献 ··· 296
后　记 ·· 309

第一篇

理论研究

研学旅行的性质与影响

自 2012 年教育部选取安徽、江西等 8 个省，开展研学旅行试点工作，尤其是教育部、旅游局等 11 个部委于 2016 年 11 月 30 日出台的《关于推进中小学生研学旅行的意见》把中小学研学旅行纳入中小学教育教学计划以来，研学旅行作为文旅教育融合发展的一个新业态，在相关部门的有力倡导下，全国各地教育、文旅管理部门及景区、中小学校、各地干部学院、社会团体和培训机构积极响应，研学旅行蓬勃发展，已初步产业化，创造了引人注目的社会与经济效益。在此情形下，如何进一步加强理论建设，完善政策法规，引导我国研学旅行事业持续健康发展，已成为文旅学界、业界等不容回避的一个热点问题。加强研学旅行理论与实践研究，其理论价值与实践意义毋庸置疑。

一、研学旅行新论

（一）研学旅行的历史演变

研学旅行竟其渊源，可以说是源远流长。旅游本身就包含着修养、教育、扩大知识等动因。研学旅行一词，经历了游学、修学游、修学旅行、教育旅游、研学旅行等不同的有差别的称谓和发展阶段。

1. 游学结合

历史上游与学一直紧密融合，"读万卷书，行万里路"就是经典的写照。孔子周游列国、求知宣礼传乐十四载，可谓世界研学旅行的先师和典范。后有张骞、遣唐使、唐玄奘、马可波罗等事迹举世闻名；至于文人骚客自不必说，看看李白、杜甫、朱熹、苏轼等一大批文人一生的行踪图，可谓是神游天下。

2. 17 世纪欧洲的大游学运动

在古希腊、罗马，西方哲人也是周游列国，形成学术思想。欧洲 17 世纪兴起"大游学"运动，起初是英、德等国的贵族子弟到法、意等国求学的"漫游式修学旅游"。游客一边游历名山大川、遗址古迹，一边学习文化艺术、语言礼仪等，游学人群逐渐扩大，且成为知识阶层和社会上层的一种生活方式，一直延续至今。

3. "修学旅游"一词源自日本

自明治维新开始，日本鼓励修学旅行。教学大纲中对小学生、初中生、高中生修学旅行的范围、时长做出明确规定，谓之"修学旅行"。1998年海外修学旅游学生达15万人。

4. 日、欧研学旅行持续发展

当今世界，修学旅游已经成为发达国家文化旅游和素质教育的一个有机组成部分。据国际学生旅游联合会统计，仅在20世纪90年代初，每年该会售出专门针对青少年学生的旅游优惠卡150多万张。德国巴伐利亚州政府更是明确将修学旅行写入当地教育法，明确规定了修学旅行的课程、方式、时间等。

5. 我国研学旅行蓬勃发展

近年来我国研学旅行组织、团体如雨后春笋般冒出来：中国研学旅行联盟（2017.5.26，林州市），中国研学旅行教育旅游发展联盟（2017.6.13，安徽），四川研学旅行联盟（2017.6.27，成都），中国青少年研学旅行发展联盟（2017.9.20，黄山），中国研学旅游推广联盟（2017.9.27，曲阜），全国研学旅行教育联盟（2018.7.8，北京海淀），中国旅行社协会研学旅行分会（2018.11.16，山东），中国（长三角）青少年研学旅行发展联盟（2019.1.9，杭州），全国研学旅行行业联盟（2019.3.29，广州花都），全国红色教育基地联盟（2019.9.9，仪陇），还有世界研学旅游组织（WRTO）落户我国（2019.9.6，乐山）等。至于各地干部培训学院、社会培训机构更是难计其数。我国研学旅行发展的形势一言以蔽之，就是商机无限，故蓬勃发展；初始小乱，但产业初现；政策理论，正逐渐完善。

（二）研学旅行的内涵

1. 定义

日本对修学旅游（日语称为しゅうがくりょこう）的解释是："作为学习的一环，教师带领儿童、学生进行团体旅行。"（《明镜国语辞典》）

中小学生研学旅行是由教育部门和学校组织安排，通过集体旅行、集中食宿方式开展的研究性学习和旅行体验相结合的校外教育活动，是学校教育和校外教育衔接的创新形式，是教育教学的重要内容，是综合实践育人的有效途径。（教育部等：关于推进中小学生研学旅行的意见，2016）研学旅行是一种"依托旅游吸引物等社会资源，进行体验式教育和研究性学习的一种教育旅游活动"。（国家旅游局2016年12月19号发布，2017年5月1日实施，中华人民共和国旅游行业标准——研学旅行服务规范）。

上述有关描述虽反映了研学旅行的基本功能与特征，但明显存在着分歧。教育系统的定义存在着两大缺陷：一是仅把研学旅行对象化为学生群体的行为，无视非学生群体，难免以偏概全，排斥了更大的客源市场。事实上研学旅行自古到今就是各类人群、阶层皆可参加的活动。二是只强调学习、教育功能，无视其娱乐功能及其意义。研学旅行不是单纯的培训学习甚至政治运动，它本质上是一种文旅教融合的新业态。而中小学生研学旅行是整个研学旅行体系中的特殊类型和重要组成部分。

故提出新概念：（1）研学旅行可以分为狭义、广义的研学旅行。狭义的是指在校学生课外的研学旅游活动，这是教育方式改革的一项内容；广义的是指所有以研学为主题或目的，以旅游为手段或形式的出游活动。（2）笔者认为，研学旅行就是以文化为内涵、以研学（教育）为目的、以旅游为载体或途径的学习与休闲活动。它是文化旅游内涵的深化，而中小学生研学旅行是研学旅行的特殊类型和重要组成部分。

2. 研学旅行的属性

研学旅行到底是旅游产品，文化产品，还是教育产品？对此有种种争论：教育系统说是"教育+"、文化系统说是"文化+"、旅游系统说是"旅游+"产品。这些都是在条块分割管理体制下已经固化了的本位论的思维模式的争论。笔者认为，研学旅行以文化为内涵，以教育和旅游等为传播途径，既非单纯的旅游，也非纯粹的教学，而是介于游与学之间，又融合了游与学的内容，是一种以"游学相伴、游学交融、知行合一"为特征的文旅教融合的产品。"游中学，学中游"，"寓教于乐，寓教于游"，最能够体现文旅教融合与文化旅游的本质内涵。

（三）研学旅行的种类

1. 按照不同标准可以划分不同类型：

（1）按地域分为：入境游、出境游和国内游；

（2）按行为模式分为：团体和个人研学旅行；

（3）按学科分类分为：自然科学和人文社科研学旅行；

（4）按体验程度分为：单向体验（听讲、观光等）和双向体验研学旅行（互动和参与）等。

2. 依据文化和旅游部发布的《研学旅行服务规范》(LB/T054-2016)，按资源类型分为五类：

(1) 自然观赏型产品；

(2) 知识科普型产品；

(3) 励志拓展型产品；

(4) 体验考察型产品；

(5) 文化康乐型产品。

3. 近来还有人分类为：

(1) 科普探秘；

(2) 历史文化；

(3) 自然生态；

(4) 爱国主义教育；

(5) 励志拓展类（博雅方略，2019）。

虽各有其理，但仍需进一步厘清旅游与教育各自不同的视角与标准。

(四) 研学旅行的构成要素

与旅游的构成要素：游客、旅游企业、目的地政府和目的地居民（罗伯特·麦金托什，1980），或旅游客源地、旅游目的地、旅游通道（雷珀，1987）不同，研学旅行的构成要素主要有5个：

(1) 主体：研学旅行者。作为研学旅行产品存在的前提和消费的主体，以在校学生群体为主，各类专项研学旅行爱好者、科研人员也是重要组成部分。

(2) 客体：研学旅行产品。是帮助研学者达成研学旅行目的的核心要素。

(3) 载体：研学旅行目的地。指具备研学旅行资源和服务设施的基地。

(4) 主导者：研学旅行目的地政府。主导并通过对研学旅行资源的保护、开发，和产品的规划、管理等活动实现经济、社会、环境等效益最大化。

(5) 媒体：研学旅行企业，通过旅游产品设计、供给和组织实施，成为连接研学旅行者和研学旅行产品的媒介和市场开发的催化剂。

上述5个要素以研学旅行者为中心，相互联系、相互作用、互为制约，构成了完整的研学旅行活动。

(五) 研学旅行的特点

研学旅行作为一项文旅教育融合产品，除了旅游的共性如社会综合、经济消费、文化休闲、国际政治和生活方式（克里斯·库珀）外，还具有自身的特性：

1. 从动态、跨界的角度看，其特点有：

（1）教育和旅游的功能统一。突出"学"字，"游学相融"。

（2）文化和经济的统一。具有文化教育和经济产业的双重属性，是二者的完美融合。

（3）区域和国际的空间统一。文旅资源既是民族的又是世界的，具有跨时空的特点。

（4）现实和发展的时间统一。任何文旅资源既是历史的，又是时下的，连接着过去、现实和未来（陈非，2009）。

2. 从静态的角度看，主要特点有：

（1）国际性；

（2）知识性与文化性；

（3）参与性强；

（4）注重精神收获，游客更注重精神上享受与收获，在吃住上多侧重经济型；

（5）以青年人为主体。青年人多具强烈的求知欲（苗小倩，2007）。

二、研学旅行是文旅融合发展的必然结果与新方向

（一）研学旅行是文旅融合的必然结果

20 世纪 20 年代提出、70 年代受到广泛关注的产业融合理论，其基本思想就是由于技术进步和管制放松，发生在产业边界和交叉处的技术融合，改变了原有产业产品的特征和市场需求，促使企业之间竞合关系发生改变，产业界限的淡化甚至重划产业界限，结果出现了新的产业或新的增长点。旅游业是根据旅游者需要界定的产业，其具有综合性强、关联度高、产业链长等特点，尤其具有产业融合的特性。文旅部门的合并，就是产业融合的结果；而研学旅行融合了文化、教育、旅游及其他相关服务业，是产业融合发展的必然结果。文化产业与旅游产业的融合关系在此不再赘述（详见徐仁立发在《宏观经济管理》2012 年第 1 期的文章：《旅游产业与文化产业融合发展的思考》）。

（二）研学旅行是文旅融合发展的新方向、新阶段

研学旅行不仅是文旅融合的产物，而且笔者认为，其还代表着文旅融合的程度与发展方向，也是旅游创新发展的增长点。文旅管理部门融合不可逆转，而文旅融合还处于初级阶段，甚至是冷盘拼凑，需要深度融合。而研学旅行在新时代的再度兴起，为文旅深度融合提供了一个切入点和重要抓手。也就是说，

应广义去理解研学旅行，并放在一个战略而非战术的地位，而不只是一个分支的、专项旅游或教育产品开发问题。从修学旅游到研学旅行，就是从专业修学的小天地解放出来成为国民教育旅游，从小众旅游到大众旅游，这一点在红色旅游中表现得尤为典型。由此将引发文旅教育等的进一步深度融合，行业重新洗牌，文旅理论、知识体系的重构等一系列问题。研学旅行的兴起，将要求我们进一步深挖文化内涵，强化教育功能，提升旅游文化品位，丰富旅游文化环节，促进旅游对文化的消费，真正体现文化是旅游的核心和灵魂。同时要更好地满足民众日益增长的精神文化需求，传承优秀文化，提高国民素质、坚定文化自信、增强爱国爱乡情感、建设文旅强国。之所以一些同仁较难理解、认识不够，原因就在于过去长期的行业分工和管理体制，已经形成了本位论的固化的思维模式。就是在当下的研学旅行和培训中，自觉不自觉地割裂文旅之间的内在联系，有学无游、有游无学两个极端依然突出存在。产业发展，但理论缺失。

（三）红色研学旅行是传承红色基因的有效方式

文旅融合内容、方式很多。其中，红色旅游就是红色文化与旅游融合的重要成果之一。而红色研学旅行又是红色文化、旅游与教育、培训融合的结果。但是，与红色文化传播即地域扩散与群体散布不同，与日益丰富的传播途径，如物质、精神、媒介、影视、服饰、饮食、网络、旅游文化传播方式不同，红色基因的传承有其独特的规律和环节。传承是指传递、接续、承接。传播是传承的前提，传承是传播内在化进而外在化的结果。通俗讲就是我们常说的：内化于心，外化于行。而这一传承的过程，需经过接受、内化、外化三个阶段。其中接受是前提，内化是关键，外化是结果。这一过程按照知（认知）、情（感情）、信（信念）、意（意志）、行（行为）的内在程序循环往复，构成了思想教育的整体演进和持续进行。其中知是先导，情是动力，信是支柱，意是关键，行是归宿。因此，要"晓之以理，动之以情，练之以志，强之以信，导之以行"。红色基因传承更注重教育内容从"外我化"到"属我化"的转变。这一新命题就要求我们不仅只看重受教育者学习、掌握了多少红色文化知识，而是更应看重受教育者在多样化教育、实践的过程中，应养成的品质和素养。而红色研学旅行能够通过知识学习、情感激荡、信念固化、意志磨炼和行为引导等丰富的研学游环节，真正落实"寓教于乐""寓教于游"，实现这一目的。所以说，红色研学旅行是传承红色基因的有效方式。那种排斥游乐对提升传承文化基因的作用，闻游色变的态度与做法，是不足取的。

（四）发展研学旅行是原苏区打造精神高地、实现振兴的必要举措

原苏区具有开展研学旅行的品牌优势、资源优势、政策优势。如江西拥有革命摇篮、军队摇篮、共和国摇篮、工运摇篮，还有一个靓丽的精神旗帜——方志敏等。原苏区是有着丰富革命历史、事迹和坚韧精神的红色文化资源。苏区精神的内涵正如习近平总书记概括的28个字：坚定信念、求真务实、一心为民、清正廉洁、艰苦奋斗、争创一流、无私奉献。原苏区人民当年发扬这种精神，建设崭新社会，使得原苏区一度成为中国社会发展的先进区域，成为有志青年向往、投奔的圣地。今天进行原苏区建设，一方面要大力弘扬苏区精神，加大改革开放力度，以增强原苏区发展的内生动力和外部吸引力；另一方面要争创生态文明新区。依靠自身资源优势和后发优势，从农业文明跨越工业文明，直达更高阶段的生态文明阶段，打造活力老区、美丽老区、幸福老区、文化老区，必将再次成为城市人口、有志青年创新创业、享受生态文明成果的向往和投奔的圣地！如同大革命时期的广州、抗战时期的延安、改革开放之初的深圳。总之，发展研学旅行有助于打造精神高地，促进生态文明建设，带动原苏区经济文化社会发展，实现原苏区振兴。

研学旅行基本理论研究

一、研究背景

随着旅游的融合发展和教育的深化改革，研学旅行得以产生、发展和完善。理论与实践是一对辩证的范畴，科学的理论对实践有积极的指导作用。2013年前研学旅行就已在安徽等各省份如火如荼地进行试点，在2013年得以明确提出后，各地各行蜂拥而上，蓄势待发的研学旅行市场迅速走向火爆，同时给研学旅行带来了新的机遇和挑战。目前我国研学旅行市场机会多，需求旺盛，但同时市场体系不够完善，研学旅行产品不够精致，给旅游工作者和教育工作者带来了极大的挑战。在我国中小学开展研学旅行的过程中，普遍存在着重游轻学、规划随意、评价单一，课程有意思有意义不能并重等问题。究其原因，传统教育观念的制约，受制于复合型师资人才的匮乏等只是表层原因，根本原因在于理论研究的匮乏。

总观我国研学旅行的理论研究和实际践行，出现了发展严重不平衡的状况，理论研究亟待补充。国外研学旅行相对中国起步较早，理论研究也相应更为成熟。国外对于研学旅行理论研究形式上大多从户外教育、夏（冬）令营、教育旅游、旅游教育着手；内容上大多从外国代表教育学家如夸美纽斯、卢梭等的理念着手。近年来，在国家政策与市场的驱动下，研学旅行逐渐走入国内旅游界以及教育界的研究视野并成为提高综合实践育人研究的新领域。我国研学旅行的研究也相应集中在近十年，作为素质教育改革关键践行方式而得以初步研究。反观我国研学旅行的研究领域，学者大多从研学旅行课程设计、课程实施构建、导师素养等作为切入点进行相关研究，缺乏关键性的理论研究。科学的研究理论是指导实践朝着正确的轨道、高质量发展的重要前提，在研学旅行迅速蹿红的时代背景下，研学旅行的研究理论亟待补充和完善，以促进研学旅行健康发展。

（一）基于旅游视角的研究

其一，研学旅行是国民旅游休闲背景下的时代需求。新中国成立以来，伴随着国民经济水平提升，中国同世界各国的文化交流日益开放密切，我国旅游形式也不断多样化。2003年在上海成立的修学旅游中心组织专业人员编写出版了《修学旅行手册》，倡议江苏、浙江、安徽等地区联合打造华东研学旅行文化游黄金线路。在2013年，国务院印发《国民旅游休闲纲要》（2013—2020）的通知中首次正式提出逐步推行中小学生研学旅行的设想，加强国民旅游休闲产品开发与活动组织，鼓励学校组织学生进行寓教于游的课外实践活动，健全学校旅游责任保险制度。这一设想将旅游与教育紧密结合，为2016年教育部等十一个部门联合印发的《关于推进中小学生研学旅行的意见》（以下简称《意见》）埋下重要伏笔。该意见明确提出将研学旅行纳入中小学教育教学计划，指出研学旅行有利于满足学生日益增长的旅游需求，从小培养学生文明旅游意识。同年，国家旅游局发布的《关于公布首批"中国研学旅游目的地"和"全国研学旅游示范基地"的通知》为研学旅行的蓬勃发展提供了保障。

其二，研学旅行是旅游供给侧结构性改革背景下的有效供给。长期以来，我国在国民经济管理上大致采用的是需求侧思维方式，围绕"消费、投资、出口"三驾马车调整经济运行。但在此过程中，负面效应逐渐显现，并积累了矛盾。由于我国经济供给结构出现严重的不平衡，供给侧结构性改革在2015年得以提出。旅游业的供给侧结构性改革是在旅游业领域内，按照国家供给侧结构性改革的理念，调整旅游供给的总量和结构，从而更好地满足国民旅游需求的过程。在人民的社会矛盾促进旅游的全方位融合发展已是社会大趋势的背景下，为顺应我国旅游需求的转变消费大众化、需求品质化、产业现代化的旅游发展新趋势，研学旅行作为有效供给的优质旅游方式、深化素质教育的突出改革方式，增加了旅游供给总量，提高了旅游供给质量。

其三，研学旅行是文旅融合背景下的沉浸式旅游体验诉求。2017年，习近平同志在中国共产党第十九次全国代表大会指出，中国特色社会主义进入新时代，我国社会主要矛盾已经转化为人民日益增长的美好生活需要和不平衡不充分的发展之间的矛盾。与此同时，我国旅游者日益增长的高质量旅游需要和不平衡不充分的旅游发展之间的矛盾也日益突出。传统的走马观花式旅游时代也已逐步消逝，沉浸式文化旅游体验是新时代旅游者的重要诉求。到2018年，为增强和彰显国家文化自信，统筹文化事业、文化产业发展和旅游资源开发，提高国家文化软实力和中华文化影响力，推动文化事业，文化产业和旅游业融合发展，组建文化和旅游部。政策导向下的旅游业发展内容趋于丰富，发展形式趋于多样，发展结构趋于优化。文化与旅游的结合，不仅代表着"诗与远方"的联合，更凸显出"读万卷书"与"行万里路"贯穿的重要性。因此，在各产业对传统平面景区蜻蜓点水式游览的颠覆下，研学旅行这一重要业态应势而生，成为旅游与教育创新性融合的重要产物，不仅突出了旅游与教育的联合特色，也彰显了旅游的包容性和纳新性。

（二）基于教育视角的研究

其一，早期境外修学向境内研学衍生背景下的研学旅行。教育部最早提及研学旅行在于2014年教育部制定发布的《中小学赴境外研学旅行活动指南》，《指南》所称中小学学生赴境外研学旅行活动是指根据中小学学生的特点和教育教学需要，在学期中或者假期以集体旅行和集中住宿方式，组织中小学学生到境外学习语言和其他短期课程、开展文艺演出和交流比赛、访问友好学校、参加夏（冬）令营等开拓学生视野、有益学生成长的活动。此时的研学旅行局限于中小学生赴境外参夏（冬）令营，重点有三：其一是境外；其二是夏（冬）令营；其三，目的在于提高学生的国际理解能力，增进对其他国家和地区的认识。此后，国务院印发系列文件，明确将研学旅行纳入中小学生日常教育范畴、学生综合素质教育范畴。

其二，从应试教育向素质教育改革过渡背景下的研学旅行。教育事业马虎不得，方方面面当谨小慎微。我国教育事业也是在不断地摸索，改革，创新中稳步发展。与素质教育相对的应试教育一直饱受诟病，其原因是应试教育抹杀了孩子的天性，探究性学习的意愿和主观能动性未经萌芽已被扼杀在摇篮中，是我国教育事业长期以来着力改革的重点。研学旅行在这强调核心素养、综合素质教育、实践育人、立德树人的核心思想下应时而生，与运俱行。研学旅行继承和发展了我国传统游学"读万卷书，行万里路"的理念和精神，贯彻了《国家中长期教育改革规划和发展纲要》的重要精神，成为素质教育的创新内容和践行方式。

其三，坚持中国大地办教育，厚植爱国主义情怀背景下的研学旅行。至2016年，教育部明确提出将研学旅行纳入中小学教育教学计划，纳入学生的学分管理体系和综合素质考核体系，意味着研学旅行被正式纳入中小学必修课程。此时的研学旅行，水到渠成，在研学旅行目的地上不仅仅局限于境外，中国文化古都和红色经典旅游目的地成为热门目的地；在研学旅行内容上强调依托自然和文化遗产资源，红色教育资源和综合实践基地等开展研学旅行活动；在研学旅行目标上强调践行社会主义核心价值观，激发学生对党、对国家、对人民的热爱之情；推动全面实施素质教育，促进书本知识和生活经验的深度融合，培养德智体美劳全面发展的社会主义建设者和接班人。

总之，关于研学旅行的研究，不可孤立旅游或教育其中一方。中国作为文明古国、礼仪之邦，自古以来游学之风颇为盛行。今天我们广泛关注研学旅行，既是优秀传统文化传承的需要，也是在旅游中深刻认识社会的需要，更是教育方式变革的需要和知识拓展的需要。

二、核心概念

（一）研学旅行概念内涵

研学旅行，顾名思义，既重视研学又注重旅行，强调学习和游历并重。研学是指研究性学习，国际上统称探究式学习 HBIL，是指以学生为中心，在教师和学生共同组成的学习环境中，基于学生原有的概念，让学生主动提出问题、主动探究、主动学习的归纳式学习过程。旅行是指远行，去外地办事或游览。相对于旅游，旅行崇尚体验、知识、感悟的获取，推崇在旅途中不期而遇，享受目的地的独特风情。研学课程、研学导师、研学产品、研学营地、研学管理是研学旅行的五大要素，其中研学课程和研学导师是研学旅行的核心要素，研学产品和研学营地是重要载体，研学管理尤其是安全管理是关键要素。

"研学旅行"一词最早出现于 2013 年 2 月国务院办公厅印发的《国民旅游休闲纲要（2013—2020 年）》。作为发展学生核心素养的行动路径之一，研学旅行贯彻我国教育改革相关意见纲领，近年来逐渐在人们的认知中深化。对此，各界定义众说纷纭，有不同的内涵理解。

1. 旅游界与教育界之辨

从我国政策颁布上的定义看，旅游界的行业标准把中小学生研学旅行定义为一种"依托旅游吸引物等社会资源，进行体验式教育和研究性学习的一种教育旅游活动"。教育界所认定的研学旅行的定义是 2016 年 11 月 30 日教育部牵头 11 部门印发的《意见》，其中明确阐明："中小学生研学旅行是由教育部门和学校有计划地组织安排，通过集体旅行、集中食宿方式开展的研究性学习和旅行体验相结合的校外教育活动，是学校教育和校外教育衔接的创新形式，是教育教学的重要内容，是综合实践育人的有效途径。"

2. 广义与狭义之分

从学者所称的广义和狭义的角度来看，广义上的研学旅行是指任何旅游者出于文化求知的需要，在人生任何阶段暂时离开常住地以独立出游、结伴或团队到异地开展的文化考察活动，旅游界学者一般采用这个界定。狭义上教育者所称的研学旅行即为上文所提《意见》中的定义。

3. 国内与国外之别

从中外研学旅行来看，各国对研学旅行皆有不同的名称和定义。在我国，官方所称和大众普遍接受的名称为研学旅行；在研学旅行发展十分成熟的日本称为修学旅行（日语称为しゅうがくりょこう），修学旅行是基础教育阶段各级各类学校均需要开展的一项重要教育活动，是学生在教师带领下集体出动并伴有住宿的以参观、学习和研修为目的的旅行；早在16世纪，随着社会的发展，资产阶级化的英国贵族经济实力得到了提升，文化水平也有所提高，为了巩固对政权的统治，贵族必须开阔眼界，增长见识。从欧洲大陆来看，文艺复兴之后的意大利、法国等国家因为其人文气息吸引着英国贵族学子前去接受艺术的熏陶，故在17世纪已盛行的英国富家子弟外出游历称为大陆游学（The Grand Tour）；美国研学旅行的形式主要是夏（冬）令营，以学生兴趣爱好为主。也有不少参加国内高校游的夏令营，以便为将来升学选择做准备。

一千个人眼中就有一千个哈姆雷特，对于独具中国特色的研学旅行来说，无论从任何角度来阐述都不能分割旅游或教育任何一方。我国的研学旅行坚持以习近平新时代中国特色社会主义思想为指导，全面贯彻党的教育方针，遵循教育规律，发展素质教育，提升国民旅游休闲质量，抓好探究学习和旅游休闲两辆马车齐头并进，综合培育具有坚定理想信念、爱国主义情怀的社会主义建设者和接班人。

（二）相关概念辨析

不难发现，在各种旅游论文，旅游著作，旅游媒体等相关媒介中，经常出现与"研学旅行"相关的或相近的概念。常见的有旅游，游学，春秋游，夏令营，社会实践活动，社会大课堂等。在此，我们逐一对以上相关概念进行对比和分析。

1. 研学旅行与旅游

旅游，是旅游学科中最为基础的概念。对于旅游的定义，业界尚未达成共识，国内外皆有资深学者进行界定且各有侧重。国内谢彦君教授在《基础旅游学》一书中将旅游定义为："旅游是个人以前往异地寻求愉悦为目的而度过的具有社会、休闲和消费属性的短暂经历。"谢彦君教授强调了旅游的属性和本质。世界旅游组织（WTO，1991）的旅游定义是，一个人旅行到一个其惯常居住环境以外的地方并逗留不超过一定限度的时间活动，这种旅行的主要目的是在到访地从事某种不获得报酬的活动。世界旅游组织对旅游的定义则侧重于范围的界定。业界国内外旅游定义侧重点不同，在此不一一枚举。

类似于旅游类型中奖励旅游，研学旅行是一种专注于青少年群体的主题旅游。教育部基础教育一司司长王定针对研学旅行的特点曾提出"两算两不算"：一为有意组织算。研学旅行是有目的、有意识的，作用于学生身心变化的教育活动。二为集体活动算。以年级为单位，以班为单位，乃至以学校为单位进行的集体活动。旅游的目的明确，是在异地行动中的游乐见识，是一种娱乐活动，其主要功能是休闲，调节生活节奏，丰富阅历。研学旅行主题明确，是在行动中学习探究，是一门课程，一项教育义务。研学旅行讲究研与学统一，既不可忽略旅游的休闲作用也不可忽视旅游过程中的知识获得与实践检验。

2. 研学旅行与游学

游学是一种文化人通过异地旅行获得知识、通过遍游各地亲自进行文化体验、远游异地拜师求学以及文人间扩大学术视野进行学术交流的活动。查阅国民最常用的搜索引擎百度，将其定义为游学（StudyTour），是世界各国、各民族文明中，最为传统的一种学习教育方式。现代教育意义上的游学，是20世纪随着世界和平潮流和全球化发展进程而产生，并逐渐成熟的一种国际性跨文化体验式教育模式（Experiential Learning Model）。

游学一词是研学旅行正式提出前较为普遍接受的代名词，是古今中外传统的边游边学的典型学习方式。研学旅行晚于游学，国内可以追溯到孔子周游列国进行治国理念、政治主张的传播，是一种带着目的边游边学的长期异地活动的行为。古代游学相对于研学旅行时间更长，目的地范围更广、团体或个人自发游学，目的通常是知识获取，传播个人主张，考察取证等。现代游学时间周期通常在1—4周，去往国外学习语言，参观名校，游览国外著名景点和在寄宿家庭寄宿是游学的主要方式和内容。无论是古代游学或是现代游学往往都需要历经数周、数月甚至数年，而研学旅行通常指的是短期研学，时间往往不会超过2周。在内容上看，现代游学往往以学习国外语言和文化居多，而我国研学旅行强调各阶段学生外出研学感受的是本国文化，着重考察本国乡土乡情，县情市情，省情国情，激发学生对党、对国家、对人民的热爱之情。

3. 研学旅行与春游、秋游

由于春秋游已经泛化成比较普遍的一种出游，故学术界并无准确定义，政府也并无官方文件进行定义。查阅春游，古称踏青，是一种古老的传统民俗文体活动，古时一般在上巳节、清明节。秋游，秋天的旅游。

15

春秋游由来已久，是我们常在生活中提及的词汇。在教育界目前并没有明确的政策文件规定一定要组织春秋游。追溯起来，春游的目的是让同学们在绿意盎然的郊野去踏青，放松身心，呼吸新鲜空气，活动筋骨，感受生机勃勃的春天。秋游也是如此，让学生去享受秋高气爽，黄金灿灿的收获季节，所以春秋游是中小学生喜闻乐见的一种形式。春秋游相对研学旅行来说，首先是没有国家政策明确的规定春秋游，也没有官方定义，只是学校自发组织的娱乐活动。其次是春秋游时间比较固定，通常在阳光明媚的春天和硕果累累的秋天，而研学旅行时间上并无固定，反而通常会安排在旅游淡季。最后在内容上，春秋游旨在放松学生身心，在恰当的时间较近的郊外感受大自然的美好，研学旅行则是有一定的教学目标的。

4. 研学旅行与夏令营

学术上对于夏令营的研究大部分以夏令营的进入市场，法律法规制度的研究居多，对于理论研究尚较为片面。搜索引擎百度将夏令营定义为暑假期间提供予儿童及青少年的一套受监管的活动，参加者可从活动中寓学习于娱乐，具有一定的教育意义。

夏令营，顾名思义，就是在寒暑假期间进行的学生校外教育。夏令营在美国较为盛行，这种形式主要来源于美国的营地教育，营地教育有不同的主题军事、拓展、英语、艺术、科技，现在还有减肥营、男孩女孩塑造营等特色主题营。由于是在放假期间进行的活动，所以冬夏令营大多是家庭自发组织，没有强制性和义务性，较为市场化的校外教育形式。夏令营时间比较固定，集中在暑假或寒假，研学旅行则是在学期内进行的。从消费形式上来讲，夏令营是完全自费，依靠家庭条件居多。而我国的研学旅行是由政府支持，学校主导，家庭参与，着重强调的是让中国无论发达地区或是贫困山区的学生都能参与，讲究每一个孩子都是平等的。从主题上来讲，夏令营偏重学生的兴趣活动，兼课时日常生活习惯养成，美体塑造等主题，我国研学旅行则偏重于爱国主义教育，红色旅游，感受我国大好河山、强国魅力。

5. 研学旅行与综合实践活动

教育部在2017年9月发布的《中小学综合实践活动课程指导纲要》对课程的性质、目标、形式、管理做了详细的规定。综合实践活动是从学生的真实生活和发展需要出发，从生活情境中发现问题，转化为活动主题，通过探究、服务、制作、体验等方式，培养学生综合素质的跨学科实践性课程。

综合实践活动包括研究性学习、劳动技术教育、社区服务、社会实践四大部分内容，更加强调学生的主体地位和主体能动性。开展综合实践活动旨在让学生联系社会实际，通过亲身体验进行学习，积累直接经验，培养创新精神、实践能力和终身学习的能力。与研学旅行同质的是，综合实践活动也是国家规定的必修课。与研学旅行不同的是，综合实践活动是社会生活与课外课堂的结合，研学旅行是大国风采的探索和探究性学习的结合。前者虽然也是在校外进行，但不强调旅行，其目的在于引导学生，进行德育，促进学生价值观的正确发展，成为一名品行良好的青少年。而后者以一种更加轻松的方式，寓教于游，让同学们在感受祖国大好河山的同时进行主动的探究性学习，创新性学习，是一种课堂知识的引申，在旅行的同时践行书本理论知识，可以是语文课本中诗人陶渊明"采菊东篱下，悠然见南山"所描绘的场景在乡村旅游、田园综合体中得到再现，可以是历史课本中草船借箭的典故在营地的生动还原，可以是化学课本中反应式在生态循环中的应用等。研学旅行倡导将课本导出至社会和生活，引导学生自主提出问题，以书本理论为依据，在旅行过程中有针对性的解决问题。

6. 研学旅行与社会大课堂

社会大课堂是独具北京特色的校外教育创新形式。2008年北京市大兴区教育委员会发布《关于社会大课堂工作实施方案》，统筹利用博物馆、工厂、社区、农村、院校资源单位成为学生素质实践教育的场所，以免费或优惠形式服务于中小学生，发挥爱国主义教育基地、社会公益文化设施、学生实践场所等资源的教育作用。与研学旅行初衷类似，中小学生社会实践大课堂整合利用了区域内丰富的人文地理资源，以爱国主义教育基地、公益性文化设施、工厂、农村、社区等为依托，通过为学生提供免费或优惠的场所条件、安全的活动环境、相匹配的教育内容，为学生集体或个人参加丰富多彩的课外、校外活动，开展研究性学习、社区服务、社会实践以及组织学科教学活动等创造条件。研学旅行着重强调各地要根据研学旅行育人目标，依托自然和文化遗产资源，红色教育资源和综合实践基地等，打造一批示范性研学旅行精品线路，形成布局合理、互联互通的研学旅行网络。针对不同地域不同学习阶段开发针对性的多样特色研学旅行课程。研学旅行与社会大课堂的差别在于研学旅行是全国性的教学计划活动，社会大课堂是独具北京特色的综合实践活动落地，其目的在于推进首都教育现代化的进程。北京市大兴区社会大课堂的性质和理念与我国推行的研学旅行较为契合，对我国研学旅行在资源选择和基地建设上有重要启示。

(三) 基本理论

近年来，随着教育改革政策的颁布和文化旅游融合背景下的旅游产品有效供给增加，研学旅行市场日益火爆，我国旅游界和教育界纷纷迅速反应，相继开发出一系列研学旅行产品意欲抢占先机，夺下研学旅行庞大的市场。空前火热的背后带来的却是研学旅行出现只游不学的问题，研学基地、设施设备、安全保障等统一标准规范无统一定论，因此研学旅行理论的研究亟待完善和补充。就学术研究而言，研学旅行需加强本体研究，深入挖掘研学旅行的内涵，补充、完善和创新理论研究体系以便更好地指导当下如火如荼的研学市场，全流程规范研学旅行的开展实施。

通过梳理我国古代传统研学理论的发展，在总结归纳尚有的自然主义教育理论、生活教育理论、休闲教育理论三大理论基石之上，结合研学旅行所涉及的教育界和旅游界相关学科理论，归纳学习进阶理论、主体能动理论、在地教学理论、旅游教育理论、多元评价理论五大拓展理论，以完善和补充研学旅行理论研究体系。

1. 中国古代研学理论

研学旅行之所以成为旅游界和教育界的聚焦点，在于其历史渊远，内涵丰富，且作为践行教育、发展国民旅游休闲的创新形式，得以产生、发展和融合创新。对中国传统的游学进行考察与思考，将我国游学历史划分为知而后游、游而后知、知行合一等三个阶段，旨在揭示游学在中国文化历史发展和教育育人事业过程中的重要作用，为当今社会创造优质研学旅行环境、全方位提升我国青少年的素质提供参鉴性的路径和建议。研究其历史渊源，注重分析百家理念，着力于对研学旅行理论研究提供历史依据和文学依据。

第一阶段：知而后游

早期的游学侧重于传播政治思想主张，读书悟道。代表人物为孔子、司马迁、邴原。春秋战国时期是我国百家争鸣、人才辈出、学术风气活跃的时代。独具代表性的孔子开创了私人讲学之风，倡导仁学之游，他中年率领部分弟子在艰难困顿中周游列国，先后到过卫国、曹国、宋国、郑国、陈国、蔡国、楚国，考察各地的风土人情，宣传礼乐文化，一为求学，二为求名，堪称世界研学旅行的开创者和典范。此时的游学可以说是研学旅行的开创时期，用现代研学旅行全流程的角度来大致归纳春秋战国时期游学的特征。孔子周游列国，是孔子自发的，以孔子本人及其弟子为游学主体，以读书悟道为主题，以传播孔子的治国理念，政治主张为目标，游学自发实施，类似于穷游，并无重大保障。中国第一部纪传体通史《史记》作者司马迁，青年时期开始外出游历，"南游江、淮，上会稽，探禹穴，窥九疑，浮于沅、湘、北涉汶、泗，讲业齐、鲁之都，观孔子之遗风，乡射邹、峄，厄困鄱、薛、彭城，过梁楚以归。"后也跟随汉武帝到过平凉、崆峒，又奉使巴蜀等地。无独有偶，东汉末北海朱虚人自幼天资过人又勤奋好学，随着年龄的增长，他深感知识不够，便以增长见识，提升阅历为目的多年游学，游学途中恐喝酒荒思废业还戒酒专心游学。司马迁和邴原是自发性的游学，以本人为游学主体，以探索世界为主题，以知识日滋月益为游学目标，游学自发实施，也无经济或社会保障。

第二阶段：游而后知

北魏郦道元，幼时随父访求水道，博览奇书，游历秦岭、淮河以北和长城以南的广大地区，考察河道沟渠，搜集风土民情、历史故事、神话传说。撰有《水经注》四十卷，是一部优美的山水散文汇集，这也使之成为中国游记文学的开创者。游学极大地开阔了学者的视野，丰富了他们的知识沉淀，对今天的实践育人教育是颇有借鉴意义的。再者，众所周知的是唐代诗仙李白一生将近游历了大半个中国，在此期间得以创作出大量脍炙人口的名篇。最具代表性的是开元十三年（725年），李白出蜀，以大丈夫当志在四方为由，"仗剑去国，辞亲远游"。宋代文人游学重在格物致知，元代文人盛行游学。宋代诗人陆游曾说过"纸上得来终觉浅，绝知此事要躬行"，书上得来的理论始终是不够完善的，践行之后才会有深刻的领悟。

第三阶段：知行合一

明代书画家董其昌所写《画禅室随笔——卷二》画诀："画家六法，一气韵生动。气韵不可学，此生而知之，自有天授，然亦有学得处。读万卷书，行万里路，胸中脱去尘浊，自然丘壑内营，立成鄄鄂。"强调书读五车也要不远万里践行书本知识。我国领袖毛泽东也曾在《讲堂录》里写下这样的名言："欲从天下万事万物而学之，则汗漫九垓，遍游四宇尚已。"值得注意的是在新中国成立初期，思普地区赴京观礼，以爱国研学为主题的民族团结修学旅游。此次民族团结修学旅游是首次以爱国思想为指导，研学主体为修学旅游者，厚植爱国主义情怀教育为研学目标的研学旅行。著名作家余秋雨先生在《文化苦旅》一书中曾提出"路，就是书"的观点，研学旅行正是路与书的结合，诗与远方并举的理想生活。

研学旅行的出现、发展与逐步完善绝非一朝一夕凭空出现，是国家政策和国民供需的拉动下综合衍生的兼具重大教育意义、旅游休闲意义的时代产物。从我国历史文化名人的游学到现今社会所理想的诗和远方可见，研学旅行是历史长河中历经验证和发展嬗变的一种经久不衰的学习方式、旅行方式，也为研学旅行理论研究提供了充足的证据。

2. 三大理论基石

（1）自然主义教育理论

①涵义与特征

自然主义教育理论的核心是围绕"自然"展开的，表示遵循自然发展规律，遵从自然本性的教育观。自然适应性、实践性、主体性是其主要特征。世事万物，无法脱离大自然而发展生存，无法违背大自然的生存法则。对于我国教育而言，我们从不缺自然，缺的是自然教育。自然主义教育理论的核心理念是顺应大自然的发展规律、原则，对孩子循循善诱，循序渐进地进行教育。合理的教育应当注重儿童身心发展规律，让孩子在恰当的年龄学习恰当的知识，做恰当的事。

②中国代表人物和思想理论

自然主义教育古今中外都得以普遍承认。"自然"，哲学名词。老子在《道德经》中提到"人法地，地法天，天法道，道法自然"，老子用一气贯通的手法，将天、地、人乃至整个宇宙的生命规律精辟涵括、阐述出来。"道法自然"一词囊括了世间万物，概括了世间所有自然规律。道家主张回归自然，复归人的自然本性，尊重规律，一切任其自然就是最好的教育。老子曰："知常曰明，不知常，妄作凶。"教育是人类社会的一种特殊活动，有其自身的规律和内在发展态势。遵循规律，顺应教育发展态势，称为"知常"。教育的作用不是去主观创造什么规律，在道家眼中，教育者无须设计什么，遵循学生主体的生命发展规律，以启迪人之心智，使人开化。"为学日益，为道日损。"阐述了现代教与学中所提出的循序渐进的教育原则。

③西方代表人物和思想理论

西方自然主义教育理论代表人物可以追溯到柏拉图的学生、亚历山大的老师古希腊思想家亚里士多德的教育理念——教育适应自然。他把人的灵魂分为植物灵魂、动物灵魂和理性灵魂三个部分，认为要使这三个部分得到最满足充分的发展，最有效的途径是教育和训练，从发展植物灵魂的体育到发展动物灵魂的德育到发展理性灵魂的智育。因此亚里士多德提出了"教育适应自然"理论，他提出合理的教育需要遵循儿童身心发展规律的特点，遵循大自然的规律。亚里士多德首次提出教育适应自然的原则，为之后的"遵循自然"的教育思想开创了先河。亚里士多德的教育适应自然、注重儿童身心的教育观点是我国现代素质教育的充分补充，对研学旅行也颇有启示。

西方近代教育理论的奠基者夸美纽斯，他在所著一书《大教学论》中明确提出要将自然教育思想真正地融入学校的教育体系中。夸美纽斯主张遵循自然的秩序，学生就犹如大自然中的植物一样，从萌芽到开花结果无法跳级生长，不能违背大自然的秩序和生长规律。所以他认为对学生进行循序渐进的教学和教育是充分而必要的，一切违背学生正常生长规律的揠苗助长或强迫、强加不适合学生成长的教育都是错误的。同时，夸美纽斯的教育适应自然的理论是奠基在人文主义感觉论的基础之上的，欧洲中世纪学校教育将学生禁锢在学习书本上的知识，沉重的枷锁压得学生无法喘气。因此，夸美纽斯也强调将学生从繁重的课本中抽离出来，反对脱离现实生活中的自然教育，应该将课本知识和生活实践结合起来，在生活中检验落实课本理论，指出学习当从实践入手，即使没有老师的教诲，自己精通也是有可能的。

自然主义教育理论也是法国18世纪启蒙思想家、教育家、哲学家卢梭的教育思想主体，这一教育理论贯穿于《爱弥儿》一书中。《爱弥儿》全套5卷书，卢梭针对不同年龄阶段的儿童，提出了不同的教育原则、教育内容和教育方法，即体育、感官、智育、德育、爱情。他虚构了爱弥儿这一人物，通过夹叙夹议的方法论述了卢梭的自然主义教育思想，对后人的教育观有着很大的启示作用。卢梭认为，人的教育的来源有三种。即"自然天性""事物"和"人为"，只有三种教育良好地结合才能达到预期的目的。自然教育的最终目标是"自然人"，是生活在社会中的自然人。不要把孩子当成自己养的奴仆，随心所欲施加管教，强加灌输个人思想；也不可把孩子当成大人的缩影，心智成熟过早的孩子主观上也是违背自然的；最好的状态是把成人当做成人，把孩子当做孩子。

④自然主义教育理论对研学旅行的启示

中西方自然教育理论对自然教育的表达方式虽不同，但其核心理念是一致的。倡导教育应当顺从自然规律，服从自然秩序，循循善诱，教育适应自然。自然主义教育理论的教育适应自然应在研学旅行的指导理念中充分发挥其理论作用，指导研学课程设置贴近大自然，课程内容符合青少年身心发展规律，具体活动安排贴和自然，遵守自然秩序和自然本性的教育观。

(2) 生活教育理论

①涵义与特征

生活教育理论的核心是围绕"生活"展开的，表示人的经验习得是与生活紧密联系在一起的，和生活打交道的教育由此得来。身处世界之中，辗转生活之间，我们每个人都无法脱离生活，我们在生活中生存，在生活中领悟，在生活中实践。教育也是如此，生活教育当是极富意义的教育，生活教育倡导知行合一，学以致用。生活教育理论所说的学以致用最根本的是要把理论的知识和实际的应用联合起来，由浅及深将所学运用到所做。所学知识也要经常揣摩，真正地理解，然后按照理论的要求应用到实际生活中，再从生活中遇到的问题，学习新的知识来解决，逐步深入相互促进学习，逐步加深自己的理论知识与实践应用。

②中国代表人物和思想理论

中国人民教育家、思想家陶行知先生毕生致力于教育事业，主张"生活即教育，社会即学校，教学做合一"。陶行知先生的生活教育理论核心在于生活即教育，可从三个层面来理解这凝练的五字短语，第一，生活含有教育的意义；第二，生活就是教育的中心；第三，生活促进教育，教育改变生活。陶行知先生曾写道：马路、弄堂、乡村、工厂、店铺、监狱、战场，凡是生活的场所都是我们教育的场所。所谓生活即教育，就是生活中的一切都可视作教育的内容；就是一种终身教育，它伴随着我们一生，与人生共始终；就是生活中的点点滴滴都有教育意义，不可孤立任何生活和教育的细微之处。无视生活的教育，脱离劳动的教育会扼杀孩子的身心，结果是培养出一批批没有灵魂的，与社会脱节的"书架子"。

③西方代表人物和思想理论

将教育置于生活之中是陶行知先生的主要思想，而同样系属生活教育理论的美国哲学家、教育学家约翰·杜威的生活教育理论是将生活置于学校课堂之中。约翰·杜威主张"教育即生活，学校即社会"。首先教育能传递人类长期以来积存的经验，丰富充实生活经验的内容，增强经验指导生活和适应社会的能力，从而让教育活动与社会生活得以维系和发展。其次，广义地讲，个人在社会生活中与他人接触、相互影响、逐步适应社会，加强自身处理能力，养成道德品质，习得知识技能，就是教育。不难发现，经验的习得或是广义的教育知识的获取，改造经验，利用知识能够促使个人成长，也即是杜威所说的"经验即改造"。杜威批判美国传统教育远离生活，不适应美国现实需要。教师照本宣科，学生也死记硬背，学习的知识完全与生活脱节。杜威批判了传统教育，认为在不断变化的社会之中，教育就是不断地改造经验，重新在生活中组织经验的过程。而教育的意义在于生活之变化，在变化中寻求自身的改变，培养孩子的应变能力，学以致用。

④生活教育理论对研学旅行的启示

陶行知的"生活即教育"与杜威的"教育即生活"并不相悖，只是各有侧重。他们都强调了生活和教育不可分割，必须联系起来综合指导现实实践。两种思想也都强调了促进儿童的个性发展。相异的地方也就在于不同的时代背景和教育进程，因此在生活教育的大理论前提下也是各有侧重。生活教育理论大大促进了学科世界和生活世界的融合,增加了社会互动。研学旅行在此理论指导之下,应当推进学校教育融入生活,在生活中得以对书本知识融会贯通。

(3) 休闲教育理论

①涵义与特征

休闲教育理论研究自20世纪开始,目前已逐步获得中外学者们的关注,得以深入研究。休闲,通常被人们理解为十分放松的娱乐活动,被等同于休息和玩,甚至和游手好闲,无所事事挂钩。早期的研究者多从哲学层面对休闲进行界定,在马克思眼中,"休闲"是指"非劳动时间"和"不被生产劳动所吸收的时间"。我国学者马惠娣认为,从休闲的本义来讲,"休"强调了人与自然的和谐,"闲"寓意安静和守序。休闲是人在进行必要的社会劳动工作后,为满足人自身多方面的需求而进行的一种文化创造、文化欣赏、文化建构的行为状态和活动方式。长期以来,休闲往往被追求休闲消费创造这一导向所覆盖,忽视了休闲本身的人文价值。教育,往往被实践为教学,全方位培育人才的重要性被淡化。在刻板的知识灌输学习下,休闲放松、愉悦身心被忽略,造成我国大多青少年在成长阶段不会合理安排时间,对心理状态调节技能缺失,无法合理平衡学习与休闲。在人的一生中,2/3的时间都是处于休闲状态,合理利用休闲时间并在休闲中领悟一些课本知识道理,值得在教育层有所突破。况且,随着我国休闲需求的扩增,国民旅游休闲规模的不断扩大和品质提升,休闲人群不仅仅局限在意欲落实带薪休假制度的成年人群,青少年团体也不可忽视。

休闲教育理论的关键词是"休闲"。休闲教育理论所指导的实践目的,其一,通过休闲状态下的体验式学习指导学生合理地安排自我休闲时间,在规定的时间里做应该做的事。休闲的时候就要好好调节心理状态,学习理论知识时就应严谨,在休闲中学会规划,在学习中学会施行计划;其二,休闲教育理论也是教学方法的创新形式,禁锢于教室,圈框于课本理论的教育对于素质教育改革是纸上谈兵,休闲教育的理论基础就提倡将教育课堂移步到课外,寓教于乐,在自然中轻松愉快地将知识纳入脑海中,研学旅行的出现正是一个落实休闲教育理论指导实践的契机。

②中国代表人物与思想理论

我国自古对休闲和学习工作的理解就已有显现。《礼记·杂记》记载:"张而不弛,文武弗能也,弛而不张,文武弗为也,一张一弛,文武之道也。"一张一弛道尽人生生活常态,劳逸结合,合理规划合理安排学习与休闲。田园诗人陶渊明,隐居田园,在休闲放空的状态下写出《归园田居》:"种豆南山下,草盛豆苗稀。晨兴理荒秽,带月荷锄归。"脍炙人口的名篇名句。

③西方代表人物和思想理论

休闲教育理论自古已有缩影，只是未正式提炼归纳为休闲教育理论，而休闲教育理论在美国起步较早。美国休闲学者杰弗瑞·戈比提出"成功地使用休闲，有三个重要观念：创造性、学习和乐趣"，他积极呼吁同学们自由敞开身心去玩，去探索他赖以生存的土地，去尝试一门新的爱好。教育背景下的休闲目的地可以是学校操场，更可以走出校园，在祖国大地上放松身心。当然不可忽视的是，休闲不只是追求休闲娱乐，更多的是在休闲中学会规划，利用规划合理平衡学习与生活休闲。

④休闲教育理论对研学旅行的启示

休闲教育是一种终身教育，其理念在研学旅行中也应得以容纳。在休闲的过程中，学生自主发现问题，提出问题，探究问题，解决问题，自然而然地领悟人生道理，让同学对书本硬生生的知识有更深刻的理解，更轻松的掌握。对于教师而言，抛开层级关系，老师和学生得以轻松接触，在开放、舒缓的自然环境下更能促进心灵的交流，加深老师对学生的了解。

（四）五大拓展理论

1. 学习进阶理论

（1）理论溯源与内涵

学习进阶是一个描述学生在知识学习和实践活动过程中连续地、更加熟练地发展的框架，这个框架的构建需要了解学习者是如何理解知识以及以何种方式理解这些知识的。基于学生认知发展的学习进阶理论是指导研学旅行趋于完善的一大重要理论。从我国古代讲起，《论语·子罕》有曰："夫子循循然善诱人"，揠苗助长的故事更是人人熟知，我国教育历来讲究循循善诱，讲求不逾矩。教育即是如此，孩子的成长教育需要一步一个脚印的落实，循序渐进。教育部等11部门印发的《意见》明确提出："学校要根据教育教学计划灵活安排研学旅行时间，一般安排在小学四到六年级、初中一到二年级、高中一到二年级，并根据学段特点和地域特色，逐步建立小学阶段以乡土乡情为主、初中阶段以县情市情为主、高中阶段以省情国情为主的研学旅行活动课程体系。"意见清晰地指出不同年龄阶段的学生应当有不同的教育侧重点，从乡到县到市到省再到国家，进阶式的研学旅行更能匹配青少年成长过程，符合青少年身心发展。

（2）理论运用

在系列研学旅行政策的颁布下，研学旅行市场空前火热，带来的问题之一就是图一时之快。对于学校，为了应付中小学教育教学计划，把研学旅行当成一次性任务，和旅行社合作带着学生外出一次，用完即丢，无思考无改进无下一步计划。对于学生，研学旅行真稀奇，可以出去玩乐，把研学旅行当成一次外出旅游的机会，只游不学，没有下一阶段的进阶性知识思考和补充。对于承办方、供应商，绝佳契机，可大赚一笔，只提供自己已有的研学资源，忽视学生年龄阶段侧重，同一资源可接待不同研学阶段的学生，未考虑双方匹配的问题。研学旅行所涉及的多方人员应该遵循进阶式理论来指导研学旅行的实践。

从研学旅行的主体学生探讨，不同学段对不同类别的知识本身具有的逻辑结构认知不同。青少年学生从小学到初中再到高中，学校都会匹配不同的教学大纲。而随着青少年大脑的进一步发育，接受能力逐步提升，所学和所要求的知识体系和知识结构也会逐渐进阶。从研学课程领域研究，课程设置与实施聚焦到学段、知识两个因素，《意见》指出小学阶段着重培养孩子们受乡土乡情的熏陶，认识世界的重要一步是从身边开始，认知乡土乡情，从细微处感受家乡文化的熏陶，了解家乡，热爱家乡，做好家乡文化的讲述者。初中阶段着重培养学生受县情市情的陶冶，孩子的教育应当从身边的乡土乡情开始渲染，逐步进阶，不再局限于乡镇，开阔视野是相对应学段的进阶式目标，了解县情市情，掌握县、市的基本信息，做好县、市文化的传播者。高中，要求学生对省情国情都基本了解，掌握本国家、民族的历史、地理、政治、文化、教育等基本信息，培养更为强烈的爱国情感，从而树立起为中华民族屹立于世界民族之林而努力学习的崇高志向。研学旅行目前市场尚未得到全流程规范，因而部分研学旅行产品出现众多问题，进阶式理论即可解决研学课程和研学活动安排等的合理设置问题，并且为进一步实现可持续研学提供理论基础。

2. 主体能动理论

（1）理论溯源与内涵

马克思的主体能动性是指人在认识世界和改造世界的实践过程中，所表现出来的认识能力和改造力、创造力。马克思主义哲学的认识论认为主体是具体社会关系中从事认识世界和改造世界的人。教育的主体性是指在学生主体意识的指导下，主动参与教育活动的能动性。主体性教育改革运动伴随着我国改革开放展开的。作为思想改革运动，主体性教育主张人本教育，反对物本教育；主张把人培养成为主体，反对把人培养成为工具。

中国最早的一篇专门论述教育和教学问题的论著《学记》有言：道而弗牵，强而弗抑，开而弗达。"道而弗牵"意思是说要引导学生学，而不要牵着学生走。"强而弗抑"要鼓励学生学，而不要压抑学生的个性。"开而弗达"要启发开拓学生的思路，而不要代替学生下结论。凝练的十二字道出学生教育过程中主客关系,让学生自主,发挥主体的作用是主体教育原则,发挥学生能动性是主动探究的重要途径。

(2) 理论运用

主体能动理论提议以学生为主体的情况下,导师适当引导,给予青少年足够的时间和空间发挥其想象力、动手力、实操力。给定研学旅行主题和课堂目标,置身于研学基地,让孩子积极发挥主体能动性,将所想应用于所做,不拘束于导师限定的成果要求内。动手力不仅局限于动手制作,我们通常所说的动手能力强是指能把理论应用于实践中,使理论和实践相结合;能够灵活地、创造性地利用所学理论为生产服务。此外,在学生研学过程中不应放纵学生肆意玩耍,也不应该刻薄呵斥抹杀了孩子的主动性。培养其兴趣,发挥学生主动性,让同学们自主探究,自主动手,主动提出问题,主动思考问题,主动解决问题是主体能动理论意义所在。

3. 在地教育理论

(1) 理论溯源与内涵

首先,在地化教育理论的奠基作《生态素养》中提出一切教育都是环境教育,生态素养与读写能力和计算能力一样是国民基础教育的重要内容。其次,学者指出在地教学法是避免生态虚无感(eco-nihilism)、联结文理科目的有效手段。在地书写(place-basedwriting)是学生探索、发现、反思人与一方水土的关系的重要过程,强调话语对于社区参与、社会行动的重要性。最后从我国政策端审视在地教育,党的十九大报告关于教育指出:"要全面贯彻党的教育方针,落实立德树人根本任务,发展素质教育,推进教育公平,培养德智体美全面发展的社会主义建设者和接班人。"关于乡村振兴指出:"要坚持农业农村优先发展,按照产业兴旺、生态宜居、乡风文明、治理有效、生活富裕的总要求,建立健全城乡融合发展体制机制和政策体系,加快推进农业农村现代化。"研学旅游绝对不仅是"阳春白雪"的文化、所谓经典的文化,而也应该包括"下里巴人"的文化、民间的文化,老百姓的生活方式就是生生不息的活生生的当地文化。乡村旅游特色在于根植乡土乡情,将独具乡村特色的乡村文化融入乡村旅游产品中,旅游者得以获取特色体验,而研学旅行的教育旅游功能正好与乡村旅游契合。研学旅行已然成为我国教育体制改革创新的重要抓手,而发展乡村旅游也已然成为我国乡村振兴战略实施的重要途径。

(2) 理论运用

在地化的"地方"承载了一地的生态环境、社区、农耕、人文历史等不同侧面的意义,这些内容也都真真切切构成了研学资源。所谓研学旅行的在本地化理论，强调研学旅行不可忽视一地的研学旅行资源，初级阶段研学应当在当地乡镇省市就近着手，依托区域旅游资源本底，寻找开发研学旅行项目的切入点，积极挖掘乡村乡镇城市等的自然景观、工厂、村庄、农田、历史遗迹、特色建筑、博物馆、宗教、革命根据地、战争遗址等观光资源中可以用作研学的相关内容，结合探究发现、科学考察、文化修学、学术交流、生活体验、文化节庆等活动的创意体验化设计，让学生充分感受到旅游目的地产品及线路的独特内涵和吸引力，通过"旅游+教育"的产业联动，促进旅游资源的整合及旅游业态的创新，综合素质教育、实践教育的创新改革，两头并举，促使研学旅行朝阳推进，活化发展。

发展素质教育，推进教育公平，创新乡村振兴形式是研学旅行在地化理论意欲解决的问题。为全面贯彻党的教育方针，坚持教育与生产劳动、社会实践相结合，引导学生深入理解和践行社会主义核心价值观，需充分发挥研学旅行在课堂教育和生活实践中的衔接作用，促进中小学生对书本知识的在地化实践。故在地化理论旨在通过提倡研学初级阶段在乡村乡镇进行乡土乡情特色研学，营造浓郁的在地氛围，打造特色乡村研学活动以促进乡村旅游发展，契合乡村振兴发展战略。据此，研学旅行作为一种契合国家教育经济政策的有的放矢创新旅游形式，对于促进素质教育推进、实践教育、乡村振兴大有可观。

4. 旅游教育理论

（1）理论溯源与内涵

提及旅游的功能，大众所想到的第一功能就是发挥经济功能，但容易忽略的是旅游的教育功能。在我国上下五千年历史文化中，文人墨客在山水中游历获取知识，感悟人生。习近平总书记指出，一种价值观要真正发挥作用，必须融入社会生活，让人们在实践中感知它、领悟它。要着重把我们所提倡的理念与人们日常生活紧密联系起来，在落细、落小、落实上下功夫。文化自信、国家认同通过旅游这种大众化、普遍性、老百姓乐于主动参与的方式得以落实、落细、落小。贴切生活的旅游也真真正正地突出了其在日常生活和休闲中潜移默化的教育功能。研学旅行正是这样一种追求在日常生活中润物无声、在切实体验中强化文化的认同、国家的认同的旅游方式。通过旅游，通过研学旅行，达到激发感悟，激发文化自信、文化自觉，激发民族自豪感，激发"天下兴亡，匹夫有责"的民族复兴责任感是我国教育实践育人的重要目标。

（2）理论运用

旅游所承担的教育责任不仅仅是结合教育达到书本知识的理解的目标，参与、认知、感悟、反省、内化也应成为旅游教育追求的文化目的和责任。近年来，红色旅游作为一种讲好中国革命故事的红色主题研学方式，因其鲜活性、互动性和震撼性等优势迅速发展成为社会主义核心价值观传播的重要载体和方式，得以迅猛发展。同时，红色旅游也凭借其强大的教育功能在社会主义核心价值观传播中发挥着举足轻重的地位和作用。在素质教育改革，坚持理论自信，增长知识见识，培养社会主义建设者和接班人的教育背景下，旅游的教育功能显而易见。

5. 多元评价理论

（1）理论溯源与内涵

多元化教学评价，顾名思义就是在评价学生学习表现时，使用两种或两种以上方式，而不局限于单一的纸笔测验，它尚需包括实作评价、档案评价、口头评价等，而成为多种评价的方式，较能顾及认知、情意、技能之学习结果。学者李坤崇对学校学习的评价提出了多元化教学评价，拓展到室内与室外结合的研学旅行，评价也应当转向多元化评价。《意见》中要求："学校要在充分发展和尊重个性差异、鼓励多元发展的前提下，对学生参加研学旅行的情况和成效进行科学评价，并将评价结果逐步纳入学生学分管理体系和学生综合素质评价体系。"可见，研学旅行的多元化评价不可忽视，完整而又全面的评价体系是对研学旅行完成情况和成效的充足检验，便于后续总结经验和模式。同时，研学旅行是一种体验式学习，关于体验式学习的过程，组织心理学家库伯提出了著名的"体验式学习循环模式"：具体体验、反思观察、抽象概括、行动应用。在整个过程中也应当对每一步骤的研学旅行活动进行评价，以检验是否达到学习循环模式中所指的指导方向和效果。

（2）理论运用

①主张多元的评价目标

与传统的应试教育相区别，研学旅行主张多元的评价目标，从学生的知识目标到情感目标再到行为目标都是研学旅行与传统教育相区别的。传统教育以试卷分数作为检验教育目标的唯一标准，这往往会扼杀孩子在成长阶段的好奇心。世界上没有两片相同的树叶，不同的学生应当有不同的评价目标维度，不可用统一的标准来衡量个性和兴趣不同的学生。研学旅行的评价目标当以研学主题为出发点，从知识目标、情感目标、态度目标等构建全面评价体系，摒弃分数至上，等级划分的传统做法。

②强调多元的评价维度

其一，行前阶段组织学生对研学旅行目的地的资源和文化有初步了解，需重点考虑信息提供的多样性和趣味性，以调动学生在有限的时间内能够真正了解资源地的知识、特点和文化内涵。此处主体涉及导师、学生，从双方主体维度进行多元化评价，导师主要围绕指导方式和内容进行可视化评价，通过学生的听课状态、学案学习、学习任务规划等进行多元评价。行前要求导师指导方式多元趣味，指导内容贴切主题，深入挖掘研学目的地的文化特征并给予学生指导。在出行前要求学生了解知识要点、知道知识脉络及形成过程、明确自身需要关注的重点知识，突出进行评价。

其二，行中阶段主要是以学生为主开展多种多样的活动，在活动中体验，在活动中建构，在活动中育人。主体涉及导师、学生、研学基地等，研学导师指导评价要点诸如活动形式与场馆资源和环境契合度，活动内容指向目标全面度，活动方式趣味度，对学生的关注度。对学生评价要点诸如观察认真度，参与度，信息处理整理能力等。研学基地的多元化评价诸如研学资源与研学主题匹配度，服务设施是否齐全，安全保障等。

其三，行后阶段主要是依托学校课堂教学对本次研学进行回顾、梳理和反思，进行深度学习，使研学旅行的价值深化提升，将课内外两个课堂贯通。涉及学校、导师等。多元化评价学校，通过学校组织流畅度、学生满意度等多维评价。导师可通过引导度、学生满意度等评价。

其四，应用阶段主要是学生将所学对接生活实践的尝试阶段，在尝试过程中，学生会进一步丰富和完善自身的经验和知识图式。主要涉及导师和学生，导师可从活动安排、学生情况反馈等进行可视化评价。学生多元评价要点诸如交流表达、学生作品等。通过对研学旅行所历经的四个阶段、涉及的多方人员进行梳理，全流程多元化评价，以促进经验总结，研学模式归纳，有利于研学旅行高质量高效率发展。

三、研学展望

1. 理论启示

事物的成长都经过初级到中级到高级的发展过程，有一定规律，有一定过程，研学旅行的发展也是有一个必经的过程，研学热出现了一些不规范的问题，但在发展过程中出现问题，进行研究进而解决问题，研学旅行也终将会走向规范。伴随着学校、家长、学生、社会对研学旅行认知的不断提高，各地教育主管部门、各地中小学、各地旅游部门等不断完善研学旅行操作规范流程、总结模式，兼具教育功能和旅游休闲功能的研学旅行将成为培养学生核心素养的一个有力杠杆。

踏入特色社会主义的新征程，我国国民消费水平、文化素质、精神需求也有了质的飞跃。同时，伴随着国民休闲制度政策逐步落实，除了满足成年人的休闲需求，我国也越来越关注青少年的休闲需求。《意见》中提及满足学生日益增长的旅游需求，从小培养学生文明旅游意识。故，国家政策的支持和战略地位的提升为研学旅行创造了优越的发展空间。值得注意的是，与传统父母的教育理念相区别，以"80后""90后"为主的新一代父母的教育理念发生革新，也将使这种兼具知识获取和趣味体验功能的旅游形式迎来新一轮市场规模的扩张。

2. 学生是发展中的人

学生是发展中的人，学生的身心发展是有规律的人，学生具有巨大的发展潜能，学生是处于发展过程中的人。首先，学生的身心发展是有规律的。我国尚古讲究不逾矩，这就要求研学导师的教学遵从规律，有顺序，顺应自然。其次，学生是在不断发展的，研学导师也应相应的用发展的眼光看待学生，肯定学生的进步，不可否认、怀疑学生的进步。最后，宽容学生的错误，并正确引导是研学导师应当注意的。自然主义教育理论的核心理念启示我们开展研学旅行的活动时，应当遵循青少年的身心发展规律，做好课前课中课后的研学辅导和指导。在研学资源和基地的选择上做好筛选，符合学龄阶段的教育资源不可或缺；在教学上循循善诱，顺应孩子的天性，教育适应自然。进阶式理论也讲到根据不同学段对不同类别的知识也应当对教学计划做出不同的调整，了解乡土乡情、县情市情和省情国情是研学旅行主题的着重点。

3. 学生是独特的人

学生是独特的人，学生是完整的人。每个学生都有自身的独特性，学生与成人之间存在着巨大的差异。首先，一个完整的人是学习和休闲并举的，不可孤立地强调其中一方。在恰当的时间做恰当的事是导师在研学过程中应当向学生传教的时间规划理念，休闲时好好放松，学习时严谨对待。其次，每个学生的自身独特性要求导师在研学过程中细心发现每位学生的独特闪光点、因材施教、鼓励学生的兴趣特长，同一标准化评价学生会扼杀学生的特长。最后，孩子与成人有巨大的差异，导师应学会耐心倾听、换位思考。

4. 学生是具有独立意义的人

学生是具有独立意义的人，每个学生都是独立于教师的头脑之外，不依教师的意志为转移的客观存在，学生是学习的主体，学生是责权的主体。主体能动理论强调发挥学生的主观的能动性，研学前主动提前预习，研学中主动思考探究，研学后主动将所学应用。我们常说，一切都是为了学生的发展，要求必须以学生作为教育活动的出发点。研学旅行相关理论研究从学生主体出发，以教育和旅游作为主要功能，以理论指导实践，弥补研学旅行在开展过程中的不足。

四、研究展望

近年来，研学旅行作为一门提振综合实践育人、培养学生综合素养的有效途径，促进文化旅游融合、增加旅游供给侧改革有效供给的新方式，使得研学旅行逐渐在大众心中留下了深刻的印象，并作为一门青少年必修课纳入教学计划中。目前，研学旅行尚未发展成熟，且作为一个新型研究领域，其研究方向已经从单一的概念普及向多元化的研究方向转变，研究思维也已经从单一化向综合化研究方向发展。针对研学旅行发展过程中已经出现的问题，除三大基本教育理论之外，笔者提出了新的五大理论作为研究补充。但研学旅行的不断发展启示我们仍需不断拓宽研究领域和研究范围，完善研学旅行研究理论体系。例如研学旅行的政策持续跟进与深化研究、研学旅行的课程化创新建构研究、学生在研学旅行中的学习机制研究、研学导师综合教育加旅游的专业素养研究、研学旅行中的爱国主义价值观教育研究、研学旅行课程主题分类研究、研学旅行基地和旅行机构产品的可探究性研究以研学旅行综合效应研究等。与此同时，研学旅行研究也需要采取跨学科研究的视角、理论和方法，综合教育学、旅游学、心理学、社会学、地理学、马克思主义哲学、历史学等复合学科，并结合我国时事热点如红色旅游，沉浸文化体验等综合时事，对研学旅行的研究逐步深化。理论指导实践是我国一直倡导并尊崇的践行知识的主要举措，研学旅行这一热门新体系的发展也应当秉持这一理念，以理论指导研学旅行的落地实施，以促进研学旅行健康稳步发展。

国外研学旅行发展概况及其启示

研学旅行在日本、英国、美国、德国等发达国家已具有一定的发展规模和发展方式。然而对于我国来说，我国研学发展起步相对较晚，2013年国务院办公厅颁布了《国民旅游休闲纲要（2013—2020年）》，其中在纲要中就明确提出"逐步推行中小学生研学旅行"的设想。随着社会的快速发展，生活水平的提高，国内外研学旅行市场需求旺盛，这为我国研学旅行市场的发展提供了新机遇。

一、国外研学旅行的发展概况

1. 日本研学旅行的发展概况

最早就提出"修学旅游"的国家是日本，日本在1946年就开始把修学旅游在学校进行推广，起初的修学旅游对象主要是以中小学生为主体。随着日本对外政策的改变，社会经济的快速发展，到处修学旅游的人在不断地增加，从而更好地推动着日本修学旅游的健康快速发展。日本修学行业快速发展的原因如下：

一是政府政策保障。日本政府制定系列政策给修学旅行提供保障，积极在资金、安全、专业人员、基础设施建设等方面提供保障，从而有力地推动着日本修学旅行的蓬勃快速发展。

二是创新开发新研学旅行产品。近年来，日本不断地创新修学旅游产品，从开展较为传统的修学活动到实地参观、实际动手，真正做到课堂和室外，理论学习与实践相结合。通过开展形式多样的实践课，从而丰富学生课余生活，极大地激发学生们的学习积极性和兴趣，并且满足了学生综合全面发展的需要，得到了家长认同，得到了社会的认同，从而有利地推动着修学旅行的快速发展。

2. 英国研学旅行的发展概况

18世纪、19世纪，英国政府就重视研学活动，在很早前就开始了研学旅行活动，政府结合地方实情将研学纳入学校教学中，同时还要求各学校结合本校校情积极开展形式多样的研学活动，并得到社会的一致好评。由于英国较早就重视研学旅游活动的发展，政府也在各方面提供政策上的支持和保障，从而形成了较为完善的研学理论体系、研学组织机构、研学框架、研学规章制度等体系，这些较为成熟的体系有利地推动着英国研学旅游的快速发展。

二、关于我国研学旅游发展的启示

1. 加强培养研学人才，提高研学质量

新时代研学旅行的发展对相关地研学从业人员有更高的要求，需要全能型的研学人才，所以就必须要培养多领域的研学人才。其对研学人才的培养不能仅依靠学校内的各科任教师，依靠各个学科负责人，其相关的研学培训机构、主要的研学旅行基地也要从多方面出发培养专业的研学人才，要为研学旅行的健康发展配备更多更专业的研学导师。一方面，教育部门和中小学校也应该组织开展研学旅行专题知识培训与专业知识讲座，不断加大对学校研学导师的培训学习力度，积极培养专业的研学导师。学校应该从各个方面指导研学教师在实际研学活动中积累实践经验、在实际研学活动中快速成长。另一方面，建议和鼓励部分旅游类高校、旅游职业院校积极开设与旅游研学相关的学科专业，这样可比较系统化、规范化、理论化地培养新时代全能型研学旅行导师，这样可以从源头上保证研学导师的专业性。我们的研学导师在学生研学实践活动过程中不仅要负责研学活动的提前策划、活动安排、活动组织、研学内容的讲解，主要的还要引导好学生进行探究性、实践性、体验式的研学，因而对研学导师的要求就更高，因而就必须加快培养专业型的研学专家、研学导师，只有这样才能不断提高研学旅行活动的真实教学质量。

2. 政府应加大在财政资金方面的投入

现阶段，通常学校组织的研学旅行活动一切费用都是由学生家庭自己承担，这对于贫困的学生来说，是一笔较大的经济负担。随着社会的快速发展，经济的发展，政府应该对学校开展研学活动提供部分研学经费。与此同时，政府应建立多渠道筹措研学旅行的专项研学经费机制，成立专门的研学管理机构，积极为研学活动的开展提供指引，从而真正做到让学生能成为研学旅行活动的最终受益者。

3. 学校应建立完善的研学旅行评价机制

"百年大计，教育为本"，我国教育的健康快速发展是实现中华民族伟大复兴的基础工程。然而学校是开展研学旅行活动的主要承担者、组织者、策划者和实施者，这就说明了学校在研学旅行活动过程中发挥着较为主要的作用。在研学活动开展前，学校应选好每次研学活动的主题，要结合地方实际情况融合地方文化，突出地方特色，并根据学生所处的各个年龄阶段和性格特征等精心组织策划。在每次的研学活动实施过程中，要充分做到有计划、有步骤、有目的、有效果地开展研学旅行教育活动。同时，想要真正做好研学旅行教育，其最关键的还是要逐步建立起较为健全完善的研学旅行考核评价指标体系，要建立相关的监督管理体系，还要同时做好各种突发事件应急预案，进而可有效地制定预防措施。学校应建立完善的研学旅行评价机制，将每次研学活动的研学目标、任务、人员安排、研学经费划拨、后勤保障等内容纳入每次的考核评价体系中。研学考核评价体系应包括各个方面，只有通过这种方式才能发挥好研学考核评价的导向功能，才能发挥好研学考核评价的激励功能。

4. 研学旅行应坚持以学生为主

在研学旅行发展过程中是否以学生为本，是衡量研学活动开展成效的最关键要素。研学通过创造真实的活动场景，通过较为直观化的教学场景，把校园内学习的知识和社会紧密联系，这不仅可使学生对原有所学知识进行巩固，同时还进行对知识的新发现和再创造过程，其中最关键的还是要学生全身心的参与到研学活动中，只有这样学生的综合素质才能得到全面提升。现阶段，最主要的任务就是要确保在学校的每位同学都能积极参与到研学过程中去。其中最关键的主要是研学主题、研学内容、旅行路线、研学时间、研学人数以及各种研学方案的制定，其最关键的是整个研学活动的安排等都应从学生的角度出发，多从学生的角度去考虑，充分考虑学生的身心发展状况和学生的兴趣爱好等特点，走进学生的真实生活，去倾听学生最真实的声音，要做到充分尊重学生的真实需求。

三、总结

研学旅行不是简单的单一学科学习，它是综合性和实践性内容的学习，研学旅行的教育价值是多方面的、是综合性的。在开展研学活动中，我们要尽力把学生的各学科知识学习与实践能力和审美学习等有机结合起来，从多方面出发综合培养学生的社会人际交往能力、沟通能力、表达能力、动手能力、实践能力、组织能力、体验感悟能力、观察能力以及集体团队意识等，这些都能够得到进一步培养和不断提高。在实际的研学过程中，学生们通过准备、观察、体验、动手、思考、交流、总结等都可进一步加深学生们对生活、所学知识、历史文化、地方文化、自然环境等各方面的理解，这对学生今后的人格成长会起到一定的重要影响。

　　各学校在研学实施过程中，要不断地尝试以结合地方文化主题或结合地方区域文化特色等形式将不同的教育目标综合起来，充分发挥研学课程的跨学科性、综合性、社会性和实践性的特点，实现各学科综合实践课程间的相互联系，相互融通。与此同时，我们也要清醒地认识到，我国研学旅行发展才刚起步，现阶段，研学体制机制管理制度尚不成熟，还需进一步去完善。我国研学旅行的全面推广与真正落实下去开展，还需要一个深入的研究和探索过程。总之，研学旅行活动教育不同于我国传统的各种旅游活动。研学旅行活动的发展，可通过充分利用社会资源、学校资源，借助社会媒体的宣传力量，不断扩大研学旅行的社会影响力，扩大研学旅行的社会知名度，同时在不断地发展中逐渐深入挖掘研学旅行活动的真实教育价值。

　　总之，在新时代的研学旅行活动发展过程中，学习即是一种旅行，旅行也是一种很好的学习方式，"寓教于乐、寓学于游"这种通过理论学习与社会实践活动相结合的方式能让学生们感到新奇，能够激发他们的学习兴趣和求知欲。积极地开展研学旅行活动有利于全面推动实施素质教育的发展，有利于培养德智体美劳全面发展的新型人才，从而能不断地创新人才培养新模式，从多方面出发积极引导学生主动适应社会，走进社会，了解社会，从而能更好地促进校本知识和社会生活实践相融合。随着社会的快速发展，经济的发展，我国研学旅行的发展将迎来快速新发展时期。

盘点解读中小学研学旅行的政策法规

青少年研学旅行是近年来国内兴起的新型教育方式，其拓宽了传统教育的外延，突破了传统教育的模式，取得了明显的社会效益。政策法规是党政机关制定的关于处理党内和政府事务工作的文件，一般包括中共中央、国务院及其部门制定的规定、办法、准则以及行业的规范和条例规章等。研学旅行政策法规，是指特定国家机关依据法定职权和程序制定的、调整研学旅行活动和管理工作中产生的各种社会关系的规范性文件的总称。它具有明确研学方向、规范研学行为、评价研学成效等重要作用。

为了中小学生的身心健康发展，培养好社会主义接班人，国家大力支持青少年研学旅行，近年来发布多项重要文件，要求为学生创造更丰富的研学旅程，创造更安全的研学环境。对研学旅行政策法规的研究，以求唤起国家更高的层面、社会更广的范围、人们更关切的视野，共同为伟大的研学旅行事业建言献策，为研学旅行事业发展书写出更加美好的新篇章。

一、习近平研学旅行思想

习近平总书记曾指出："培养好少年儿童是一项战略任务，事关长远。"他还专门强调："人们想起童年都是美好的、最难忘的，童年也是人的一生中经常会回忆的时光。我看到你们，就想到了我们民族的未来。我国社会主义现代化、中华民族伟大复兴的中国梦，将来要在你们手中实现，你们是未来的主力军、生力军。"习总书记的重要指示充满了对青少年的热爱和希望，是做好研学旅行工作的指导思想，必须加以认真学习，不断深刻领会，把习总书记的重要思想落实在研学旅行事业的实践之中。

党的十八大以来，习近平总书记多次在讲话中强调，要加强党的领导，全面贯彻党的教育方针，坚持德育为先、立德树人、全面实施素质教育，中小学生的德育工作要与时俱进，跟上时代的步伐，不断地创新德育形式。

表1 习近平总书记研学旅行思想

时间	来源	主要内容
2011.3	湖南调研	革命传统资源是我们党的宝贵精神财富，每一个红色旅游景点都是一个常学常新的生动课堂，蕴含着丰富的政治智慧和道德滋养。
2013.2	兰州考察	西北地区红色资源丰富，是延安精神的发源地，要发扬红色资源优势，深入进行党史军史和优良传统教育，把红色基因一代代传下去。
2014.11	福建上杭古田"全军政治工作会议"	无数革命先烈留下的优良传统是永远激励我们前进的宝贵财富，任何时候都不能丢。对于红色文化资源，我们既要注重有形遗产的保护，又要注重无形遗产的传承，大力弘扬红色传统。把理想信念的火种、红色传统的基因一代代传下去，让革命事业薪火相传、血脉永续，永远保持老红军本色。
2014.12	南京军区机关视察	要把红色资源利用好、把红色传统发扬好、把红色基因传承好。
2015.2	陕西考察	要注重发挥好文化资源和红色教育基地的作用，让广大党员、干部、群众特别是青少年了解党的优良作风，坚定跟党走。发展红色旅游要把准方向，核心是进行红色教育、传承红色基因，让干部群众来到这里能接受红色精神洗礼，不要搞偏了，如果搞成豪华游、休闲游、吃喝玩乐，那就南辕北辙了。
2016.4	金寨视察	一寸山河一寸血，一抔热土一抔魂。回想过去的烽火岁月，金寨人民以大无畏的牺牲精神，为中国革命事业建立了彪炳史册的功勋，我们要沿着革命前辈的足迹继续前行，把红色江山世世代代传下去。革命传统教育要从娃娃抓起，既注重知识灌输，又加强情感培育，使红色基因渗进血液、浸入心扉，引导广大青少年树立正确的世界观、人生观、价值观。
2016.7	将台堡三军会师纪念馆参观	革命传统和爱国主义教育基地建设一定不要追求高大全，搞得很洋气、很现代化，花很多钱，那就不是革命传统了，革命传统就变味了。可以通过传统教育带动旅游业，但不能失去红色旅游的底色。只有体会到革命年代的艰苦，才能使人们真正受到教育。
2016.9	北京市八一学校考察	教育要注重以人为本、因材施教，注重学用相长、知行合一，着力培养学生的创新精神和实践能力，促进学生德智体美全面发展。

(续表)

时间	来源	主要内容
2017.11	十九大报告	要将立德树人，培养全面发展的人作为人才培养目标。
2018.9	2018全国教育大会	一个国家不能没有根，一个民族不能没有魂。坚决克服唯分数、唯升学、唯文凭、唯论文、唯帽子的顽瘴痼疾，弘扬劳动精神，培养德智体美劳全面发展的社会主义建设者和接班人。
2019.9	河南考察	要讲好党的故事、革命的故事、根据地的故事、英雄和烈士的故事，加强革命传统教育、爱国主义教育、青少年思想道德教育，把红色基因传承好，确保红色江山永不变色。

党的十九大报告中再次强调，要将立德树人，培养全面发展的人作为人才培养目标。作为新时代的实践育人新模式，研学旅行遵循教育规律，把研究性学习与旅游体验结合起来，有效地将学校教育与校外教育联系起来，强调学习与思维相结合，体现知识与实践的统一，使学生在教育实践中实现身心健康和谐发展，增强动手实践能力，有助于生活经验的积累、培育学生社会责任感，启发其创新精神和实践能力，是中小学生德育的创新形式。2018年9月，习近平总书记在全国教育大会上，提出"坚决克服唯分数、唯升学、唯文凭、唯论文、唯帽子的顽瘴痼疾"，强调"弘扬劳动精神"，"培养德智体美劳全面发展的社会主义建设者和接班人"。要做到这些，就必须落实素质教育，注重学生全面发展，特别是要注重学生实践能力的培养，而研学旅行正是提升学生实践能力的有效途径。

习近平总书记在对湖南等多地的红色资源考察调研时，多次提到红色基因传承和红色革命文化教育问题，这是青少年红色研学的思想体现。2015年2月，陕西考察时提出"要注重发挥好文化资源和红色教育基地的作用，让广大党员、干部、群众特别是青少年了解党的优良作风，坚定跟党走"。同时，特别指出红色教育"不要搞偏了，如果搞成豪华游、休闲游、吃喝玩乐，那就南辕北辙了"。在2018年9月全国教育大会上，习近平总书记指出"每一个红色旅游景点都是一个常学常新的生动课堂"，在2019年9月河南考察时，明确提出"要加强革命传统教育、爱国主义教育、青少年思想道德教育，把红色基因传承好，确保红色江山永不变色"。有鉴于此，红色研学旅行受到各界的高度重视，红色旅游景区开展研学旅行基地建设成为景区发展的重要机遇。

二、国务院及各部委行动

随着新一轮基础教育课程与教学改革的逐步深入，研学旅行进入我国基础教育改革者的视野，并被列入中小学课程体系之中。1992年国家教委颁布《九年义务教育全日制小学、初级中小学课程计划（试行）》中提出开设两类课程：学科课程和活动课程；2004年《中共中央国务院关于进一步加强和改进未成年人思想道德建设的若干意见》提出"要丰富未成年人节假日参观、旅游活动的思想道德内涵，精心组织夏令营、冬令营、革命圣地游、红色旅游、绿色旅游以及各种参观、瞻仰和考察等活动，把深刻的教育内容融入生动有趣的课外活动之中"；2010年《国家中长期教育改革和发展规划纲要（2010—2020年）》进一步强调"充分利用社会教育资源，开展各种课外及校外活动"等等。为此，2012年教育部下发《关于开展中小学研学旅行试点工作的函》，各地根据此函开始试点，先后选取了安徽、江苏、陕西、上海、河北、江西、重庆、新疆等8个省（区、市）开展研学旅行试点工作，并确定天津滨海新区、湖北武汉市等12个地区为全国中小学生研学旅行试验区。2013年，国务院办公厅《国民旅游休闲纲要（2013—2020年）》提出"逐步推行中小学生研学旅行"的设想。

2014年8月，国务院印发了《关于促进旅游业改革发展的若干意见》，提出要"积极开展研学旅行"。同年，教育部印发了《中小学生赴境外研学旅行活动指南（试行）》。2015年国务院办公厅印发《关于进一步促进旅游投资和消费的若干意见》，再次提出要"支持研学旅行发展"。2016年11月，教育部、发改委、旅游局等国家11个部门联合印发了《关于推进中小学生研学旅行的意见》（以下简称《意见》）。进入2017年，国家层面更是比较集中地出台了相关政策。2017年5月1日，为进一步提升研学旅行质量，国家旅游局发布的《研学旅行服务规范》行业标准并正式实施。2017年9月27日，教育部印发《中小学生综合实践活动课程指导纲要》，再提研学旅行。2017年11月，教育部办公厅向中央和国家机关各相关部门、全国地方各省教育厅发出了《关于商请推荐"全国中小学生研学实践教育基地"的函》，在经部门推荐、专家评议、营地实施核查及综合评定的基础上，研究确定并公布了全国204个单位为第一批"全国中小学生研学实践教育基地"，同时公布了全国12家教育营地为第一批"全国中小学生研学实践教育营地"。综合2017、2018年两次公布名单，全国中小学生研学实践教育基地合计581个单位，营地合计40个单位。由此可知，国家对研学旅行高度重视的程度。

表2 国务院及各部委行动研学旅行政策法规

发布时间	发布机构	文件名称
2012.10	教育部	《关于开展中小学研学旅行试点工作的函》
2013.2	国务院办公厅	《国民旅游休闲纲要（2013—2020年）》
2014.4	教育部基础教育一司	《我国基础教育新形势与蒲公英行动计划》
2014.10	教育部基础教育司	《关于进一步做好中小学生研学旅行试点工作的通知》
2015.8	国务院办公厅	《关于进一步促进旅游投资和消费的若干意见》
2016.3	教育部	《关于做好全国中小学研学旅行实验区工作的通知》
2016.9	教育部	《中国学生发展核心素养》
2016.11	教育部等11部委	《关于推进中小学生研学旅行的意见》
2016.12	国家旅游局	《研学旅行服务规范》
2017.11	教育部办公厅	《关于商请推荐"全国中小学生研学实践教育基地"的函》
2017.7	教育部办公厅	《关于开展2017年度中央专项彩票公益金支持中小学生研学实践教育项目推荐工作的通知》
2017.8	教育部	《中小学德育工作指南》
2017.9	教育部	《中小学综合实践活动课程指导纲要》
2018.2	教育部基础教育司	《教育部基础教育司2018年工作要点》
2018.6	教育部办公厅	《关于开展"全国中小学生研学实践教育基（营）地"推荐工作的通知》
2018.11	教育部办公厅	《关于公布2018年全国中小学生研学实践教育基地、营地名单的通知》
2019.3	教育部基础教育司	《教育部基础教育司2019年工作要点》
2019.10	教育部	《普通高等学校高等职业教育（专科）专业设置管理办法》

2019年10月，紧扣国家经济社会发展所涌现出来的新需求、新业态，教育部在公布的《普通高等学校高等职业教育（专科）专业目录》中将"研学旅行管理与服务"专业增补进入高职专业目录。该专业主要面向旅行社、旅游景区等机构与单位开展研学旅行的新需求而设立。

三、各省市、自治区政府行动措施

自教育部等 11 部门印发《意见》以来，全国各省市县层面积极响应并努力落实。全国各地已经有 15 个省出台了贯彻实施意见，具体是北京、天津、上海、重庆、黑龙江、山东、湖北、湖南、江西、安徽、广东、海南、陕西、四川、新疆。其他省份或已经转发，或正在研究中。在许多市、县层面对《意见》的贯彻更加具体到位，中小学校学期有计划安排，工作有具体指定人负责，研学旅行列入学生社会实践课程学分制管理等等，有不少学校已经与本地基地、营地建立了紧密联系，开展了战略合作。

表3 各省、市、自治区政府行动研学旅行政策法规

省、市、自治区		时间	文件名称
北京	市教育委员会	2018.1	《关于初中综合社会实践活动、开放性科学实践活动计入中考成绩有关事项的通知》
天津	市教育委员会	2017.11	《关于认真做好研学旅行工作的通知》
山东	省教育厅	2018.1	《关于公布第一批全省中小学生研学实践教育基地名单的通知》
	烟台市教局等13部门	2018.5	《关于印发烟台市推进中小学生研学旅行工作实施方案的通知》
	青岛市	2018.9	《青岛市中小学研学旅行工作管理办法（试行）》
安徽	教育厅等部门	2018.4	《关于推进中小学生研学旅行的实施意见》
河南	教育厅	2017.9	《关于组织实施2017年度中央专项彩票公益金支持校外活动保障和能力提升项目工作的通知》
湖北	教育厅、旅游委、文化厅	2018.1	《湖北省中小学生研学旅行服务单位基本条件》
	武汉市	2017.8	《武汉市推进全国中小学研学旅行试验区工作实施方案》
湖南	省教育厅等11部门	2017.12	《关于推进中小学生研学旅行工作的实施意见》
	长沙市	2018.1	《关于推进长沙市中小学生研学旅行工作的实施意见》
	湘潭市	2018.7	《关于深入推进湘潭市中小学生研学旅行工作的实施意见》

(续表)

省、市、自治区		时间	文件名称
陕西	教育厅	2018.6	《全省中小学研学旅行推进会》
	西安市	2016.11	《关于推进中小学生研学旅行的实施意见》
黑龙江	教育厅	2017.11	《关于推进中小学生研学旅行的实施意见》
福建	教育厅	2018.7	《关于公布福建省中小学生研学实践教育基地营地名单的通知》
江西	教育厅	2018.7	《关于推进全省中小学生研学旅行的实施意见》
	赣州市	2017.11	《关于推进全市中小学生研学旅行的实施意见》
	南昌市	2018.3	《关于推进全市中小学生研学旅行工作的实施意见》
浙江	教育厅、省旅游局、省发改委等10部门	2018.7	《推进中小学生研学旅行的实施意见》
	湖州市教育局等9部门	2018.9	《关于推进中小学生研学旅行的实施意见》
广东	省教育厅等12厅局	2018.8	《关于推进中小学生研学旅行的实施意见》
海南	省教育厅等12部门	2017.12	《关于推进中小学生研学旅行的实施意见》
四川	省教育厅等11部门	2017.11	《关于推进中小学生研学旅行的实施意见》
甘肃	省教育厅等11部门	2017.6	《关于开展中小学生研学旅行工作的实施意见》
上海	市教育委员会	2017.5	《教育部等11部门关于推进中小学生研学旅行的意见》
重庆	重庆市教育委员会	2017.4	《关于公布重庆市中小学研学旅行试点学校名单的通知》
	黔江区	2017.12	《黔江区中小学社会实践教育暨研学旅行试验区建设实施方案》
	大渡口区	2018.3	《关于进一步深化中小学研学旅行试点工作的实施意见》
	渝中区	2018.8	《渝中区教育工作委员会关于进一步加强和推进中小学研学旅行工作的实施意见》
新疆	自治区教育厅等11部门	2018.4	《关于开展中小学生研学旅行的实施意见》

四、各地相关社会机构或团体

自教育部等11部门印发《意见》以来，全国各地社会层面反响热烈，媒体关注，广泛拥护，高度活跃，为响应国家号召发挥积极作用。趋于不同的认识理念和利益关系，各地社会相关机构、团体、企业、社会知名专家学者等，都在直接或间接地介入研学旅行。主要有成立联盟，开展论坛，一大批专家学者参与解读政策、规划标准、导师培训等与研学旅行相关工作。许多企业推出研学旅行线路产品，有更多的冬令营、夏令营、国防营、亲子游、出国游产品投入社会。比较有影响的是，全国140多家单位在红旗渠景区联合发起成立了"中国研学旅行联盟"；受国家旅游局指导，由山东省旅游委牵头，有十省旅游委响应，联合成立了"全国研学旅行发展促进联盟"；中国旅行社协会旗下成立了研学旅行专业委员会；陶行知教育基金会旗下成立了中国研学旅行教育研究院。还有一些地方成立了诸如北京中外研学旅行文化发展中心，研学旅行在中国——研学教育共同体等等机构。这些机构、团体、企业都在努力响应国家号召，在促进研学旅行事业发展上发挥着积极作用。

表4 研学旅行相关的社会机构或团体

时间	成立地点	社会机构或团体名称
2017.5	河南红旗渠	中国研学旅行联盟
2017.9	安徽黄山	中国青少年研学旅行发展联盟
2017.10	南京	北京中外研学旅行文化发展中心
2017.2	北京	研学教育共同体
2018.8	北京	全国研学实践合作共同体
2019.1	浙江西塘	中国（长三角）青少年研学旅行联盟
2019.4	广州花都区	全国研学旅行行业联盟

五、结论与建议

综上可知，中国的研学旅行事业目前已经启航。各地积极开展工作，试点地区取得了显著成效。国家教育部门发挥引领作用，稳步推进。旅游部门抢抓机遇，积极主动作为，推动行业开创研学旅行工作的新领域。各地方省、市、县政府和学校广泛动员，积极谋划，在认识理念不断增强不断提高的基础上，更多的地方政府将会出台一系列贯彻实施具体意见。

在我国已经进入全面建成小康社会决胜阶段的大背景下，研学旅行正处在大有可为的发展机遇期。未来几年内，我们有理由相信，在遵循党的十九大精神和深入贯彻习近平总书记教书育人系列重要讲话精神引领下，以"立德树人、培养人才"为根本目的的研学旅行事业，将以预防为主、确保安全为基本前提，以统筹协调、完善政策为工作重点，以因地制宜、整合资源为切入口，必将推动研学旅行工作再上新台阶。可预期地看到，中小学生走出课堂到社会实践中进行研学旅行教育的局面很快就会到来，未来两三年内能够参加研学旅行的中小学人数将会突破千万人次大关。

然而，作为一个新兴快速发展的事物，当前仍然存在着区域发展不均衡、安全问题未突破、体制机制不健全、资金投入未落实、工作程序不规范等问题，直接制约着研学旅行事业的健康快速发展。一项新生事物的成长，肯定会经历多种坎坷，肯定是在条件不断完善、问题不断解决、方法不断创新的过程中成长起来。为此，提出如下的呼吁与建议：研学旅行一定要做好顶层设计，一定要有绝对权威的协调机构进行有效组织、有力协调和强力落实。将原有参与研学旅行工作的11个国家机关和组织，上升到国家层面，成立由国务院领导牵头的研学旅行工作联席会议制度，协调各相关部门发挥好职能作用。联席会议办公室可设立在教育部，办公室负责调研掌握全国情况，为国家决策提供翔实数据；负责协调各相关部门制定政策，检查督促各部门和地方省（市、区）把具体工作落实到位。研学旅行工作纳入国家教育教学改革创新方法措施之中，在国家层面进一步研究出台推动研学旅行健康发展的方针政策，要与国民经济发展计划相衔接，做出五年、十年，甚至二十年的中长期《中小学生研学旅行发展规划纲要》。以纲要为引领，相关部门和地方省（市、区）都要研究出台具体实施意见和政策。由此，开创研学旅行事业健康、快速发展的良好条件与氛围。

研学旅行发展的历史现状问题与对策

2017年,全国140多家单位在林州市共同发起成立了中国研学旅行联盟。近两年来,我们主要开展了对国家有关研学旅行政策的深入研究、解读和大力宣传,推进了对研学基地建设开展标准化、课时化的研究,对参与研学工作的企业、社会团体提出了规范的服务标准。我们做了不少有意义的工作,取得了不少可喜的收获。党的十九大作出了中国特色社会主义进入新时代的重大判断,在这样的大背景下,国家所倡导的研学旅行伟大事业已经轰轰烈烈地在全国蓬勃发展。

一、研学旅行的历史回顾

2000多年前,中华伟大先贤孔子打破了"学在官府"的传统,杏坛设教,开启了体验式教学的新篇章,形成了以"道德践履、仁爱贵和、精思善疑、平等民主"为核心的游学思想,成为我国研学旅行的奠基人。本文沿着历史的脉络,以研学旅行的形态变化为主要依据,将研学旅行的历史分为古代游学期和近代海外修学旅游期、现代修学旅游期和当代研学旅行期四个阶段进行探索,分别对四个时期的历史背景、发展状况、发展特点进行了阐述,并对不同时期的形态进行了综合比较,讨论与总结了研学旅行历史演变的特征以及对当代研学旅行的启示。

二、研学旅行的历史演变

(一)古代游学期(前770~1840年)

"游学"是最为传统的学习、教育方式之一。尽管"游学"一词较早见于《史记·春申君列传》,但学者对其尚未形成统一认识。通过查阅相关文献,我们可把游学定义为一种文化人通过异地旅行获得知识、通过遍游各地亲自进行文化体验、远游异地拜师求学以及文人之间扩大学术视野进行学术交流的活动。简单说来，游学就是一种通过异地求知的文化活动。

1. 游学起源期——春秋战国时期

当时文化中心极其分散，诸子百家，学术争鸣，成立了多种学派，相互切磋，交流融合，形成一幅文化繁荣的景象。这为有知识、有才能、有抱负的学士提供了有利的途径，他们通过周游列国，游说自己的主张和观点，并通过与他人辩论来得到各国诸侯与私家的赏识，达到布衣取卿相的目的，从而实现自己的理想抱负。最为典型的代表就是孔子，他率领众弟子离开鲁国，游历辗转于卫、曹、宋、郑、陈、蔡、楚七个国家，四处游说讲学，一方面向各国频繁地游说和展示自己的治国理念、政治主张，另一方面，率众弟子游学、读书和悟道等，体验山水，感悟人生。进行了为期连续14年的列国游学生涯，史称"孔子周游列国"。之所以兴起游学这种现象主要有以下三点原因：一是私学的兴起。当时贵族统治力量衰落，无暇顾及教育，官学教育因此衰弱，造成对人才的需求强烈和掌握文化的人沦落到社会下层，私学由此兴起；二是养士之风的盛行。诸侯争霸，各国诸侯开始招贤纳士，引进人才，扩张自己的势力，于是尊士、养士、争士成为各诸侯国上层社会的一种风尚；三是稷下学宫的辉煌。由于稷下学宫实行的是学无常师的灵活教学制度，为四方有志之士提供了一个良好的学习氛围，备受游士们的青睐，吸引了络绎不绝的士人来此地游学。

概言之，春秋战国时期游学的基本特点包括：大多数学士的游学目的带有极强的功利性。春秋战国时期的游者们大多数是社会下层的人民，出身寒门，没有一定的经济基础，需要通过游学得到各诸侯的赏识，从而改变自己贫苦的家室；游学之风打破了学在官府、乐仅限大夫的局面，提高了游学的受教范围和文化广度。

2. 游学的发展期——隋唐时期

整个隋唐时期，中国古代空前繁荣，政治、经济、文化等方面都发生了巨大的变化，游学也在这动荡的变化过程中逐步发展着。其主要原因有以下三点：一是物质繁荣与精神文明。隋唐时期在政治上实行国家大一统，政治局面相对稳定；在经济上是以小农经济为主，呈现繁荣景象；在思想文化上佛、道、儒三教合一，全面繁荣。二是民间私学的兴盛。隋唐时期的私学很受重视，政府不仅提倡私学，还鼓励民间人士自己筹办并加以勉励，私学的形式和内容变得多样化。三是科举制的兴起。隋唐时期确立了以文取士的科举考试制度打破了门第的限制，为一般的知识分子提供了参政的机会。

在上述背景下，游学备受学者们的青睐，由此产生了以下三种类型：一是求学之游。隋唐时期物质繁荣与精神文明极其绚烂,一方面为各地志同道合的游者相互聚集在一起,以学会友,共同探讨人生的真理和智慧。另一方面部分知识学者跋山涉水,一边体会地方情怀与智慧,一边传播本国文化,不断增长见识。二是求士之游。隋唐时期为了将"学而优则仕"用于实践,开创了科举制的先河,为广大寒门弟子提供了一条改变家族命运的路径。三是体验之游。部分学者在求学的过程中不仅仅局限于知识层面的追求,更多的是去追求精神层面,到各个地方游山玩水,陶冶自己的情怀。

概言之,这一时期的游学特点包括以下三个方面。首先,游学目的的复杂性。一是功利性。从春秋到隋唐,游学的目的变得越来越功利化,求学者不是单纯地为了获取知识而是为了结交更多的知名学士,以此来巩固自己的势力。二是隐居性。这一时期,许多士大夫在晚期的时候看淡了官场名利,他们不谈国事、不言民生,隐居乡村,游历于田园山水之间。他们的游学目的不再为了追求功名利禄,而是为了追求自然田园风光,探索生命的真谛,实现天人合一的境界。

其次,游学内容的丰富化。隋唐时期不再遵从独尊儒术,而是儒学、佛学、道学多种思想竞相发展,许多学者根据自己的喜好不远万里求学于多种思想兼容的私学。

最后,游学主体的多元化。游学的主体不再局限于青年、中年,童子也可以进行游学,已经没有年龄限制了,达到老少皆游的状态。此外,相关文人和儒士的参与也使游学的主体变得多元化。

3. 游学的兴盛期——元代时期

元朝由蒙古族建立,是中国历史上首次由少数民族建立的大一统王朝。一方面元朝统治者将科举制废除,断绝了元朝儒士通过科举做官的路径,此外,元朝统治者想大力开拓疆域使各个民族之间相互融合,这就促使了许多文化水平较低的少数民族地区游历四方学习汉学;另一方面民间开办的书院、义塾等也公开接受远道而来的游者来此处学习,并且一些隐居的儒士也接纳游学者作为自己学生,传授相关知识。元朝社会的繁荣安定、开放的教育政策以及南北统一局面等客观条件都促使了游学在元代兴盛起来。

元代时期的游学主要有三种类型:一是儒学之游。元代继承和传播了自北宋以后形成的新儒学思想,形成了各级儒学,不仅教学规模宏大,而且教学设备和水平都很完善;二是从师之游。许多游者为了学习知识,跋山涉水拜访名师,并成为其门下的一员,与其他弟子相互学习、取长补短来增长自己知识的广度和深度;三是书院义塾之游。自宋代以后,书院在元朝得到进一步发展,书院数量和教学规模都明显扩大，使得元代的书院义塾之游也极其盛行。

概言之，元代游学时期的特点包括：元代少数民族众多，学官之选混乱，教学发展极其不平衡，各地方的教学水平差异甚大。游学在一定程度上促使各方有志游士自由选择学习的场所和资源，对元代的教育进一步补充，提高了元代教育的整体水平；游学形式上新增了书院义塾之游，促使了更多学士有了选择游学的机会，游学获得进一步的发展；元代少数民族之士到四处各地游学，促使各民族文化相互交流，游学的内容在一定程度上带有民族文化性。

（二）近代海外修学旅游期（1840～1949年）

游学发展到近代，和古代的游学已有一定区别。人们更多使用"海外修学旅游"这一词，也就是所谓的"留学"。自鸦片战争以来，清政府奉行闭关锁国的政策，中国的领土开始被割裂，逐步丧失独立自主的地位。对此，清王朝被迫做出对外开放政策，特别是海外修学旅游政策的出台。这一举动造成一大波爱国知识分子和开明绅士开始放眼世界，学习西方科技文化，寻求救国之道的局面。近代的留学潮热主要经历了四个阶段：赴美留学、留学日本、庚款留学、留法勤工俭学。

一是赴美留学。由于洋务运动时期需要大批的外交工业技术人才，刚留学美国回来的容闳便上奏朝廷关于派遣中国学生到国外学习先进技术的事情，于是1872年8月容闳率领中国第一批30名幼童乘船赴美学习，近代首批中国留学生之旅由此开始。二是留学日本。1894年甲午中日战争失败以后，亡国危机激发了中华民族的觉醒。国民也看到日本经过明治维新等一系列改革已经不再是以前前往唐朝学习了，而是逐渐变得强盛起来了。于是，清政府大力鼓励青年学子以及知识分子出国留学寻求民族振兴、国家富强的道路。一股留学日本的热潮便由此涌现，其中李大钊等人为典型代表。三是庚款留学。在中国"庚子赔款"后，美、英、法等国出于长远考虑，为了扩大其在华的影响，相继与中国签立协定，要求中国输送相应留学生。这一时期的留学形势形成了新的多元化局面，造就了一大批出色的科学家，成为中国现代科技事业的奠基人和开拓者。四是留法勤工俭学。这一留学运动主要发生在"五四运动"前后，并且是一种全新的留学模式。在巴黎华法教育会与广安勤工俭学会的大力倡导下，以及"五四运动"爆发后的各种新思潮涌入，促使赴法勤工俭学的新的留学潮流。这批留学生主要是以"勤以作工，俭以求学"为宗旨，没有官费和庚款的支持，在法国各地的学校和大工厂中边工作边学习，研究各种社会主义思潮。

概言之，海外修学旅游期的特点为：（1）出台了相关留学政策，体系越来越完善，国家的重视度也逐渐提高；（2）引进了西方各种先进思潮，诸如科学社会主义思潮、民生主义思潮等；（3）出国留学的经费来源有官费和自费两种形式；（4）留学的学习内容多样化。一方面可以学习欧洲的经济建设、人文思想等；另一方面还可以学习军事技术、制造业等专业；（5）从出游的范围来看，留学的地方只能是国外，不能是国内；（6）出国留学的时间偏长，一般至少需要几年的时间在异国进行学习深造；（7）广大留学生的留学目的主要是为了学习西方先进的教育理念、教育制度、教育方法等思想与文化，贯穿一条主线"探求真理、学习科学、爱国救亡、振兴中华"，寻求一条救国之道。

（三）现代修学旅游期（1949~2012年）

1. 改革开放前

新中国成立到改革开放前，当时的中国一穷二白，于是我们的党带领人民开始探索社会主义的建设规律，由于在探究摸索阶段，在这过程中出现不少失误和错误，给党、国家和人民的事业带来严重的损失。因此，这段时期的教育也是停滞不前、杂乱无章的。笔者通过查阅文献，虽然未能查到这段时间关于修学旅游的文献，但查到了关于留学的相关文献。我国初期国力薄弱，中国政府实行"一边倒"的外交政策，提出向以苏联为主的社会主义国家学习的口号，1951年我国向苏联派出375名留学生，后因中苏关系恶化，留学教育停滞不前。从1972年始，我国先后向英、法、意等32个国家派遣了大约1548名留学人员去学习，留学教育表现出复苏和发展之势。总之，在改革开放前期仍表现为留学教育，没有出现修学旅游教育。

2. 改革开放后

1978年党的十一届三中全会召开，提出对外开放的政策，这一举动使中国在政治、经济、文化、教育等方面发生了翻天覆地的变化。当人们的温饱问题得到解决时，往往不再局限于物质需求，而转向精神需求的满足。因此，单一性的知识性教育已经不能满足广众人民的需求，更多的是追求体验式、开放式的教育，这时就会出现有关修学旅游的教育形式来弥补传统知识性教育的不足。通过修学旅游，学生们不仅能从中获得愉悦的旅游体验，还能学到许多课堂上、书本上学不到的知识，开阔视野、增长能力。

日本最早提出"修学旅游"，并于1946年开始正式纳入学校教育体系在全国范围实施，活动对象主要是中小学生团体。在日本，修学旅游被看做一种以学习专业知识和技能或增加见识为旅游动机，学校组织学生到其他国家或地区进行的集体旅行活动，借此达成多元学习目标的教育方式。我国修学旅游起步较晚，比较早的是1989年推出的山东曲阜孔子家乡修学旅游，一般每期十余人到几十人不等，修学期限在3至15天，学习的主要内容为孔子生平及其哲学思想、中国历史书法、民俗、中医、烹饪等。2001年，江泽民同志提出"以德治国"方略，全社会重视素质教育，修学游出现了前所未有的新景象，由传统的观光型向学习型、知识型、文化型学习转变。修学旅游是以一个专题为目标，或考察某地风俗文化，或了解一门学科，或学习一门语言，或参观高等院校、科研机构等的一种旅游行为，它有助于旅游者开阔视野、增长知识、丰富阅历等。

概言之，这一时期修学旅游的特点主要为：

（1）以"学"为主，要求参与者在旅游的过程中学到更系统以及更易于接收的知识，并且要有所收获，有所体验，从而提高自己的精神修养，这与传统纯属游玩的旅游是有极大的区别的。

（2）教育行业与旅行社首次紧密结合，把学习活动与旅游产品开发相联系的。

（3）突出综合性，主要是以某个专题为主，例如人文旅游类、自然资源旅游类等，突出知识性与文化性相结合。

（四）当代研学旅行期（2013年至今）

"研学旅行"的说法出现最晚。2013年，国务院办公厅印发《国民旅游休闲纲要（2013—2020年）》，提出了要"逐步推行中小学生研学旅行"的想法。2014年7月，教育部开始进行研学旅行试点的实施，公布了首批"中国研学旅游示范基地与目的地"，为开展中小学研学旅行做好典范。2016年底，教育部等11个部门又联合发布《关于推进中小学生研学旅行的意见》（以下简称意见），首次将研学旅行纳入国家教育政策，直接进一步推动国内中小学积极开展研学旅行的热潮。

关于研学旅行目前没有明确的定义，主要有广义和狭义之分，广义的研学旅行就是指以研究性、探究性学习为目的的专项旅行；狭义的研学旅行是指一门以学生为主体，以发展学生能力为目标，在内容上超越了教材、课堂和学校的局限，具有探究性、实践性的综合实践活动课程。那大力推行研学旅行又有什么价值和意义呢？一是顺应了教育改革的新形势。在当前这个瞬息万变的时代中，以往应试教育所培养出来的人才不再能满足社会的需求，更多的是需要综合性素质人才。而研学旅行有助于帮助学生走出教室，实施体验式、探究式学习，培养综合性能力，从而更好地适应社会的发展。二是符合青少年成长的特性。青少年成长的过程主要是从一个自然人变成社会人的社会化过程。首先，在成长中体验，只有当自己真真切切地体验了每一次成长中带来的变化，并从中学会反思，这样我们才能变得更加成熟、自信；其次，成长的过程具有实践性。只有当我们把所学的知识运用于实践，做到知行合一，我们的人生才能算真正有意义；最后，成长的过程具有融合性。一个人的成长更多的是与同龄人、长辈等一起相互交流、融合长大。三是有助于提高中小学生的知识、能力、情感、品格等。在知识获取上，学生可以通过研学旅行直接获取超越课堂、教材和学校以外的更真实、更广阔的知识；在能力培养上，学生通过研学旅行可以培养他们探究发现、自主创新、沟通合作等各方面的综合能力；在情感体验上，通过研学旅行，师生之间相互交流、体验，增进生与生、师与生、师与师之间的感情；在品格培养上，通过研学旅行，有助于学生健全的人格、责任意识、集体意识、关爱他人、爱国情怀等的培养。四是体现了真实性的教育形式。研学旅行是通过研究性学习与旅行相结合的方式，真正让学生与自然接触、与社会接触、与他人接触、与自我接触，从而改变我国一直以来重理论轻实践、重道德灌输轻体验的局面。

概言之，当代研学旅行的特点主要有六个。

（1）以青少年学生为中心。研学旅行的主体对象是以青少年为主，并根据学生的身心特点、兴趣爱好等进行内容、时间、地点等方面的安排，让学生能从研学旅行中更容易获取相关知识与能力。

（2）学校为主要单位。学校通过组织旅行活动以及增强安全管理让学生从中获取知识以及情感体验，与学生自主旅行的性质有很大的不同。

（3）有良好的社会支持为动力。首先是国家政策在宏观层面的支持，研学旅行在2016年教育部等11个部门联合发布《关于推进中小学生研学旅行的意见》中正式提出；其次是各行业企业的中观支持，研学旅行必须要和旅行社相结合，并且旅行机构在各方面都要有权威性和专业性，才能保证研学旅行有序地开展并得到社会的认可，此外还可以极大促进旅游经济的快速发展；最后是家长微观层面的支持，家长是孩子的第一任教师，家长的一言一行都会在潜移默化中影响着孩子，只有当家长全力支持孩子参加研学旅行，才能有效确保研学旅行全面开展。

（4）有着明确的主题和学习目的。利用人文历史、自然景观、科学技术资源等不同的地点来开展不同的研学专题，让学生从中获取不同的知识。

（5）时间有着明确的限定。为了更加明确研学旅行的内涵以及学生出行的安全，《意见》中明确规定了研学旅行的时间最长不能超过15天。

(6) 具有浓厚的探究性、开放性的韵味。从确定主题到方案的实施到结果的评估，学生都全程自主参与进来，对遇到的问题进行相关探究，与他人合作，从而达到解决问题的目的，这与传统的直接告诉学生结果的教学方法有着本质的区别，它更能激发学生的求知欲并提高学生学习的兴趣。

三、研学旅行发展现状与未来趋势

1. 国家政府层面近年来积极推进研学旅行

就研学旅行而言，早在2012年，教育部就高举教育改革大旗，先后选取了安徽、江苏、陕西、上海、河北、江西、重庆、新疆8个省（区、市）开展研学旅行试点工作，并确定天津滨海新区、湖北武汉市等12个地区为全国中小学生研学旅行试验区。国家对研学旅行高度重视，具体内容见本书《盘点解读中小学研学旅行的政策法规》，此不赘述。

2. 全国各省市县层面积极响应并努力落实

全国各地对中央的决策应该说还是积极响应的。目前所知，自教育部等11部门印发《意见》以来，全国各地已经有15个省出台了贯彻实施意见，具体是北京、天津、上海、重庆、黑龙江、山东、湖北、湖南、江西、安徽、广东、海南、陕西、四川、新疆。其他省份或已经转发，或正在研究中。在许多市、县层面对《意见》的贯彻更加具体到位，中小学校学期有计划安排，工作有具体指定人负责，研学旅行列入学生社会实践课程学分制管理，等等，有不少学校已经与本地基地、营地建立了紧密联系，开展了战略合作。

3. 各地社会相关机构、团体广泛拥护，高度活跃，为响应国家号召发挥积极作用

自教育部等11部门印发《意见》以来，全国各地社会层面反响热烈，媒体关注，我的判断是高度活跃。趋于不同的认识理念和利益关系，各地社会相关机构、团体、企业、社会知名专家学者等等，都在直接或间接地介入研学旅行。主要有成立联盟，开展论坛，一大批专家学者参与解读政策、规划标准、导师培训等与研学旅行相关工作。许多企业推出研学旅行线路产品，有更多的冬令营、夏令营、国防营、亲子游、出国游产品投入到了社会。比较有影响的是，全国140多家单位在红旗渠景区联合发起成立了"中国研学旅行联盟"；受国家旅游局指导，由山东省旅游委牵头，有十省旅游委响应，联合成立了"全国研学旅行发展促进联盟"；中国旅行社协会旗下成立了研学旅行专业委员会；陶行知教育基金会旗下成立了中国研学旅行教育研究院。还有一些地方成立了诸如北京中外研学旅行文化发展中心，研学旅行在中国——研学教育共同体等机构。

4. 未来趋势的展望

由上述情况我们可以充分看到，中国的研学旅行事业目前已经启航。各地积极开展工作，试点地区取得了显著成效。国家教育部门发挥引领作用，稳步推进。旅游部门抢抓机遇，积极主动作为，推动行业开创研学旅行工作的新领域。各地方省、市、县政府和学校广泛动员，积极谋划，在认识理念不断增强不断提高的基础上，更多的地方政府将会出台一系列贯彻实施具体意见。

在我国已经进入全面建成小康社会决胜阶段的大背景下，研学旅行正处在大有可为的发展机遇期。未来几年内，我们有理由相信，在遵循党的十九大精神和深入贯彻习近平总书记教书育人系列重要讲话精神引领下，以"立德树人、培养人才"为根本目的的研学旅行事业，将以预防为主、确保安全为基本前提，以统筹协调、完善政策为工作重点，以因地制宜、整合资源为切入口，必将推动研学旅行工作再上新台阶。我们可预期地看到，中小学生走出课堂到社会实践中进行研学旅行教育的局面很快就会到来，我们保守地估计，未来两、三年内能够参加研学旅行的中小学人数将会突破千万人次大关。

四、目前研学旅行存在的问题与原因分析

我们在展望未来的同时，应看到全国研学旅行事业的发展正处在起步阶段，各地发展水平是很不平衡的。目前影响发展的主要瓶颈问题和原因分析如下。

1. 安全保障待提高

安全问题是研学旅行最大的瓶颈。我们期待的研学旅行井喷式发展的大好局面仍然是遥远的春天。组织中小学生走出课堂，不论是教育主管部门，还是学校领导，都是慎之又慎的大事。尽管国家要求开展研学旅行，教育主管部门印发各种文件精神也明确要求必须做好安全工作，但对学校的考核仍然是一票否决制，相关部门如公安、财政、交通、旅游等部门仍然没有研究出台强有力的安全保障政策措施，"达摩克利斯之剑"高悬在校长头上，进而不敢组织、不愿组织学生们走出校门，原因就是安全问题没有有力保障。

2. 体制机制不健全

按照教育部等11部门印发的《意见》，在组织保障中明确提出要求，为加强统筹协调，各地要成立由教育部门牵头，由相关部门和组织共同参加的研学旅行工作协调小组，办事机构可设立在"校外教育联系会议办公室"，由此机构担负研学旅行方案制定、职责层层分解落实、定期检查工作推进情况，加强督察督办。但是，《意见》出台一年多来，至今没有看到地方哪个省真正地把成立协调机构落实到位，更别说职责层层分解落实了。

3. 资金投入未落实

主要是可用于开展研学旅行的基地、营地建设资金没有落实；更没有落实健全经费筹措机制。各相关部门没有研究出台用于研学旅行工作的专项优惠政策。具体来说主要是交通、铁路部门没有具体的专项减免优惠政策。文化、旅游部门没有对景区提出专项的减免门票政策，更别说提供优质服务的措施了。保险部门也没有开发有针对性的产品，没有出台用于研学旅行投保费用实施的优惠措施。

4. 工作程序不规范

工作程序包括纳入教学计划和组织管理。停留在文件的要求上，而没有落实到实际工作中。教育部门在审核学校每学期教学大纲计划时，对把研学旅行纳入计划没有硬性要求。事前培训和事后考核制度均还在"努力地探索之中"。由谁来做出诸如研学旅行基地的标准化、课时化问题？如何监督解决只游不学或只学不游的问题？谁来落实批准可以参与组织研学旅行相关机构、企业的资质问题？等等，这些具体落地性的工作仍然没有很好地解决。

五、对策与建议

（1）进一步提高理念认识——做好研学旅行工作，关乎培养国家高素质人才之大计，关乎社会主义事业未来接班人之大计，关乎中华民族优秀文化千秋万代永续传承之大计。我们应该深入学习并深刻理解习近平总书记关于教书育人系列重要讲话精神，秉承"创新、协调、绿色、开放、共享"的发展理念，切实把"立德树人"这个根本任务牢记在心中，落实在具体工作中，让研学旅行真正发挥出"帮助中小学生了解国情、热爱祖国、开阔眼界、增长知识"的巨大作用，进而实现使我们的后代"不断提高社会责任感、创新精神和实践能力"的伟大目标。

（2）进一步强化协调机制——基于上述建议的理念认识，我们充分认识到，研学旅行一定要做好顶层设计，一定要有绝对权威的协调机构进行有效组织、有力协调和强力落实。我们热切地呼吁，将原有参与研学旅行工作的 11 个国家机关和组织，上升到国家层面，成立由国务院领导牵头的研学旅行工作联席会议制度，协调各相关部门发挥好职能作用。联席会议办公室可设立在教育部，办公室负责调研掌握全国情况，为国家决策提供翔实数据；负责协调各相关部门制定政策，检查督促各部门和地方省（市、区）把具体工作落实到位。研学旅行工作纳入国家教育教学改革创新方法措施之中，在国家层面进一步研究出台推动研学旅行健康发展的方针政策，要与国民经济发展计划相衔接，做出五年、十年，甚至二十年的中长期《中小学生研学旅行发展规划纲要》。以纲要为引领，相关部门和地方省（市、区）都要研究出台具体实施意见和政策。由此，开创研学旅行事业健康、快速发展的良好条件与氛围。

（3）进一步落实资金投入——也是基于对研学旅行的高度认识，我们呼吁国家和全社会采取各项有力措施，加大对研学旅行事业发展的资金投入。一是相关研学资源免费措施。比如旅游景区、文物遗址、世界遗产地、地质公园、博物馆、纪念馆、海洋馆等，不管是国有资产，还是民办资产，都应该为中小学生实行免费开放。所有涉及交通公路、高铁铁路的部门，也应该对学生集体出行给予更多更大的优惠。二是加大投入建设投资。国家发改和财政部门，应该每年在财政预算中开设出研学旅行基地和营地建设的专项资金；地方财政要将学校组织学生出行的开支有计划地给予补助。三是开辟新的资金来源。动员社会民间和企业为研学旅行事业募捐，以资助家庭比较困难的学生。鼓励地方财政设立研学旅行基金，专项用于突发事故等重大事项的开支，让学校、家长、学生本人等方面，在突发事故时能够得到及时救助，把损失降为最低。我们希望国家财政、国有银行、金融保险等部门对此能发挥好应有的作用。

（4）进一步强化安全保障——毋庸置疑，没有安全保障，就没有我们事业的发展。教育部等11部门印发的《意见》中，把安全工作专门列出一项是为必须做好的任务，已经说得非常具体了。我们讲的安全保障，重点说的是开展研学旅行的组织者，即主办方、承办方和供应方，应针对研学旅行活动，分别制定安全管理制度，构建完善有效的安全防控机制。研学旅行安全管理制度是一套体系，主要包括以下内容：研学旅行安全管理工作方案；研学旅行应急预案及操作手册；研学旅行产品安全评估制度；研学旅行安全教育培训制度。这套体系，任何一项都不能偏废。都需要组织者在研学旅行策划前搞明白，弄清楚。当然，我们更强调安全教育，使其贯穿在研学旅行的整个过程中，也使学生终生受用。安全教育一是要教育管理人员，在随团开展工作的职责、应急处置规范和流程。二是要教育学生，不仅要知道普通安全常识，如走路、乘车（包括汽车、火车、高铁、轮船、飞机）、住宿、餐饮、参观、娱乐等应该预防的常识，同时还必须知道地震、火灾、水灾、拥挤踩踏、食品卫生、治安事件、设施设备故障等在内的各项突发事件的应急预案，有条件的话应该适时组织演练。总之，安全工作头等重要，必须在研学旅行工作中抓好落实。

（5）进一步落实课化考核——安全是对各项工作的必备考核项，实施的是一票否决制。但是，我们也不能因为怕出事故而"因噎废食"地放弃其他有益学生健康成长的事业。研学旅行是教育部门和学校有计划组织安排的以研究性学习和旅行体验相结合的方式所进行的校外教育活动。既然是教育活动就应该进一步落实好学期教学计划，不仅要给予充分的时间保障，纳入学生学分考核，同时也要与学校领导年度考核挂钩，作为必考核项目或增分项目，以此给予学校组织研学旅行的内心动力。

（6）进一步强化使命担当——我们一定要遵照党中央、国务院的决策、部署和要求，以全面提高未成年人特别是中小学生素质教育为发展方向，以社会主义核心价值观和爱国主义教育为核心内容，努力传承和弘扬中华民族优秀文化，坚持创新"社会实践、学游统一"的教书育人新理念、新方式、新手段，把为国家、为民族培养树立具有社会主义核心价值观、有理想有道德有信仰的人才作为重要的历史责任，把为培养德、智、体、美全面发展的社会主义新人作为己任。为此，我们应该做好以下工作：

①认真研究党中央、国务院关于对未成年人特别是中小学生思想道德建设的方针、政策，深入学习领会习近平总书记系列重要讲话精神，落实国发〔2014〕31号文件和2016年国家教育部等11部委印发的《关于推进中小学生研学旅行的意见》，努力推动研学旅行工作在全国健康、蓬勃、持续发展。

②充分利用研学旅行联盟平台，为联盟成员单位提供理论研究、学术交流、成果展示发展平台。

③弘扬红色文化，传承红色基因，宣传时代精神。始终把理想信念教育、爱国主义教育、革命传统教育、国情教育作为重要载体。

④积极开展研学基地、研学线路、课程规划、安全体系、经费支撑、管理运营等保障体系研究建设，为研学旅行规范化、标准化、社会化、公益化探索有效途径。开展相关培训工作，发展研学旅行产业。

⑤加强宣传引导，联合媒体和自办网站，积极宣传研学旅行重要意义、先进典型经验，为研学旅行工作营造良好的社会环境和舆论氛围。

习近平总书记曾指出："培养好少年儿童是一项战略任务，事关长远。"他还专门强调："人们想起童年都是美好的、最难忘的，童年也是人的一生中经常会回忆的时光。我看到你们，就想到了我们民族的未来。我国社会主义现代化、中华民族伟大复兴的中国梦，将来要在你们手中实现，你们是未来的主力军、生力军。"习总书记的重要指示充满了对青少年的热爱和希望，是我们做好研学旅行工作的指导思想，我们必须要认真学习，不断深刻领会，把习总书记的重要思想落实在我们的实践之中，让我们牢记使命，砥砺前进，努力为研学旅行事业书写新的篇章。

研学旅行课程设计研究

一、研学课程设计概述

(一) 研学课程设计的理念

1. 以全面落实立德树人根本任务为宗旨

研学旅行课程帮助中小学生掌握自然与社会发展规律，引导学生主动适应社会，着力提高社会责任感、创新精神和实践能力，促进中小学生培育和践行社会主义核心价值观，全面落实教育立德树人的根本任务。

2. 以素养培育提高能力探求真理为内容

研学旅行促进课堂学习与旅行探究深度融合，以启发学生发现问题、分析问题、解决问题、探求真理的能力为主要内容。

3. 以置身情景真实体验合作学习为手段

研学旅行必须走出校门，学生面对的不是传统课堂中抽象化的知识点和虚拟环境，而是现实世界的真实问题情境。强调集体旅宿、集体研学，倡导资源共享、成果分享，弘扬团队合作精神，培育学生主动学习的态度和多样化的学习方式。

4. 以思维训练知行统一身心成长为目标

研学旅行课程具有开放性，要求研学活动过程中将发散思维与收敛思维相结合，以综合思维引导操作，从实践中实现思维进阶，推进知行统一，促进身心成长，为成年之后的事业发展打下基础。

(二) 研学课程设计的原则

1. 认知性原则

研学旅行课程设计需要注重培训学生对自然与社会的认知，把课本知识与实践知识结合起来，掌握自然与社会发展规律，以尊重事实、探究真理为原则。

2. 教育性原则

研学旅行课程设计要结合学生身心特点、接受能力和实际需要，教育他们学会动手动脑，学会生存生活，学会做人做事，促使他们身心健康、体魄强健和意志坚强。

3. 实践性原则

研学旅行课程设计应注重实践，倡导学生走出校园，亲近大自然，了解社会生活，在实际中获取真知，培养学生的实践能力，增强学生的社会责任感。

4. 体验性原则

研学旅行是一种比旅游更精彩，比课堂更丰富、更直观的体验式学习，研学旅行需要将知识性的课堂教学变为实践性的体验教学。要尊重学生的主体地位，以人为本，以学生活动为主，突出体验性。

5. 规范性原则

研学旅行要严格规范研学旅行线路，按照"小学以县内为主，初中以市内为主，高中以省内为主"的规定，精心设计研学旅行线路，规范操作。

6. 安全性原则

研学旅行应本着"教育为本，安全第一"的原则，做到"活动有方案，行前有备案，应急有预案"。建立安全保障机制，明确安全保障责任，落实安全保障措施，确保学生安全。

（三）研学课程设计的目标

研学旅行要做到六点要求，即课程育人、文化育人、活动育人、实践育人、管理育人、协同育人，也就是要做到理想信念教育、社会主义核心价值观教育、中华优秀传统文化教育、生态文明教育、心理健康教育。

研学旅行课程的总目标是走出校园，通过亲近和探究自然，接触和融入社会，体验和感受集体生活，使中小学生养成价值认同、实践内化、身心健康、责任担当等素质和能力。

1. 价值认同

通过欣赏祖国大好河山，感受中国传统美德，感悟社会经济巨大发展成就，尊重和认同中华民族优良传统文化，培养人文素质和家国情怀。

2. 实践内化

在校外真实情境中，在认知与实践中培养批判质疑、勇于创新的科学精神，提升实践能力，内化人格力量。

3. 身心健康

在研学旅行过程中放松身心，缓解学业压力，磨炼体魄和意志，提高生存能力。养成健康的行为习惯和生活方式。

4. 责任担当

学会交流和分享，提高人际交往能力；适应集体生活，形成团队意识和互助精神。培养社会责任感，学会责任担当，不断提高履行公民义务的意识和能力。

5. 分级分类

根据学生年龄特点、学情特点、知识架构的不同，课程设计要突出课程与年级差异，既要相互衔接，又要螺旋上升，做到连续发展。

二、研学课程设计的内容

（一）研学课程定位

研学旅行产品本质上是一种"教育+"产品，区别于传统游学、修学旅游、观光考察等旅游形式，因而，研学旅行课程定位需要以教育为主要目的，以研学内容为主题，以校外旅行为载体的"教育+"产品，而非"旅游+"产品。

（二）研学课程的类型及内容

研学课程的设计要做到"量体裁衣"，紧密结合不同学段特点、教育目标和地域特色，多层次、分梯度、多维度地设计研学旅行产品。研学课程的内容要深化中小学生的社会规则体验、国家认同、文化自信，初步体悟个人成长与社会进步、国家发展与人类命运共同体的关系。具体来说研学课程的内容要做到"1+5"，"1"指的是以课程为指导，"5"指的是有主题、有目标、有组织、有过程、有收获（如图1所示）。

1. 按学科划分

（1）地理类

地理类研学旅行内容包括地理位置与地名、地理要素与景观、地理环境、地理标志、人地协调观与地理审美等方面，主要体现地理、科学、艺术等学科在研学旅行中的作用，借助地图、地理信息技术等工具，依托自然和人文地理环境，通过自然考察、实验、社会调查等形式，探究地质地貌、气象水文、土壤植被等自然要素，人口、聚落、经济、文化、社会等人文地理事象，进而发现该区域存在的人地关系问题，并提出相应的解决方案。通过地理类研学旅行课程使学生认识到理论与实践相结合的重要意义，从中培育学生的综合思维、人地协调观、地理实践力等核心素养。

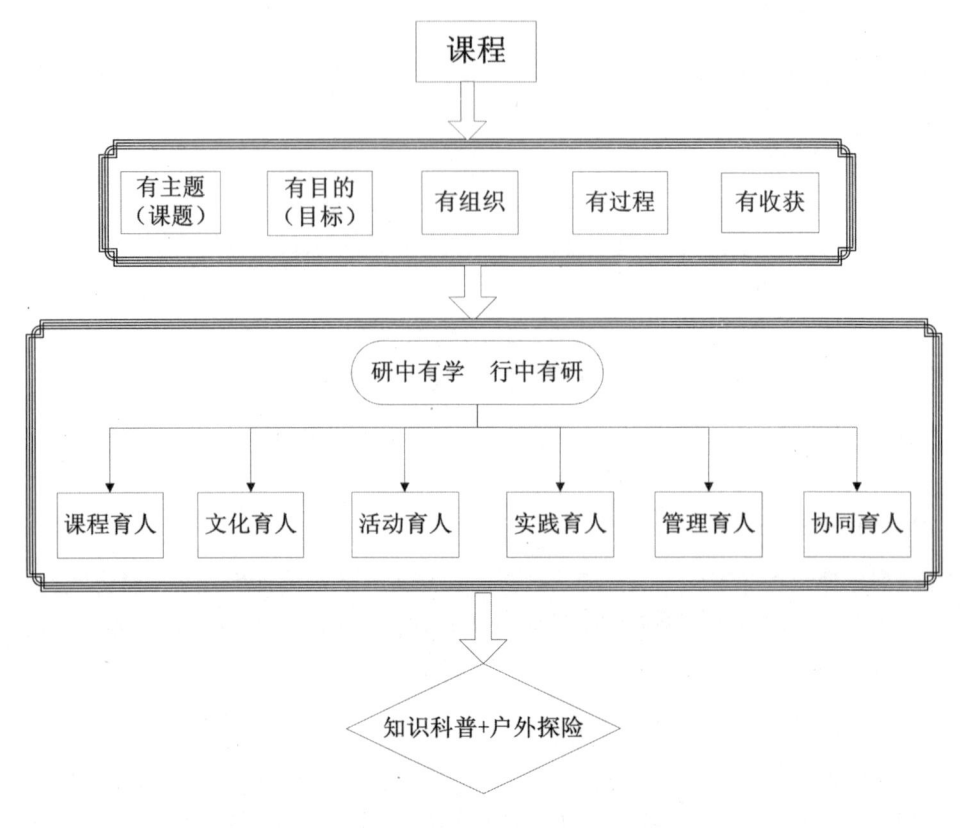

```
                          ┌──────┐
                          │ 课程 │
                          └──────┘
                              ↓
┌─────────────────────────────────────────────────────────┐
│  有主题    有目的                                        │
│ （课题）  （目标）   有组织    有过程    有收获          │
└─────────────────────────────────────────────────────────┘
                              ↓
┌─────────────────────────────────────────────────────────┐
│              研中有学    行中有研                        │
│   ↓        ↓        ↓        ↓        ↓        ↓        │
│ 课程育人  文化育人  活动育人  实践育人  管理育人  协同育人│
└─────────────────────────────────────────────────────────┘
                              ↓
                    ◇ 知识科普+户外探险 ◇
```

图 1　研学旅行课程设计的"1+5"

（2）自然类

自然类研学旅行内容包括欣赏自然现象与景观、自然资源与灾害、自然生态、自然规律等方面。（如表1、表2所示）主要体现地理、生物、科学、艺术等学科在研学旅行中的作用，借助生态、林草、地质、水利等学科的科学研究方法，依托自然保护区、风景名胜区、地质公园、矿山公园、森林公园、湿地公园、水利风景区、生态旅游区等自然保护地，深入了解自然环境与人类发展的关系，协调人地关系机制，进而宣传保护环境的理念，参与和体验环境保护志愿者工作，从中培育科学精神、社会参与等学生发展素养。

表1 地理类研学旅行的内容标准和活动建议

内容标准	活动建议
1. 地理位置与地名 • 实地确定地理位置与地名，认知和评价区域地理位置特征，了解当地地名与政区沿革的关系。 • 实地确定旅行线路、区域范围，制作简易地图。 2. 地理要素与景观 • 实地认知地理要素与景观，了解其区域特征及成因。 • 了解地理要素与景观对区域发展的影响。 3. 地理环境 • 实地认知地理环境的整体性与差异性。 • 评价当地地理环境与区域发展的相互关系，对区域决策提出初步意见与建议。 4. 地理标志 • 实地认知和应用区域地理标志。 • 实地了解和推广地理标志产品。 5. 人地协调观与地理审美 • 践行人地协调观，检验和提升核心发展素养。 • 认知和实行地理审美。	• 遵循野外作业规范，使用地图、定位仪器、测绘、观察、观测等装备，获取第一手自然地理信息。 • 遵循社会调研规范，使用调查量表、统计工具等，获得身临其境的社会地理信息。 • 遵循取样、实验规范，使用取样、实验装备，采集岩矿、空气、水、土壤、生物、资源、物产等实物样品，进行地理实验。 • 遵循图文收集规范，收集自然、人文、区域的地理资料、文件、文献等的纸质、电子版本。 • 走访社区、部门、机构、行业、企业等，开展观察、体验和访谈。 • 遵循有关规范，对实践活动进行文字记录、填图、简易地图和统计图表绘制、声像摄取录制等，使用地理信息技术等建设地理信息库。 • 参与生态、经济、文化、社会、政治等的建设实务。 • 遵循安全规章，使用安全防护、救护装备，保障研学旅行安全有序。 • 采取小组合作与个人分工独立作业相结合的方式，全面开展考察、调查、实验、体验、旅游、探究、讨论、辩论、分析、评价、鉴赏、发现、创作、交流、展示等活动。 • 提交考察、调研、实验、评价、建言等报告和绘制的地图、创作的作品等，展示、交流研学旅行实践成果。

表2 自然类研学旅行的内容标准和活动建议如下表所示

内容标准	活动建议
1. 自然现象与景观 ● 现场识别自然现象与景观，认知其成因。 ● 发现、欣赏当地自然现象与景观的美学特色。 2. 自然资源与灾害 ● 现场认知自然资源与灾害的价值与危害，了解其成因。 ● 认知当地自然资源与灾害的区域特征、提出对当地对策措施的初步评价和改进建议。 3. 自然生态 ● 实地感受自然生态状况，了解区域自然生态特征及成因。 ● 提出对当地生态建设的意见、建议。 4. 自然规律 ● 实地印证所学自然规律，分析综合性案例。 ● 应用自然规律，发现、分析、解决具有当地特殊性的自然科学问题。	● 遵循野外安全防护规范，通过考察、采样、实验等方法，开展合作学习，深入探究当地自然现象与景观。 ● 借助电子数码设备，摄录自然现象与景观声像，经后期制作，加以展示。 ● 走访政府发展改革、自然资源等部门，调查代表性企业，访问相关网站，收集当地文献资料、统计年鉴等，考察资源赋存地，召开模拟意见咨询座谈会，评估当地自然资源开发利用和保护现状，提出整改意见。 ● 走访政府应急管理等部门，调查地质、地震、气象、海关检疫、图书、档案等相关机构，访问相关网站，收集当地文献资料、灾害及救灾记录，考察灾害遗迹，访谈相关居民，举办模拟论坛，探讨当地自然灾害的成因，提出防灾、减灾建议。 ● 走访政府生态环境保护等部门，实地调查生态环境破坏与修复问题，运用相关测量和实验设备实测和分析空气、水、土壤、植被等的理化性状，访问相关网站，收集当地文献资料，作为志愿者，参与生态环境保护工作。 ● 以"负氧离子浓度变化""植物精气与人类健康""生物入侵及防治""蔬菜生产安全"等为主题，举行专题模拟听证会，提交会议备忘录。 ● 开展"跟着物理（化学、生物、地理、语文）课本去旅行"活动，通过考查、调查，比较课本上与真实情境中的自然规律及其表现，应用自然规律，发现、分析、解决实际问题。 ● 提交、展示、交流及相互评价研学实践成果。

（3）历史类

历史类研学旅行内容主要包括历史遗迹、文物与非物质文化遗产、历史聚落、纪念场所、历史题材艺术、家国情怀等方面。（如表3所示）主要体现历史、思想政治、社会、语文、地理等学科在研学旅行中的作用，借助历史考证、社会调研、人文探究、文艺鉴赏等方法，依托历史遗迹、革命遗址、博物馆、纪念馆、文艺展馆等人文遗产，欣赏、体会中华优秀传统文化、哲学智慧、道德伦理、文学艺术特色、传统科技工艺创造、历史名人名事声誉等，引导学生坚定文化自信、传承和弘扬革命传统。

表3 历史类研学旅行的内容标准和活动建议

内容标准	活动建议
1. 历史遗迹 ● 现场识别历史遗迹，认知其年代。 ● 还原遗迹的历史环境，了解名人名事。 2. 文物与非物质文化遗产 ● 现场识别、认知文物与非物质文化遗产。 ● 感受、体验文物、非物质文化遗产的历史背景与文化传统。 3. 历史聚落 ● 了解历史聚落的文脉与文化价值。 ● 体验历史聚落的文化传承与现代生活。 4. 纪念场所 ● 了解纪念场所的历史观念。 ● 评价、弘扬纪念场所的精神和价值观。 5. 家国情怀 ● 践行、提升家国情怀素养。 ● 传承优良传统，树立文化自信。 6. 历史思想流派 ● 了解各历史思想流派的创始人和主要人物。 ● 了解各历史思想流派的文化主张和主要活动内容，认识到各文化主张对中国历史文化的影响。	● 参观古聚落、古遗址，访谈当地居民，走访政府住房与城乡建设、侨务、民族、宗教、文化与旅游等管理部门及图书、方志、档案、谱牒、文史、建筑设计、文化创意、艺术创作和演艺等相关机构，访问相关网站，收集当地文献资料，实地拍摄、测量，复原历史，举办专题研讨会、模拟考古发现发布会等活动。担任志愿者，参与寻根恳亲、乡愁体验等活动。 ● 参观老革命根据地、革命活动和战争遗址、红色名人名事纪念场所，访谈当事人和相关人员，走访宣传、党史、民政、文博等部门及图书、方志、档案、文史、文艺术创作和演艺等相关机构，访问相关网站，收集当地文献资料，实地体验环境与生活，担任志愿者，参与革命文化整理、革命文物保护、老革命根据地扶贫脱贫等工作，举办革命节庆或纪念活动、革命传统传承培训营、红色文艺创作班、红色文化采风展等丰富多彩、喜闻乐见的活动。 ● 观摩非物质文化遗产和历史题材艺术展示和演艺，参与抢救、整理民间语言文学、故事传说，学习和实践工艺、演艺，举办文化遗产传习拜师、传统工艺、演艺宣传展示和传承学习汇报演示活动。 ● 提交、展示、交流及相互评价研学实践成果，召开学校、学生和家长参与的总结、交流汇报会。 ● 召开学校、学生和家长参与的恳谈会，以汇报、交流、展览等形式展示研学成果。

（4）人文类

人文类研学旅行内容主要包括人文特色、社会发展、人居环境、文化建设等方面。（如表4所示）主要体现思想政治、历史、社会、地理等学科在研学旅行中的作用。借助社会科学调查、研究、评价、决策等方法，依托爱国主义教育基地、社会发展展馆、城乡聚落、战略发展项目、社会科学研究机构、高等院校、民族聚居地等社会研学基地，重点感知新中国建立以来，尤其是改革开放以来我国社会发展所取得的成就、国际地位的提升、人民生活水平的提高，探究当前我国转型发展的重大问题与发展战略。培育学生的家国情怀、世界眼光、社会责任感等素养。

表4　人文类研学旅行的内容标准和活动建议

内容标准	活动建议
1. 人文特色 ● 实地感知、欣赏人文特色，了解其成因。 ● 初步评价区域人文特征及其发展前景。 2. 社会发展 ● 了解当地经济社会发展过程和现状。 ● 初步评价区域社会其发展质量，发现其问题，提出意见和建议。 3. 人居环境 ● 体验当地生活条件及其与城乡建设的关系。 ● 评价区域人居环境质量，提出改进意见。 4. 文化建设 ● 感受当地文化建设成果，欣赏文化艺术特色。 ● 评价区域文化融合传承与发展创新及其与社会发展的相互影响。	● 参观博物馆、文化馆、艺术场馆，开放的民族、宗教文化场所，访谈当地社区居民，走访政府文化与旅游、侨务、民族、宗教、台港澳事务等管理部门及图书、方志、档案、文史、建筑设计、文化创意、艺术创作和演艺等相关机构，访问相关网站，收集当地文献资料和艺术作品，实地摄录当地代表性人文景观与活动，参与民俗节庆、文化艺术活动，旅居当地民宿体验生活，参与中外、祖国大陆与台港澳的文化交流活动和担任志愿者，举办文化交流会、文化专题研讨会、文化旅游展示会等活动。 ● 游览市容乡景，参观城乡社区、城乡规划场馆、商业娱乐场所、休闲健身场所、地方特色服务餐饮场所、教育培训机构、医疗养生机构、体育运动场所、温泉服务设施等地，走访政府发展与改革、规划、园林、水利、住房与城乡建设、生态环境保护、文化与旅游、卫生与健康、民政、人力资源与社会保障等部门，访谈当地社区居民，到图书、档案、建筑设计、文化创意等相关机构，访问相关网站，收集当地文献资料，参与当地社会活动、社区活动，举办社会、城乡、生态等建设的展示会、研讨会、辩论会，为当地社会发展作出评价，出谋划策。 ● 观摩文化创意、工艺、演艺、竞技，收集文化艺术作品，学习和实践工艺、演艺、运动，举办艺术推介展示和学习成果汇报演示等活动。 ● 参观各行各业的企业、专业市场、物流场站，乘坐各种交通工具，观摩各种业态的商务活动，走访政府发展与改革、工业与信息化、商务、农业与农村、财政、交通运输、水利等管理部门及图书、档案、生产性服务业、各行业协会等相关机构，访问相关网站，收集相关文献资料，实地摄录经济、商务活动，参与各行各业专业研讨、营销、交易等活动，参与体验开放的生产、服务工作，举办经济发展专题研讨会、模拟商务营销会、模拟投资洽谈会等活动。

（5）科技类

科技类研学旅行内容主要包括科技发展、科技研发、科技建设、科技伦理等方面。（如表5所示）主要体现数学、科学、物理、化学、生物、信息技术等学科在研学旅行中的作用，借助现代人工智能、VR、AR、3D打印等技术、科学探究和实验方法，依托科技馆、科技活动、科研机构、高等院校、国家重大工程、现代产业园区等场所，通过参观、培训、实验等形式，培育学生科学伦理、创新意识、劳动观念等素养。

表5 科技类研学旅行的内容标准和活动建议

内容标准	活动建议
1. 科技发展 ● 实地认知科技发展过程及区域特征。 ● 评价科技发展成果对当地社会发展的贡献。 2. 科技研发 ● 初步学会科技研发程序、方法。 ● 参与、实践科技创新。 3. 科技建设 ● 现场体验重大建设项目中的科技应用。 ● 参与科技建设，对当地科技建设提出意见建议。 4. 科技伦理 ● 评价现实科技项目中的科技伦理，在实践中提升科技伦理素养。 ● 感受、创造科学美。	● 参观科技场馆，体验科技实验、游艺设施，听取解说，参与互动，走访政府科技等管理部门及图书、科技情报、档案、方志等相关机构，访问相关网站，收集当地文献资料，调查科技重大项目的当地受众，撰写科技发展调查报告、科技实验报告，举办科技伦理讨论、辩论会，举办模拟科技立项论证会，结合校内设施开展小发明、小创新活动及举办成果展示汇报会。 ● 参观高新技术开发区、高科技企业、高新农业园区、重大工程建设项目、科研机构和台站，体验实验、生产设施，听取解说，开展调查，走访政府科技工业与信息化、农业与农村、交通运输、生态环境保护、国防、教育等管理部门及图书、科技情报等相关机构，访问相关网站。 收集当地文献资料，调查科技成果的当地受众，撰写科技应用调查报告、举办以"科技与生活""科技与社会""科技与城乡""科技与环境""科技与海洋""科技与军事""科技与艺术""科技与人生规划"等为主题的讨论、辩论会，举办模拟科技立项论证会，结合校内设施开展与科研机构和高科技企业合作的科技活动，定期举办成果展示汇报会。 ● 参加学校与社会合作举办的以物种培育、农产品二维码追溯、无人机、3D打印、机器人、绿色用品、互联网营销、艺术科技等专题科技竞赛。 ● 参加国际、国家和地方科技社团、机构举办的各种专题科技考察、团队、课题、竞赛等活动。

（6）体验类

体验类研学旅行内容主要包括体育与拓展运动、劳动与创业、集体生活等方面。（如表6所示）主要体现劳动技术、信息技术、体育、艺术等学科在研学旅行中的作用，借助现代生产方法和技术、身心发展理论和方法，依托综合实践活动基地、劳动教育基地、团队拓展基地、国防教育基地、军营、体育训练基地、现代生产企业等场所，通过从事生产劳动、军事训练、团队拓展、职业体验、体育培训等形式，达到身心体验、精神提升和团队协同等目的，培育自我发展、健康生活、勇于拼搏、团队合作等素养。

表6 体验类研学旅行的内容标准和活动建议

内容标准	活动建议
1. 体育与拓展运动 ● 参与、体验社会体育运动，学会减压放松，养成健康生活习惯。 ● 参与、体验竞技体育、军事训练与拓展运动，提升刻苦拼搏意志、团队合作竞争意识以及相应能力。 2. 劳动与创业 ● 参与、体验劳动与职业训练，培育劳动与职业素养和技能。 ● 参与、体验创业训练，激发潜力，培育创新意识和能力。 3. 集体生活 ● 体验、感受集体旅行、生活和研学活动。 ● 培育集体荣誉、团结互助、遵守纪律等意识和习惯。	● 走进体育场馆，观摩体验赛事和运动训练，参与体验运动，接受运动培训，组织团队进行集体竞赛。听取、体验、宣传健康生活和运动养生培训。 ● 走进野外训练基地、营地，观摩、参加力所能及的野外拓展训练、军事训练、野外生存训练、山地运动、野外探险、定向行军、骑行驾驶等具有挑战性的活动，组织团队，集体竞赛。 ● 走进劳动实践基地、营地、厂矿、乡村，亲身践行劳动过程，体验创业、工匠、团队等精神。 ● 走进创意工作室、创业孵化基地等场所，观摩创业、创意工作，体验个性化创意、集体创新的过程。 ● 集体参加志愿者活动，服务社会、社区、弱势群体。 ● 应用体育、通用技术、信息技术等课程学习成果，学习、践行安全防范规则和措施。 ● 举办体验活动实践成果汇报、展示会。

2. 按主题划分

（1）科普探索类

科普探索类线路注重思维启发（见表7）。通过科教融合、全感体验的产品形式激发学生的科学兴趣和热情，在研学旅行实践中提高学生的认知能力和实践能力，提升想象力和创造力，使他们热衷于科学探究，善于提出问题、解决问题。

表7 科普探索类研学旅行的内容标准和活动建议

内容标准	活动建议
1. 科教融合 ● 参加主题博览会和展览会,思想和最新科技成果接轨。 ● 初步认识科研程序、方法,通过科技成果的展示深入了解各层次的部分知识。 2. 全感体验 ● 现场体验先进的科学成果,感受科学的魅力,从中认识科学原理。 ● 参与各种知识体验项目,提高运用能力,确保真正吸收了新知识并有能力运用到实践中。	● 参观科技馆,通过参加"讲+影+互动"即"专家讲解+学生观看影片+互动答疑"模式的活动,深入了解科技原理;结合参观内容,提炼相关知识,根据相应科学知识点,设计科学实验,以小组为单位进行科技小创作、小发明,撰写科技实验报告,参加成果展示汇报会。 ● 走进以探索为主题的科普游乐园,戴上立体眼镜穿越时空,完成各种体感交互游戏任务,进行太空育种模拟实验,观看大型科幻光影秀,听取解说,了解AR、VR等科学技术,汇报体验活动实践成果,畅想未来科技成就。 ● 参加科技馆举办的应急主题博览会,用以寓教于乐的形式向游客普及"防灾""避灾"的科普知识,了解台风、地震、海啸、泥石流等灾害的成因。通过"自然灾害剧场秀""和海啸赛跑"等大型体验项目,学会灾前预见防范,灾害中紧急避救,灾后自救和互救。 ● 参观由科技馆、博物馆、科学中心、科学院所等科学机构联合举办的科技展览会,认识最新的科技成果,并评价科技成果对社会发展的贡献,畅想新的科技方向,为当地科技建设提供建议。 ● 参加当地科技机构举办的科技专题讨论会、讲座、研讨会等,现场听取研究人员的介绍,加深和科研人员的交流,培养对科学技术知识的探索欲。

(2) 历史文化类

历史文化类线路强调浸入式体验(见表8)。针对具有独特地域文化特征的地区,可综合运用现代科技、文创手段,通过文化氛围营造、互动式活动体验,提升历史文化研学的代入感、体验感,能让学生站在客观、真实的角度学习历史。

表8 历史文化类研学旅行的内容标准和活动建议

内容标准	活动建议
1. 历史革命遗址文化 • 了解、感受中国革命历史。 • 了解历史革命的背景、过程和意义。 2. 历史题材艺术文化 • 感受、欣赏历史题材艺术。 • 初步学会历史题材艺术创作。 3. 中华民族民俗文化 • 了解中华民族的特色建筑和民族文化风情。 • 感受民族特色，思考如何传承中华民族历史文化。 4. 传统手工艺品文化 • 了解、学习传统手工艺品的制作。 • 思考如何保护和传承传统手工艺。 5. 历史朝代文化 • 了解中国各朝代历史发展和文化。 • 了解历史文化遗产和历史建筑特色。 • 传承中华历史文化。	• 参观历史革命遗址，通过VR技术，还原当时革命斗争场景；学生自己创造关于历史革命的剧本，在历史革命根据地进行剧本表演展示；观看历史革命纪录片，现场表达观后感；开展历史革命故事会，感受历史革命的艰辛，继承和弘扬红色精神和民族精神。 • 参观历史博物馆、历史文化艺术展等，现场观摩历史文化艺术作品，听讲解员讲解艺术品特点和作品故事；现场学习历史题材艺术创作；开展学生创作的历史题材艺术作品展示会，感受多彩的历史文化艺术品。 • 参观民族村落、古镇、自治州与自治县，了解各民族文化风情，举办学生的当地少数民族时装秀，感受民族特色；学习当地民族语言与山歌；学习当地民族美食制作并进行品尝；参与当地民族活动如唱民歌，跳民舞等，感受民族风情；学习民族手工艺品制作，传承手工艺。 • 观摩非物质文化遗产，传统手工艺术博物馆，手工艺术产业园区等，了解传统手工艺品历史，学习手工艺品制作；开展学生手工艺品展览会；开展传统手工艺品的历史分享会，感受传统手工艺品魅力；开展"如何保护与传承传统手工艺品"讨论会，保护和传承传统手工艺品。 • 参观历史文化遗产，历史文化名城等，了解各朝代发展历史和文化，通过穿朝代衣服，学习礼仪加深文化认识；学习历史朝代歌剧，感受文化内涵；游览历史遗迹，体会建筑风格；观看朝代历史纪录片和利用VR技术，还原历史朝代；学习制作各朝代陶器、瓷器，感受手工艺术。

（3）自然生态类

自然生态类线路注重课堂知识的植入（见表9）。在课程设计时要充分发掘地质地貌、动植物、气象水文等生态旅游资源的自然、历史、文化、科学信息，与学生的学科知识有机融合嫁接，充分释放自然生态类线路的知识性和美学观赏性。

表9 自然生态类研学旅行的内容标准和活动建议

内容标准	活动建议
1. 自然与人文的有机结合 ● 将河流、山峰、植物等自然景观与学科文化知识相结合，以自然生态为教学引导点，促进书本知识与生活经验的深度结合。 ● 在亲身体验中感受自然环境"牵一发而动全身"的相互影响，如气候对水文、土壤、植被的影响等。 2. 环保意识 ● 体验自然生态之美，引导学生自觉尊重自然，热爱生命。 ● 通过生态文化教育活动，开展生态环保知识学习，强化生态环保意识，加强青少年学生生态文明教育。	● 游览国家公园、国家自然保护区等拥有丰富优质自然资源的目的地，在游览过程中注意对学科知识的导入和激发学生对于自然现象的思考。 ● 欣赏各类植物，讲解其分类、生长习性、花期等知识，告知学生如何分辨各类植物，收集植物的花、叶、果等让学生进行辨认比赛。 ● 在名山大川进行游览时，结合古今文人骚客的优秀作品，让学生感受美丽的自然风光与中华传统文化相得益彰的魅力，也让学生重回作者故地，对作品有更深入地理解。 ● 在山地进行游览时，对山地的成因、地质特点、气候特点、土壤特点、植被等进行讲解，结合气候特点，分析其土壤、植被和水文特点的成因，引导学生对土壤、岩石等进行辨认，鼓励学生收集喜欢的石头。 ● 在河流地区进行游览时，开展"保卫母亲河"环保活动，捡拾河岸上的垃圾，鼓励学生为环保作出自己的贡献，一方面加强了学生环保意识，另一方面也提高了学生作为主人翁的参与感。 ● 在游览过程中，根据所见场景，进行环保知识抢答，加强学生环保意识。

(4) 爱国主义教育类

爱国主义教育类线路强调古今对比融合，让学生在了解革命先烈们的英勇事迹、触摸可歌可泣历史的同时，看到现代国家的富强、繁荣，油然而生民族自豪感、历史使命感和爱国主义精神（见表10）。在课程设计时，可以设置课程主题，通过文献资料查询、实地走访调查、座谈访谈等方式进行古今对比研究，深化爱国主义研学实践，最终上升为学生对国家、对民族的认同感、责任感和价值感，激发其爱国主义热情。

表10 爱国主义教育类研学旅行的内容标准和活动建议

内容标准	活动建议
1. 知识教育 ● 拓宽学生的知识面。 ● 让学生了解更多的励志爱国事件。 2. 情感教育 ● 激发学生的情感共鸣，增强与祖国的联系性。 ● 培养学生的家国情怀、民族认同感。 3. 爱国主义教育 ● 增强学生的民族自尊心、自豪感、自信心。 ● 坚持和弘扬中华民族艰苦奋斗的民族精神。 4. 理想信念教育 ● 学习了解英雄的革命精神和道德品质，树立正确的理想信念。 5. 社会主义核心价值观教育 ● 增强学生的"四个自信"。 ● 促进学生践行社会主义核心价值观。	● 参观伟人旧居、领袖故居、革命遗迹、纪念物、会议遗址、革命遗物，如毛泽东故居、百色起义纪念馆、西柏坡纪念遗址等，了解当年恶劣的环境下中国共产党依然能够带领中国人民走向胜利，领略艰苦奋斗、自强不息的"井冈山精神""长征精神""西柏坡精神"，深刻体会到当今中国科技的强大、国家的富强。 ● 参观井冈山革命博物馆、百色起义纪念馆等博物馆，举行长征诗词朗诵比赛；学唱一首红军歌谣，学跳一曲红色舞蹈；探访红军后代，聆听红色故事；阐释井冈山精神、红色文化，让学生在参观过程中了解历史，感受红色文化魅力以及爱国主义的精神，汲取智慧和力量，从而自觉地激发其爱国主义热情。 ● 通过学习孙中山、李大钊、毛泽东、周恩来等革命家，为了国家的独立和民族的振兴，在军事条件极差的情况下进行了不屈不挠、可歌可泣的英勇斗争，再观看近几年的军事演习、阅兵活动，形成军事科技力量的对比，让学生在对比中激发爱国主义热情，增强为祖国作出贡献的信念。 ● 应用VR技术提升爱国主义教育的浸入式、交互式式体验感知和教学效果，还原当时长征、抗战的视频动画，增强革命基地的教育性，提升参与的广泛性、挺高对学生的吸引性，增加学生对民族的认同感、责任感和价值感。 ● 学习并领略国家领导人关于爱国主义精神的讲话和报告，强化学生的民族认同和国家认同，增强学生的四个自信意识，促进学生树立社会主义核心价值观。

（5）励志拓展类

中小学生的发展是"德、智、体、美、劳"的全面发展，其中"体"不可忽视。针对学生体能提高开展的研学旅行活动，可适当进行野外拓展训练，在确保学生安全的条件下进行体能的锻炼和野外生存能力的培养，让学生掌握一些基本的地理知识、急救护理知识，锻炼他们的意志力（见表11）。

表11 励志拓展类研学旅行的内容标准和活动建议

内容标准	活动建议

1. 体能训练
  • 参与、体验户内健身运动，学会管理体型、体态，树立健康意识。
  • 参与、体验户外健身活动，了解健身在人的一生中的作用。
2. 掌握地理知识、急救护理知识
  • 参与地理知识实践活动，掌握基本的地理知识，培养地理素养。
  • 参与急救护理培训活动，掌握急救护理知识，培养急救护理能力。
3. 培养恶劣环境生存能力，锻炼意志品质
  • 参与、体验户内紧急求生训练活动，学习户内紧急求生知识，提高室内逃生能力。
  • 参与、体验野外生存活动，学习野外生存知识，锻炼意志品质。
	• 走进健身馆，观摩体验健身运动，参与健身计划制定，接受健身计划训练，组织团队进行集体竞赛。听取、体验、宣传健康生活和运动养生培训。
	• 走进广场、公园、社区，参与、体验户外健身活动，与其他年龄层的户外健身者交流健身心得体会。
	• 参与、体验定向运动，训练对方向的把握和对地图的使用。
	• 参观、体验医院、野外生存营地的急救护理培训活动，体会急救护理的意义。
	• 参与、体验应急求生协会组织的灾害救援训练，公害防御知识传授，消防安全疏散训练和地震安全疏散训练。
	• 参与、体验野外生存营地的野外生存活动和野外拓展训练，培养野外生存能力和坚强意志力。

3. 按学段、目标、活动方式划分

关于研学课程的类型划分，以上是按照学科和主题进行的划分，这两种划分方法均属于按内容划分，除此之外根据学生的不同学段，设计研学旅行课程的目标也不同，组织研学课程的方式也不尽同，以下是根据不同学段的目标和活动方式进行研学课程划分的标准，以及具体内容（见表12）：

（1）按学段划分可以分为四个学段，分别是小学一至三年级、小学四至六年级、初中和高中；

（2）按研学目标划分可以分为价值认同目标、实践内化目标、身心健康目标和责任担当目标；

（3）按研学活动方式划分可以分为参观类、体验类、制作类、访谈类。

表12　不同学段的目标和活动方式进行研学课程划分的标准及具体内容

学段\目标	价值认同	实践内化	身心健康	责任担当	活动方式
小学一至三年级	认识乡土乡情乡音之壮美，感受乡土与自然之和谐，认知家乡历史文化和国家发展状况，感受社会主义核心价值观，培养国家意识、文化自信和拥护党的意识。	在简单校外情景中，学会发现问题，提出问题。开始有集体和团队意识，能服从集体和团队，参与简单讨论商讨。能够简单总结和展示研学成果，感受研学乐趣，开始培养思考能力、动手实践能力和与老师、团队合作能力。	认识自然，感受社会。开始体会到乡土乡情乡音之美，自然生态之和谐。开始培养中华民族文化自信心，初步感受尊重生命、热爱生活的态度。开始有投身生态建设、文明建设的意识。在集体生活中学会团队交流，能开始面对困难，培养健康生活、独立自主意识。	进入大自然、社会和集体生活，开始认知乡土乡情乡音及家乡文化和家国意识。开始产生爱乡爱国情感和努力学习报效家乡、祖国情怀，感受社会主义事业的伟大。开始培养热爱集体、互相帮助，从小事做起表现自我价值意识。认识建设法治社会、和谐社会的基本内容，培养参与社区服务、保护环境的初步意愿。	参观体验
小学四至六年级	感受乡土河山之美，感知乡土文化中的优良传统，了解当地的革命史迹，了解家乡历史和发展与祖国的关系，知道并初步践行社会主义核心价值观，初步形成国家意识、文化自信和拥护党的意识。	在校外真实情境中，对于给定的简单问题，初步学会收集、处理简单信息，初步掌握研究问题、使用工具的简单程序和方法，学会集体生活、集体研学，能够初步提炼实践经验，整理、总结和展示研学成果，并从中获得体验乐趣，初步形成动脑筋探索、动手实践，以及与人合作、师生互动的习惯。	亲近自然，体验文明，放松身心。初步学会体验生态之美，初步树立中华民族文化自信心，初步养成尊重生命、热爱生活的态度和爱美情趣，初步形成投身生态建设、文明建设的意愿。在集体生活中敢于面对困难，克服困难。磨炼体魄，锻炼意志，初步形成健康生活方式、独立生活能力。初步形成安全意识和自我保护能力。	置身大自然、社会和集体生活，初步了解乡情乡史及其所反映的家国关系，产生较强的爱乡爱国情感和努力学习建设家乡、报效祖国的初步志趣，初步感受到社会主义事业接班人的责任和荣誉。形成热爱集体、互爱互助，从小事做起表现自我价值的初步意识和能力。了解建设法治社会、和谐社会的基本内容，具有参与社区服务、保护环境的初步意愿和能力。	参观体验制作

（续表）

学段目标	价值认同	实践内化	身心健康	责任担当	活动方式
初中	了解旅行目的地生态环境优势，体会地方文化反映的中国传统美德，认知地方历史演变和现实发展中的革命传统和改革理念，接受并践行社会主义核心价值观，形成国家意识、文化自信和拥护党的意识。	在较为复杂的校外真实情境中，对于给定的较为复杂的课题，能够收集、处理相关信息，应用所学知识，发现其中较为简单的科学问题，初步运用科学研究方法和手段分析解决问题，能够主动接受教师指导，积极参与小组分工合作，学会整理、概括实践经验，获取新知识，掌握新技能，完成较为简单的研学报告或其他形式的研究成果，并能与人交流分享，从中获得成功体验，形成乐于实践、敢于质疑探索、实事求是的科学态度和初步的创新意识和能力。	走进自然，走进社会，开阔视野，缓解学业紧张和压力。学会发现和欣赏大自然和社会中的美，形成生态文明意识、传承中华民族优良传统的意愿，应用研学成果为生态建设、文明建设作贡献。在研学旅行过程中培养刻苦耐劳和抗挫折的精神和能力，形成积极锻炼的态度和健康生活的习惯。形成安全意识和行为能力，能够保障研学旅行安全。	融入大自然、社会和研学团队，理解地方实情和发展问题以及地方与中央的关系，树立爱国理念和报国志向，具有社会主义接班人的意愿、学好建设家乡、建设祖国的本领并付诸研学行动。形成团队意识，自觉承担研学中的责任，在研学活动中服务社会，从中体验正确的自我价值和成就感。初步具有法治意识和生态理念，自觉维护法制、保护生态环境。	参观体验制作访谈

(续表)

学段目标	价值认同	实践内化	身心健康	责任担当	活动方式
高中	认知旅行目的地体现的祖国大好河山、中国传统美德、革命光荣历史，理解旅行目的地历史和现实所反映的在中国共产党正确领导下中华民族复兴的光辉业绩和宏伟前景，理解、接受并践行社会主义核心价值观，形成国家意识、文化自信和拥护党的意识和行动，培养家国情怀和人文底蕴。	在复杂的校外真实情境中，面对现实问题，能够运用所学基本理论、基础知识，收集和处理有关信息，发现值得探究的实际问题，积极参与团队研学，制定科学的研究计划和路径，运用适合的研究方法和设备，主动争取教师和专业人员的指导，自主发现、分析和解决问题，完成研学成果的创作，展示和推广成果，获得成就感，养成科学态度和创新精神，培育科学伦理和人文素养，提升实践意识和能力。	养成热爱自然、热爱社会的情感和自然、社会审美情趣。学会自我放松和缓解学业紧张和压力。理解生态文明、社会文明的美学实质，形成陶冶情操、创造美的意识和能力。能够积极评价和参与生态建设、文明建设。养成艰苦奋斗的精神、坚韧乐观的心态和良好的心理素质。养成健康的生活方式和积极的生活态度，提高生活质量和品位。具备安全基础知识、基本理论和基本技能，以及积极参与安全建设的意愿和能力。	学会在自然考察和社会调查中认知国情国力、国家发展前景和问题，形成热爱社会主义祖国、成为社会主义事业接班人的高尚情操和人生观。培养集体主义和勇于担当的精神，有意识有能力取得解决现实问题、为社会发展作贡献的研学成果，并从中提升自身全面发展的素养。培养公民意识，履行公民义务，树立可持续发展观念，形成积极参加社会建设和生态建设的社会责任感。	参观体验制作访谈

（二）研学课程的结构

要根据学生年龄特点、学段特征和地域资源合理安排学生研学旅行活动，逐步建立小学以乡情县情为主、初中以县情市情省情为主、高中以省情国情为主的研学旅行活动课程结构。研学旅行课程设计结构如下所示（见表13）：

表13　不同学段研学旅行课程设计特征

学段	年级	研学旅行课程设计
小学	一至三年级	乡土乡情基础上的拓展
小学	四至六年级	乡土乡情基础上的拓展

（续表）

学段	年级	研学旅行课程设计
初中	初一、初二	县情、市情、省情基础上的拓展
高中	高一、高二	省情、国情基础上的拓展

（三）研学课程的学分与课时建议

研学旅行课程必须纳入中小学教育教学计划。中小学综合实践活动是必修课程，研学旅行是综合实践活动的重要组成部分。中小学研学旅行有课时保障，高中阶段的研学旅行有相应的学分。高中学生的研学旅行学业水平和表现是高校招生录取的重要依据。

要根据教育教学计划灵活安排研学旅行时间，一般安排在小学四到六年级、初中一到二年级、高中一到二年级，因研学旅行课程条件、内容与形式多样，难以统一要求研学旅行时间，可根据实际情况灵活调整每学年累计研学旅行时间和每次研学旅行时间，尽量避开旅游高峰期，但是必须保证在三个学段研学旅行的有效实施。每年至少组织1次学生参加研学旅行，每次时间一般为小学2天到3天、初中3天到5天、高中4天到7天。（如表14所示）鼓励中小学家长委员会组织或指导学生家庭利用节假日陪伴孩子外出研学旅行，作为学校研学旅行的有益补充。

表14 中小学不同学段研学旅行的时间和学分建议

学段	年级	每学年累计研学时间	学分建议
小学	四至六年级	3-5天	
初中	初一、初二	6-7天	
高中	高一、高二	8-10天	4学分

三、研学课程的实施

（一）研学前阶段（准备阶段）

学生是研学旅行的主体，学校的管理层和教师是研学旅行的相关责任人。研学旅行的课程设计者应与校方密切配合，在着手设计之前调查学生的各方面特点以及学校的教学要求。然后将收集到的信息进行整理和分析研究，找到课程化设计的切入点。同时需要提前策划研学旅行课程的线路、目的地以及参与此课程的年级，制定研学课程的主题、目标以及反馈评价体系，制定研学旅行手册，手册的内容包括研学旅行课程的线路安排、目标任务、研学目的地资源简介、安全知识、学生和家长的联系方式、必备的物品以及紧急联系电话。

在正式开展之前首先应该安排相关人员提前体验，实地调研，考察整个线路安排、住宿交通等的合理性，根据安全第一、效率第二、舒适第三的原则设计出合理的研学旅行课程路线。其次对于学生开展课程培训并将学生进行分组，包括研学旅行安全培训，研学旅行课程目标培训，课程行程安排的培训，制定小组目标，并要求小组在研后进行总结与反馈。最后给予学生家长研学旅行课程安排通知，要求学生家长与学生仔细阅读并签字交回学校。

1. 课程目标的设计

学校教育的根本任务是立德树人，提高学生的综合素质。因此，研学旅行的课程目标是培养和锻炼学生的思想品德，让学生在研学之余学会为人处世之道。具体的目标体现为对学生的团队合作能力的考察，对学生实践能力的考察，对学生交往能力的考察等。

（1）能力性的目标：通过动手参与或体验制作，让学生掌握和学会目标学习的方式方法，理论和实践的相结合。培养学生发现问题、分析问题和解决问题的能力。

（2）知识性目标：通过实地参观、调查等学习形式，加深对学科知识的学习和理解。

（3）情感态度目标：通过研学课程中的基础知识获取，基本技能提升，激发学生的情感感悟，丰富学生的情感体验，使学生拥有积极向上的情感态度价值观。

（4）价值观目标：通过多样化的教学工具和丰富的教学形式，唤醒学生的价值观目标，产生爱党、爱国家、爱家乡的家国情怀。

2. 课程内容的设计

本研究采取"兴趣与疑惑＋不同的具体任务＋研学主题"的设计思路，突出"兴趣导向"和"问题导向"，以"兴趣与问题"驱使学生发挥主观能动性，积极推动"任务"达成，最终实现研学旅行课程的"主题"。根据整个班级的特点和最近的教学需求选择研学旅行课程的"主题"，再根据研学小组的差异设计不同的具体任务，并将学生的"兴趣与问题"囊括在研学任务中。

3. 研学旅行过程中的突发紧急情况预案设计

安全是研学旅行的生命线。中小学生正是在活泼好动的年纪，"敢想敢做"，很少考虑后果。所以必须要对中小学生的行为进行有效的约束。在出行前，必须制定并分发包含突发紧急情况预案的《出行安全手册》，还要对学生进行安全演练教育，演练可能发生的突发紧急情况。

4. 培训方案的设计

①对研学老师的培训

参与研学旅行课程的老师应该具备相应的专业知识能力，并且深入了解研学旅行课程的内容与目标，不能够把研学旅行当作观光旅行或者夏令营，要对学生进行教学与指导。所以需要对参与研学旅行课程的老师进行课程内涵培训，要让每一位带队的老师都能够帮助学生实现研学目标。同时要对老师们进行安全责任培训，老师们要秉持"安全第一"的原则，进行安全防范以及安全技能培训，发生紧急情况要知晓安全预案如何实施，并严格按照预案流程紧急行动，让老师带领学生进行安全的研学旅行活动。

②对学生的培训

对于学生要进行三方面的培训，第一，文明研学行为的培训，帮助学生从小培养学生文明旅游意识，养成文明旅游行为习惯，例如要排队进入研学旅行基地，在公众场合不大声喧哗。第二，安全知识培训，在进行研学旅行的过程中应该要着重加强学生的户外安全教育。包括紧急事件应急处理预案，交通安全知识，饮食住宿安全知识等。第三，研学旅行课程内容的培训，研学旅行和传统的旅游是不同的，研学注重研究，强调学生应带着目标去学习，因此学生应该知道整个线路的内容安排，并制定自己的学习计划。

(二) 研学中阶段（实施阶段）

1. 研学指导师指导

在研学课程开展过程中，落实教育立德树人的根本任务，达到综合培育学生发展核心素养的综合实践活动目标。在实施的过程中研学指导师要注重加强校内外课程之间的有机衔接；选择多种多样的研学旅行教学方式和方法；同时还应关注培养创新意识和动手能力。

重视教育与旅游的结合，让学生带着任务或问题去实践，让学生思想的火花进行碰撞，百家争鸣、百花齐放。同时针对学生在研学过程中提出来的问题要有老师及时回答，专业老师要对学生进行思维训练，鼓励学生大胆提问，大胆交流，不断积累自己的学识，培养自己的素养与能力。

2. 学生研学

学生通过不同的方式来感受自然和亲近人文，可能通过环境体验、研究报告、讨论辩论、实验探究、合作展示、体能锻炼、情感体验等方式达到研学目标。

（三）研学后阶段（展示阶段）

成果展示与交流是研学旅行实施后阶段的重要活动。一方面，展示与交流的内容本身可以作为评价对象，评价者可以依据展示的水平或成果的水平判断出学生知识掌握情况和能力发展水平；另一方面，展示与交流活动也具有多重教育意义，既可以作为学生之间互相学习的内容，也可以作为对学生进行鼓励和表扬的契机，有助于帮助学生建立客观、积极的自我认识，发展沟通、表达、元认知等多方面能力。

1. 面对面展示与交流

面对面展示与交流是指评价者和被评价者在同一时空、同一地点，由被评价者（学生）通过语言、行为、实物、多媒体等多种形式对学习的成果、收获和感受等进行说明。按照展示与交流的主体可以分为个人展示和团队展示。按照团队在集体中的位置又可以分为小组为单位在班级交流、班级为单位在年级交流、年级为单位在学校交流等。作为评价活动的展示与交流活动不能是完全开放式的，应满足评价活动收集信息的需要；作为鼓励与表扬的展示与交流活动，展示主体之间的竞争性很小，学生只需要把自己最优秀的方面展示出来即可。这种评价和反馈能够帮助每个学生发现长处、建立自信。

2. 书面展示与交流

书面展示与交流专注于学生的书面表达能力，可以作为研学旅行课程的重要学习环节，也可以作为学生学习评价的重要对象。一般来说，研学旅行的书面展示与交流可以分为学习过程中产生的文字材料和学习结束后完成的反思性、总结性研究报告和文章等。

3. 多媒体展示与交流

随着互联网和大数据技术的发展，一方面多媒体展示越来越方便，不少学校都建立了门户网站或学校微信公众号，用以宣传学校的课程和教学成果；另一方面，教学过程中产生的多媒体数据的教育价值也越来越被学校重视，教育大数据对教学的作用也正在由辅助变成诊断、引领和指导。

上述具体内容见表15。

表15 不同评价阶段教师指导方式、学生学习的具体内容及评价方式

评价阶段		教师指导	学生学习	学生学习评价方式
行前获取间接经验阶段		方式多元，如通过讲座、视频、网站、学生作品等方式了解知识及知识的形成过程；方式能够调动学生积极性	了解知识要点；知道知识脉络及行程过程；明确自身需要关注的重点知识	可以通过学生的学习状态、学案学习、学习任务规划等进行评价
行中获取直接经验阶段		活动形式与场馆资源和环境契合，活动内容指向课程目标，活动方式有趣；观察学生状态。适时进行指导	多感官观察、感知情境；识别和辨析情境中的多种信息；理解情境中的各种信息及关系，提出问题	可以通过学生的体验状态、参与程度、是否提出有价值的问题、学案学习等进行评价
行后整理经验阶段	对经验本身进行概括与提升	用适当的形式激发学生的体验，组织不同经验的深度交流；诊断并指导学生完善自己的经验	对信息进行梳理，形成观点或作品；分享自己的观点或作品；吸纳他人的观点或作品，完善自己的经验	可以通过写生的作品、交流表达、参与程度和学案学习等进行评价
	对学习过程与结果进行评价	构建学习过程与结果的评价标准，比较不同价值观并做出归纳和总结，适切指导学生的评价	依据标准对自己和他人做出适切的评价；对评价标准能够提出个人见解	可以通过学生的交流表达、参与程度、对标准修改完善的重要贡献进行评价
应用检验经验阶段		适时指导学生的应用	将自己的经验应用于新的情境；有意识地进行思考，进一步完善自己的经验	可以通过学生的时间参与、交流表达、学生作品等进行评价

四、研学课程评价

在研学课程实施的过程中，要把研学课程与学生的综合素质评价联系起来。一个完整的研学课程要有目标、有大纲、有考核、有评价，我们需要思考到底应该评什么？怎么评？评什么？研学课程的评价是评价学生参与研学旅行课程中的表现与收获，实际上并不仅仅是评价学生，还需要评价老师、学校、基地、旅行社、第三方机构等。怎么评？对研学课程进行评价，我们需遵循多元性、

差异性、科学性、发展性的原则，我们要培养学生高阶的思维和能力，应该是从更多元、更科学的角度去设计和评价。对应研学旅行课程实施的四个阶段，将研学旅行中体验式学习评价分为行前、行中、行后和应用四个阶段。研学旅行整体评价的构成比例可参照：目标检测40%、过程管理30%、成果评价20%、社会评估10%。

（一）评价原则

1. 多元性

研学旅行课程评价要具有多元化，研学基地对学校管理、教师、学生进行评价。学校管理人员、教师、学生对研学基地进行评价，即考核评价体系双向化。我们要打破"唯分数论"的传统观念，采用不同形式、不拘一格的考核评价机制，侧重对学生实践技能、工作态度、学习能力、创新创业能力以及工匠精神等方面的考查，提升学生综合素质。

2. 差异性

在实施研学旅行课程学分的考核中，要注重评价的差异性，不能只设定一种评价标准，要兼顾学生达成研学目标的一般情况和某一方面的特别表现，估计学生的个别差异进行评价，通过评价，能够让每一个学生们得到正确的自我认识，反思自己的不足，从而完善自己，促进每一个同学的全面及可持续发展。

3. 科学性

通过学生自评、队友、老师以及社会的评价，记录学生的研学过程，学习成就，持续进步等研学表现，建立研学记录袋，更加科学地对学生的研学表现进行评价，通过科学评价，激发学生参加实践活动的兴趣，提升教师组织开展实践活动的能力，推动综合研学实践教育基地健康发展。支持学生成为独立的学习者，使学生在自我体验中树立信心，在不断的回顾和反思中求得进步与发展。

4. 发展性

评价要有发展性眼光，要从学生发现问题、探究问题和解决问题、自我规划、自我管理和自我发展，合作探究自交流、科学精神、态度和价值观，创新意识和能力、公民意识和社会责任感等方面全面进行评价。要学生通过评价认知自己的强项和潜能，激发学生学习的自信心和进取心促进学生反思和持续发展。

（二）评价体系

研学旅行课程评价目的不只是为了说明课程的现状，更是为了课程的改进。

不管是课堂上的教学还是校外的研学旅行，各个阶段贯穿的仍是教与学的过程，在研学课程中教师的教更多地体现为隐性的指导，学生的学更多地体现为学习的主动建构。因此，将评价焦点也主要对准"教师的指导"和"学生的学习"两个领域。总体来说，研学旅行的课程体系包括自我评价、小组评价、研学指导师或辅导员评价、家长和社会人士评价、研学旅行手册评价。

1. 自我评价

学生自我评价是学生学习过程中的一个重要组成部分，引导学生采用一系列的方式对自己的进步成果以及不足加以记录。是学生自我认识，自我分析，自我提高的过程。自我评价有助于学生认识活动目标以及自我调控进程，增强学习的自信和责任感。

2. 小组评价

综合实践活动强调合作，活动的过程与结果离不开小组的集体力量，因此各评价项目首先由小组根据评价原则进行评价。

3. 研学指导师或辅导员评价

研学指导师或研学辅导在研学旅行活动过程中虽然不是中心，但无论在哪一阶段，研学指导师或研学辅导员的指导都是必要的。研学指导师或研学辅导员要根据学生的实际情况，运用发展性评价原则，给予学生评价。

4. 家长和社会人士评价

研学旅行活动可以是跨学科、跨行业的活动，通过家长和社会人士的评价，可给予更深入或更客观的过程活动指导，评价的目的不是分等级而是对后续活动提供指导、激励。

5. 研学旅行手册

研学旅行手册是整个研学活动的行动指南，是实现自我管理、自我教育的基本保障，是研学旅行产品设计理念最直接的体现。既为学生开展研究性学习提供方向性指导，又为其提供必要的基础性资料。对于一个家庭来说，它还可以成为记录孩子成长足迹的别有特色的纪念物。

（三）评价内容

研学旅行课程的评价，由目标检测、过程管理、成果评价和社会评估几部分组成，各组成部分的构成比例可参照：目标检测40%、过程管理30%、成果评价20%、社会评估10%（见图2）。

（四）评价标准

评价标准可以按照等级、分数、学分、研学导师评语等形式制定，根据实

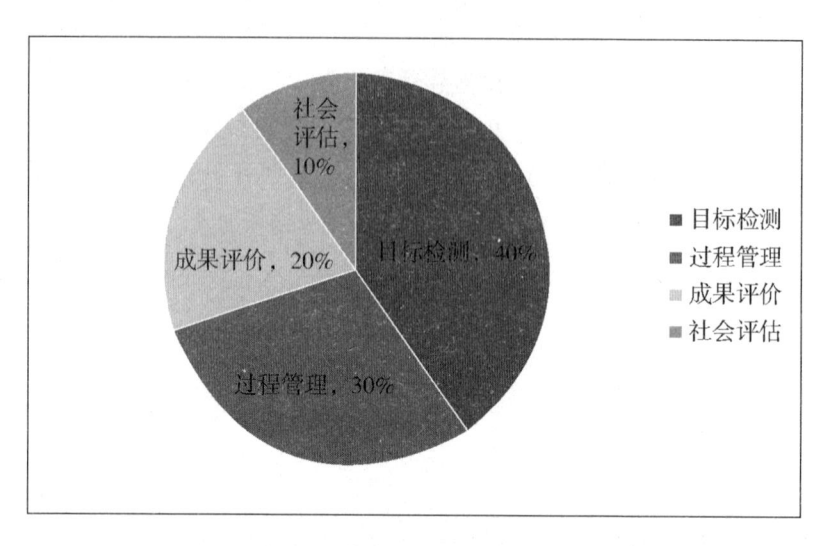

图 2　评价内容各组成部分比例

际情况选择适当的评价方式（如采用表 16 的研学旅行课程评分表进行评价）。高中阶段实行学分管理，评价标准按学分制定。其他学段可以采用其他方法制定评价标准。

表 16　研学旅行课程评分表

评价的类别	评价的项目	评价结果
研学过程情况（45 分）	考勤情况（5 分）	A 从未迟到（5 分） B 偶尔迟到（3 分） C 经常迟到（0 分）
	纪律情况（5 分）	A 严格遵守纪律（5 分） B 偶尔不听从指挥（3 分） C 完全不听从指挥（0 分）
	文明情况（5 分）	A 严格遵守规则（5 分） B 偶尔不遵守文明规则（3 分） C 完全不遵守规则（0 分）
	参与情况（30 分）	1. 是否积极主动思考问题，完成研学老师布置的任务（10 分） 2. 表达与解决问题的能力（10 分） 3. 沟通与合作的能力（10 分）

(续表)

评价的类别	评价的项目	评价结果
研学能力成果 （55 分）	学习任务 （20 分）	1. 听课的笔记记录情况（10 分） 2. 回答问题的情况（10 分）
	课后作业 （35 分）	1. 书写是否规范（5 分） 2. 知识的运用情况（15 分） 3. 独特的见解与观点（15 分）

五、研学课程设计存在的问题和解决方案

（一）研学旅行课程设计中存在的问题

1. 研学课程定位模糊

研学旅行课程的定位是否明确，决定了研学旅行课程设计的价值。课程定位是研学旅行开展的前提条件，它的定位是否清晰，直接影响研学旅行的课程内容与课程效果。我国研学旅行课程的定位应将产、学、研三者有机地结合起来，需要带着教学目标去引导学生。目前我国研学旅行文件的出台，虽然促使我国研学旅行课程如雨后春笋般蓬勃发展，但是对于研学旅行的课程的定位，文件中并没有统一的标准，这就导致了各方在开展研学旅行课程的时候各立标准，各树定位，导致定位的模糊化与课程的形式化。

研学旅行课程是与其他学科课程相互促进、互相补充的，它是其他课程在户外教学的拓展，由于各个阶段的课程学习任务不尽相同，研学课程在面对不同年纪的学生定位亦是不同，但是目前我国的研学课程较少从学生学习阶段任务的角度出发，制定明确清晰的定位标准，甚至许多学校将研学课程定位成户外旅行，与升学考试并无关联，这在定位上就出现问题，从而出现众多以乡村探索、博物馆玩耍等没有实际内容的研学课程，模糊定位的研学课程导致课程只游不学。

2. 研学课程类型单一

目前我国现存的研学课程多以农园体验与文学教学为主，多是农业园的采摘体验和博物馆等基地的讲解教学，不仅类型少，形式还单一。单一的课程类型导致研学课程教育畸形发展，不仅功能得不到发挥，连最基本的教学价值也难以体现，学生的创新能力与实践能力得到制约。同时，由于每个课程类型的着重点不同，没有一种类型是能够完全详尽覆盖的，单一的课程类型只能培养某一方面的能力，无法为我国的社会主义现代化建设培育综合性人才，单一的类型无法做到众多学科之间的有机衔接，也让学生没有了自主选择的过程。在传统灌输式教学的背景下，迫切需要多样化、综合性的研学课程类型体系。

3. 研学课程内容有名无实

我国于2016年发布的《关于推进中小学研学旅行活动的意见》中就对研学旅行课程内容的设定作出明确规定，建立小学阶段以乡土乡情为主、初中阶段以县情市情为主、高中阶段以省情国情为主的研学旅行活动课程体系，规定研学课程在每个阶段上它的目标与内容是不同的，并且它是一个循序渐进的过程。

但是出于应试教育的压力，研学课程并没有彰显出它的价值，绝大多数的学校还是重视课本学习而忽视了户外实践教学，并没有将研学旅行课程与升学教学相联系，学校为了完成国家制定的研学考核目标，将研学旅行课程设计停留在表面，树立"多一事不如少一事"的心态，不是将研学旅行课程安排在周末就是随意实行，迅速结束。研学课程的设计内容，从表面上看似很详细很完善，却在真正的实施过程中偷工减料、疏于实践，最终导致我国目前的研学旅行课程内容有名无实。

4. 研学课程质量无保障

研学旅行课程的前期投入量大，不仅需要充足的资金与人才支撑，还需要拥有良好的研学课程目的地，为了完成既定的研学课程目标，出于安全与经费等因素的考虑，学校在制定的研学课程可能并未按照既定目标进行，往往研学课程徒有虚表，质量堪忧。

同时国家并没有明确的政策规章，规定哪个部门应该对研学旅行课程负责，没有制定一个明确的考核与评价体系，特别家长们十分关注的安全问题，并未建立一个安全问责体系，安全质量得不到保障。研学课程的质量得不到相关部门和政策措施的保障，课程设计过程中各单位的能力参差不齐，都促使目前的研学旅行课程难以达到令人满意的研学教学质量水平。

5. 教学目标不明确

研学旅行课程的实施对象范围广，课程设计的时候不能够详尽地完善教学目标，宏观的目标体系、目标结构，缺乏相应的科学指导，并没有根据学生自身特点和阶段任务，有针对性的设计教学目标，形式大于内容，导致在真正实行研学课程的过程中教师会以形式主义的方式完成教学任务，而学生以游玩的心态参与。

同时有些学校为了避免出现没有教学目标的情况，在研学过程中不断地布置相关研学作业，在加重学生负担的同时，并没有做到对症下药，目标指向不明，学生只知道完成作业，却不知道为什么要参加这个课程，教学往往停留在"走马观花"的层面。

6. 课程设计缺乏纵向衔接

不像传统的学科课程，从小学、初中、高中每一阶段的教学目标与教学内容都是层层递进，相互衔接的。研学旅行课程即使按照不同阶段进行设计，但对每一阶段的课程内容没有进行有机的衔接。目前并没有一套完整的研学课程是从小学直至高中整个阶段的，在整个研学课程中并没有呈现研学课程的连续性与逻辑性，没有做到科学、细致，有步骤地稳步推进，研学课程缺乏纵向的衔接。

（二）解决方案

研学旅行课程的承办方应根据主办方要求，根据不同阶段课程的特点、教育目标和本地特色，多层次、分梯度、多维度地设计研学旅行课程产品。

1. 注重教育性和知识性

研学旅行课程本质上就是一种教育课程与旅游产品相结合的产物。研学旅行课程设计的产品不仅需要传统旅游产品的设计思想，还需要以学生为本，以教学育人为指引，让学生在实践过程中得到学习与成长，使课本知识"活"起来，教育课程"活"起来；同时遵循教育内在规律，既注重旅行形式的趣味性、旅行过程的知识性、旅行内容的科学性，还注重培育学生良好的人文素养、品格习惯。尤其是需要教师研学导师的全程参与，引导青少年学生通过活动真正获得知识、提升认知。

2. 注重层次性和梯度性

以《关于推进中小学研学旅行活动的意见》为指导，应针对不同学段特点和教育目标设计研学旅行产品。建立小学阶段以乡土乡情研学为主，设计科普类、文化传承类型和自然与人文观光的研学产品；初中阶段以县情市情为主，帮助初中生更好地了解本市区情，培养家乡热爱，此时应该设计出除科普知识教育为主的产品外，还应设计出观赏性与主题励志教育的产品；高中阶段以省情国情为主的研学旅行活动课程体系，帮助青少年了解国家的大政方针，树立为社会主义中国奋斗贡献的伟大理想，设计体验考察与爱国主义教育等类型的课程产品。

3. 注重地域性和体系性

针对当前研学旅行市场产品同质化现象，各地应充分发挥本地研学资源优势，设计主题化、体系化的地域研学旅行产品。

4. 注重开放性和灵活性

培根在《论旅行》中提到"旅行是年轻人教育的一部分"。研学旅行的国际化理念倡导人们通过教育旅行活动，理解、接纳、关心、尊重不同国家和地域的文化差异，提高国际认知能力和理解能力。注重开放性、灵活性的研学旅行产品设计，改变了学习的一般形态、方式，扩大了学生视野，更能激发当代青年创新、创意、创业的三创精神，培育创新能力，为国家的繁荣与发展提供坚强有力的创新人才支撑，提高我国的科技软实力需求。

5. 建立研学课程保障体系

研学课程保障体系应该包含"课程指导体系、质量运行体系、质量管控体系、信息反馈体系"。

（1）课程指导体系：指导体系是一个体系能够有效运作的前提条件，在这一体系之下，我们需要制定质量监督与管理的相关政策措施，为解决质量管理中的相关问题提供政策指引。

（2）质量运行体系：质量运行体系是保证一个课程有序规范化运转的重要组成部分，在这一体系中我们需要建立科学的研学目标，明确研学对象，建立相关的质量标准、过程运行与管理系统。

（3）质量管控体系：要保证研学课程能够按照既定的研学目标稳步推进，离不开质量的监督与管理，质量管控系统是负责建立一个研学课程的评价系统，包括对研学过程中学生及老师的表现进行评价与考核。质量管控体系要完善、详细且健全，要实现过程性、全面性、多样性与科学性。

（4）信息反馈体系：反馈体系是研学课程不断完善的重要保障，根据学生与研学老师的反馈意见，不断完善研学课程的内容与形式，建立健全日常管理信息系统，对教学过程中的教学任务进行及时的项目反馈，规范老师的教学行为，保障研学课程的教学质量，提升学生的课程满意度与乐趣感。

研学旅行基地建设研究

第一节 研学旅行概况

一、研学旅行的背景

近五年来，国内学者对于研学旅行的发展背景研究主要涉及国家旅游产业战略升级的需要、综合实践育人的新形势需求、国内外研学旅行经验借鉴及纳入中小学教学计划的关键性政策历程四个方面。

（一）国家旅游产业战略升级的需要

随着国民生活水平的提高，旅游逐渐成为社会的基本需求，旅游业也逐渐成为国家经济的支柱产业。但是传统的观光旅游在满足人民基本的旅游需求的同时也带来了一系列问题，国家旅游产业发展需要实现由观光旅游向休闲旅游的战略提升，研学旅行就是这一战略提升的新的经济增长点。研学旅行的全面推行可以释放旅游消费潜力，形成一个巨大的旅游消费市场。所以，2013年以来，旅游部门、旅游业界一直在积极推动研学旅行工作。

（二）综合实践育人的新形势需求

在我国深化素质教育改革、创新人才培养模式的有效途径探索中，旅游的文化属性及其对综合实践育人的影响开始引起学者们的重视，这种新形势需求主要包括四个方面。其一，研学旅行是中小学生了解国情、社情、践行社会主义核心价值观的重要途径。其二，研学旅行是青少年成长的大课堂，是素质教育的杠杆和实施新课程改革的突破口。其三，培养学生文明旅游意识，养成文明旅游行为习惯的需求，联结全社会力量，集聚全社会的资源顺应开放式办学的需要。其四，研学旅行这种教育活动是切实提升中国学生发展核心的必然要求。

（三）国内外研学旅行经验借鉴

1. 国外研学旅行发展经验

欧美国家研学旅行历史悠久，发展也更为成熟，将研学旅行作为教学要求，让学生直接体验社会，学习自然文化知识，提高跨文化理解能力。美国历来重视校外教育，对校外教育政府有政策导向和财政扶持。联邦政府和州教育主管部门与相关行业协会一起对校外教育进行监管。英国作为现代旅游业诞生地，一直以来就有崇尚研学旅行的风尚，被称为"大陆游学"（或译作"大游学"）的"The Grand Tour"，实际就是研学旅行。

在亚洲，日本的修学旅行制度最为完善，其最突出的特点就是政府高度重视。日本将修学旅行列入学术教育体系，给予了充分的财政支持和法规政策保障。自1946年日本正式将修学旅行纳入国家教育制度体系以来，至今日本从小学到高中修学旅行实施比例基本达到95%以上。随着国际交流的发展、日本修学旅行的线路也逐渐国际化，现在日本每年约有200个学校，约4万名学生到中国修学旅行。在韩国，几乎每个学生都参加过各种类型的研学旅行，其中具有教育特色的是毕业旅行。韩国教育部门将毕业旅行作为学生的一项必修课目，纳入学分管理，学生只有参加并修够相应学分，才可以毕业。

2. 国内研学旅行发展经验

中华人民共和国成立以来，一直提倡教育与劳动实践相结合。中国自古崇尚"读万卷书，行万里路"，长期以来春游、秋游、远足、冬季越野等活动成为学校实践这一教育理念的重要模式。但真正具有现代意义的修学旅行活动是在改革开放以后才开始出现的。

改革开放以后，大量来自欧美、日韩、东南亚等国家的"修学旅行团"来华修学旅行，国内各大旅行社纷纷成立修学旅行接待部门。在接待国外的修学旅行团的过程中，各旅行社、各地景区、政府部门逐渐积累了大量的修学产品组合、组织接待和安全保障的宝贵经验。外来的修学旅行理念，也对国内的学生家长和教育及旅游业产生了重要影响，"冬令营"和"夏令营"等活动兴起并得以发展。

20世纪90年代，一些教育理念先进的学校开始组织学生修学旅行出境游学，一些旅行社也适时推出了适合学生和学校需求的修学旅行产品，推动了该行业发展。进入21世纪，不少地方开始出现由政府参与的研学旅行活动。2006

年，山东省曲阜市成功举办了中国第一个研学旅行节庆活动"孔子修学旅行节"。曲阜、苏州、潮州、韶关等地相继提出打造"修学旅行品牌"，广东省将研学旅行纳入中小学教学大纲。2013年之前在广东和上海开始的研学旅行试点工作以及2013年后安徽省、河北省、西安市、武汉市等地的研学旅行基地建设等探索了研学旅行的内在规律、运作机制、教育功能并总结了宝贵的经验教训。学者们普遍认同研学旅行对学生人格形成和知识习得的重要作用，主张研学旅行在教育理念和教育方式上需要继承传统并与国际接轨。

（四）研学旅行的关键性政策历程

对现代旅游业教育属性认识的不断深入推进了研学旅行的关键政策渐进式发布。2013年2月，国务院办公厅印发《国民旅游休闲纲要（2013—2020年）》，提出要"逐步推行中小学生研学旅行"；2014年7月，教育部发布《中小学学生赴境外研学旅行活动指南（试行）》，为整个境外研学活动划定了基本标准和规则；2014年8月，国务院发布《关于促进旅游业改革发展的若干意见》（国发〔2014〕31号），再次提出要"积极开展研学旅行"；2015年8月，国务院办公厅发布《关于进一步促进旅游投资和消费的若干意见》，提出要"支持研学旅行发展，把研学旅行纳入学生综合素质教育范畴"；2016年1月，国家旅游局进一步挖掘研学旅游资源，公布首批10个"中国研学旅游目的地"和20家"全国研学旅游示范基地"，强调将青少年研学旅游培育成为各地旅游发展创新的增长点；2016年11月，教育部、发改委、旅游局等11部门联合发布《关于推进中小学生研学旅行的意见》，确立了研学旅行作为中小学课程的教学地位；2016年12月，国家旅游局发布《研学旅行服务规范》，明确了研学旅行设计各方的责任，组织实施的标准，详细提出了研学旅行的安全性问题，是首份关于研学旅行的标准文件；2017年8月，教育部发布《中小学德育工作指南》，该文件明确要求学校要把研学旅行作为学校德育工作中活动育人的重要内容纳入学校教育教学计划，以推进中小学生综合素质的提升。要求学校要规范研学旅行的组织管理，制定研学旅行的工作规程，明确学校、家长和学生的责任和权利；2017年9月，教育部发布《中小学综合实践活动课程指导纲要》，提出综合实践活动是国家义务教育和普通高中课程方案规定的必修课程，与学科课程并列设置，是基础教育课程体系的重要组成部分。确立将研学旅行纳入学校教育学分系统，进一步明确了研学旅行的课程地位；2017年12月和2018年11月，教育部发布《教育部办公厅关于公布第一批全国中小学生研学实践教育基地、营地名单的通知》《教育部办公厅关于公布2018年全国中小学生研学实践教育基地、营地名单的通知》，对中小学生研学实践教育基地、营地建设及中小学研学实践教育提出了原则性要求，名单涵盖了中央及各省的著名教育基地。

基本可以判定，以2013年国务院发布《国民休闲旅游纲要》为发端，以2016年教育部等11部门联合发布《关于推进中小学生研学旅行的意见》为分水岭，研学旅行作为一个新兴产业，同时又是一门中小学国家课程，必将迎来一个全新的、迅速的发展时期。

二、研学旅行的内涵

2014年4月19日，时任国家教育部基础教育一司司长的王定华同志在第十二届全国基础教育学习论坛上，提出了研学旅行的定义，即学生集体参加的有组织、有计划、有目的的校外参观体验实践活动。2016年年底，教育部等11部门联合发文，为研学旅行下定义，并将其正式纳入中小学教育教学计划。目前，国内学者对研学旅行认识有两个角度：从广义的角度来讲，研学旅行是旅游者出于文化求知的目的，离开常住地，到特定地区开展研究性、探究性学习的文化专项旅游活动，其旅游主体是非常广泛的，可以是学生群体，也可以是非学生群体；而狭义的研学旅行则是特指由学校集体组织、学生共同参与的，以学习知识、了解社会、培养人格为主要目的的校外专项旅游活动。在第十二届全国基础教育学习论坛上，王定华司长还提出了研学旅行的特点：第一个特点，校外开展。第二个特点，有目的、有意识的组织。第三个特点，集体活动。第四个特点，亲身体验。研学旅行实施过程中要强调研学旅行主体的自主性、研学旅行内容的开放性、研学旅行方法的探究性。研学旅行是一种群体性的外出实践活动，在青少年由自然人变成社会人的过程中是不可多得的成长经历。就研学旅行实施内容、研学目的地范围及研学时间范围来看，学者们主张按照中小学生成长的身心规律，地点由近至远，时间由短至长，内容逐渐从乡情、市情扩大到省情和国情范围，这有利于循序渐进地激发热爱家乡热爱祖国的思想情操。

三、研学旅行的理论基础

按照现代旅游业的要素分类标准，研学旅行的构成要素研究清晰一致，但目前对研学旅行的本体研究仍显薄弱，教育学意义上的研学旅行理论渊源以及研学旅行中的学习机制研究成果较少，只有极少数文章对此问题进行探讨。

（一）研学旅行的构成要素

按照现代旅游的基本要素分类，旅游通常包括旅游客体、旅游主体和旅游介体三个部分，根据此分类标准进行考量，有学者认为研学旅行包含教育行政管理部门和学校、参加研学旅行活动的中小学学生、研学旅行活动基地以及提供研学旅行服务的旅行社四个重要因素。其中，中小学生是研学旅行的活动主体，教育行政管理部门和学校是研学旅行的保障方、决策者和组织者，研学旅行活动基地是体验乡情、市情、省情、国情的旅游载体和平台，旅行社是联系参加研学旅行的学校学生与旅游目的地资源的中介。

(二) 研学旅行的理论基础

1. 杜威的生活教育理论

约翰·杜威（John Dewey，1859—1952），美国哲学家、教育家，实用主义的集大成者。他将实用主义哲学和进步主义教育联系在一起，对美国的教育和文化产生了重大的影响。胡适、蒋梦麟、陶行知等为杜威的学生，杜威多次到中国讲学，他的教育思想对中国教育产生了重要而深远的影响。基于实用主义经验论，杜威对传统的学校教育做了深入的批判，提出了他自己对于教育本质的三个基本观点："教育即生活""学校即社会"和"从做中学"。该理论强调现实教育必须联系和适应社会生活的变化，教育应对社会生活进行简化、净化和平衡，引导学生逐渐融入现实的社会生活中。校内学习要与校外学习相联系，两者互相影响。"从做中学"对于学习和应用相结合的理念，和我们现在强调的理论联系实际、教育不能脱离生活的原则是一致的，是研学旅行的重要理论基础之一。

2. 陶行知的生活教育理论

陶行知（1891—1946），安徽歙县人，人民教育家、思想家，伟大的民主主义战士、爱国者，中国人民救国会和中国民主同盟的主要领导人之一。1914—1917年，陶行知赴美国留学师从杜威并深受其教育理论的影响。但陶行知并没有照搬杜威的观点，而是在教育实践中对杜威的教育理论进行改造和发展，在继承和发扬中西方文化教育精华的基础上创立了自己的生活教育理论。生活教育理论是陶行知教育思想的理论核心。"生活即教育""社会即学校"和"教学做合一"是陶行知生活教育理论的三大基本原理。陶行知的生活教育理论对中国乃至世界教育改革产生了重要影响，至今仍然对教育具有重要的现实指导意义，特别是我国新课程改革以来推进综合实践活动和研学旅行课程的重要理论基础。

3. 罗杰斯的人本主义教育理论

罗杰斯（Carl Ranson Rogers，1902—1987）是20世纪中后期美国最著名的

人本主义教育家、心理学家之一,其教育思想至今仍有重要的影响。罗杰斯坚持教育要"以人为中心",教育的目的应该是"整体的人"的发展,应该追求"完整的人格"。他反对传统教学中注重知识的灌输、扼杀学生的好奇心和学习兴趣、把认知和情感分离的教学方式,强调教学应该知情合一。罗杰斯认为,教学应该是促进学生自由学习的过程,教师的角色应该是学生学习的"促进者"。教师的作用应该是帮助学生发现所学习的东西的意义,帮助学生安排好学习活动和材料。学生应该是学习的主人,教师应该是学生学习的助手、催化剂或促进者。在教学方法上,罗杰斯认为教学不是直接传授和灌输某种知识,而是传授获取知识的方法。他主张,教学活动应该是给学生提供组织好的材料,引导和启发学生自己去学习。研学旅行,恰恰是能够体现罗杰斯的这些教育思想的学习载体,学生在旅行过程中通过对课程设计中选择并安排好的资源的学习,实现全面的自主的发展。教师在教学过程中只是起到组织引导作用,学习是在真实体验下的有意义的学习。

4. 核心素养的教育理论

2014年,教育部印发《关于全面深化课程改革落实立德树人根本任务的意见》,提出"教育部将组织研究提出各学段学生发展核心素养体系,明确学生应具备的适应终身发展和社会发展需要的必备品格和关键能力"。

学生的核心素养,主要指学生应具备的,能够适应终身发展和社会发展需要的必备品格和关键能力。研究学生发展核心素养是落实立德树人根本任务的一项重要举措,也是适应世界教育改革发展趋势、提升我国教育国际竞争力的迫切需要。

学生的核心素养以培养"全面发展的人"为核心,分为文化基础、自主发展、社会参与3个方面,综合表现为人文底蕴、科学精神、学会学习、健康生活、责任担当、实践创新六大素养,具体细化为人文积淀、人文情怀、审美情趣、理性思维、批判质疑、勇于探究、乐学善学、勤于反思、信息意识、珍爱生命、健全人格、自我管理、社会责任、国家认同、国际理解、劳动意识、问题解决、技术运用18个基本要点。各素养之间相互联系、互相补充、相互促进,在不同情境中整体发挥作用。

学生核心素养体系的颁布,明确了学生应具备的适应终身发展和社会发展需要的必备品格和关键能力。对于核心素养体系中的绝大多数要素指标,研学旅行课程都是很好的教育载体。学生核心素养培养体系,是制订研学旅行课程目标的重要依据,为研学旅行课程提供了坚实的新的理论基础。

（三）研学旅行中的学习机制

中小学生的研学旅行是一种研究性学习和旅行体验相结合的校外教育。有学者明确强调研学旅行不仅是研究性学习，而且要给学生充分的体验。那么在旅行情境中学习如何发生？已有学者从经验学习理论和情境学习理论两个视角进行分析。赞同经验学习理论的研究者认为，旅游中的学习仅有个体的自主反思是不够的，还需要正式的学习形式。这就引出了基于情境学习理论对旅游的教育功能进行研究的视角。持情境学习理论的研究者认为，在知识实际应用的真实情境中呈现知识，把学与用结合起来，其哲学基础在于人类的理性总是嵌入在具体情境里的，并随着情境的变化而变化；每一种情境都是人类在某一个特点的时空点上发生着的认知过程与人生体验。由此来看，学习是一个参与情境的过程，有利于学习发生的情境是一种真实的社会情境、实践情境和文化情境。研学旅行在学习动机上源自于现实情境，在学习本质上参与真实的实践，在学习内容上具有鲜明的文化特性，在学习过程中有实践共同体的互助。

四、研学旅行的意义

2014年12月16日，在全国研学旅行试点工作推进会上，时任国家教育部基础教育一司司长的王定华同志指出，从宏观意义上讲，积极开展研学旅行将具有四方面的重要意义：

（一）研学旅行是贯彻《国家中长期教育改革和发展规划纲要（2010—2020年）》和中共十八大及十八届四中全会精神的重要举措

（二）研学旅行是培育和践行社会主义核心价值观的重要载体

（三）研学旅行是全面推进中小学素质教育的重要途径

（四）研学旅行是学校教育与校外教育相结合的重要组成部分

对于中小学生而言，在狭小的教室里待太久，无论是思想还是视野都会被局限。研学旅行是学校教育和校外教育衔接的创新形式，是综合实践育人的有效途径。从思想教育角度来看，开展研学旅行有利于促进学生培育和践行社会主义核心价值观，激发学生对党、对国家、对人民的热爱之情；从素质教育角度来看，开展研学旅行有利于推动全面实施素质教育，创新人才培养模式，使学生们了解获得知识、技能的途径不仅仅是书本，以体验为主的实践活动也是一条不错的途径；从核心素养培养角度来看，研学旅行有助于中小学生人文底蕴、科学精神、学会学习、健康生活、责任担当、实践创新六大素养的养成。

第二节　研学旅行基地建设

一、研学旅行基地建设的基本原则

（一）教育性原则

研学旅行注重教育的综合实践，让学生走出教室，强调学生多维度亲近社会、亲近自然，从而实现研学旅行课程教育多样性的目的。研学旅行基地要具有较强的历史文化科学价值，有较丰富的研学内容安排，能够融合爱国主义教育、科技教育、励志教育、创新教育、传统文化教育、历史教育、生活实践教育以及动手能力、团队协作能力等多个综合教育功能，使学生增长知识，拓展视野。

（二）安全性原则

研学旅行在形式上，是让学生走出教室来参与的课程。研学旅行基地要具备同时接待500人以上开展课程的能力，拥有完备的安全接待方案和应急预案，具有一定的研学旅行接待经验。

（三）公益性原则

研学旅行作为国家基础教育改革的重要内容，要确保不能有任何纯营利性质的活动。研学旅行基地的接待费用要相对统一，物价须经当地物价部门审核，只收取基本费用，对特困家庭的学生要减免费用，确保学生最广泛的参与。

（四）实践性原则

研学旅行注重学生的综合实践，强调学生的动手能力、要引导学生走出校园、在与日常生活不同的环境中拓展视野、丰富知识、了解社会、接近自然、增强社会责任感。研学旅行基地要为学生提供动手体验的综合教育课程，不是单纯地游山玩水的旅游观光和展馆静态参观。

二、研学旅行基地设计的核心要素

研学旅行活动基地一般也是面向大众开放的旅游点，但要成为供学生研学的基地，就需要注入"研学"的要素，核心要素包括如下几点：

（一）教育要素

旅游往往被人戏称为"走过路过"，到了旅游景点游客往往是走马观花。研学旅行活动不同,学生到旅行地是去接受教育的,开展学习的。基地要打好教育这张牌,营造出教育的现场氛围,加强教育的针对性,设计出与基地资源相匹配的教育活动,让学生感同身受,在游学中接受教育的熏陶。基地能否受到师生的青睐,首先取决于教育有没有磁性和磁力有多强。就教育要素而言,基地教育要体现鲜明的目的性和寓教于游的过程性。

（二）课程要素

实施教育的方式很多,教育也体现在生活的方方面面,即使是大众旅游,也蕴含教育的要素,但每种教育方式和教育要素的教育效度是不一样的。研学旅行作为正规教育的类型,提高教育效度是必然的。研学旅行作为一种教育活动,如果仅仅以活动育人,可能会和一些大众旅游一样,有流于教育形式的可能,好的选择是将之提升为活动课程,即在活动中增加课程的要素,使活动设计更规范、更集约,使研学旅行教育时空更具有结构性,产生更好的教育功能,获得更好的教育效果。作为基地建设者,需要确定研学特色,开发体验和探究空间,打造研学旅行基地的品牌课程。

（三）生活要素

研学旅行的主体是学生,学生出行的生活要求与成年人有差异。研学旅行基地需要完善生活方面的配套措施,保障学生吃、住、行、游的基本要求,形成一条龙产业服务,具有合适的规模和一定的接纳能力。同时,还要考虑到生活要素对于实施研学旅行的助益作用,如生活设施的地点与研学地点之间距离要短,交通要方便;研学基地的生活设施要满足研学学习的需要。

（四）人力资源要素

研学旅行基地的人员配备与一般旅游不同,它要求配备更多的专业人士,特别是懂教育与学科课程教学的专业人士。基地自身可能缺少这方面的专业人员,但在基地开发的过程中,一定要聘请专业人士参与到教育规划、课程开发以及后续的教育管理中来。基地还要结合自身特定的研究内容,聘请或培训相关的研学导师,制定科学的研学流程,配合研学旅行团队的研学导师组织学生开展研究性学习。

（五）安全防护要素

安全防护是生命安全的保障线,基地要设计好安保系统,落实安全检查、安全预警、安全疏散、卫生防疫、防恐防暴以及其他特殊安全事故等的主体责任与协同机制,建立安全应急机制、保险保障机制,全方位、无死角地开展安全防护工作。

三、研学旅行基地的课程建设

基地课程与学校设计的研学旅行课程有联系亦有区别。后者是针对整个研学旅行过程而设计的课程，包括行前、行中、行后各个阶段，而前者主要体现在行中旅行目的地。此外二者的设计者也不一样，后者是学校老师设计课程，前者是基地教育人员设计课程。当然，基地也可以聘请学校老师参与课程开发。

按照《教育部等11部门关于推进中小学生研学旅行的意见》要求，基地课程在教育类型定位上要将理想信念教育、爱国主义教育、革命传统教育、国情教育作为重点，或显或隐地融入课程体系中；在教育内容上要突出祖国大好风光、民族悠久历史、优良革命传统和现代化建设成就，引发学生的自豪感和自信心；在课程门类上，可以根据小学、初中、高中不同学段的研学旅行目标，有针对性地开发自然类、历史类、地理类、科技类、人文类、体验类等多种类型的活动课程。在此基础上，研学旅行基地可以研制出结构化的课程图谱，形成教育目的明确、教育特色鲜明、纵横贯通、门类丰富、选择性强的基地课程体系。

课程实施方面，依据基地课程内容，突出"活动课程"性质，多安排供学生体验性、操作性、实验性、探究性比较强的活动，同时引导学生进入深度学习状态，广泛联系，深入思考，发展证据思维、多元思维、辩证思维。课程评价方面，系统设计评价维度和相应的指标体系，关联研学旅行教育目标，落实研学旅行所涉素养的培育目标，促进中小学生素质发展。课程管理方面，认真研究研学旅行课程政策，形成不断完善基地课程的组织管理机制，出台一批课程管理制度。

值得注意的是，在研学旅行实践中经常发现学校、学生需要的课程与基地供给的课程不尽吻合，也与旅行社提供的时间安排相冲突。为此，不同类型课程的供给方要相互协调，通过调查研究充分了解教学的安排与学生的真实需求，并参与到对方的课程建设中去，使需求和供给尽可能同步起来、对应起来。

四、研学旅行基地申报要求

（一）研学模块要求

研学基地应根据以下模块设置课程：

（1）团队协作能力；

（2）自理自立能力；

（3）动手实践能力；

（4）纪律约束能力；

（5）传统文化知识；

（6）传统民俗展示；

（7）爱国主义教育；

（8）科技知识；

（9）生态文明；

（10）体能训练。

（二）服务接待要求

要有丰富的团队接待经验，具体要求如下：

（1）拥有单团接待 500 人以上学生团队的经验；

（2）拥有为学生提供课程、食宿等方面服务的导师、讲解员和其他工作人员；

（3）设置专门的研学旅行服务机构（或部门），负责学生的研学旅行课程教学和生活服务保障；

（4）要形成完善的《中小学生研学旅行吃、住、行服务标准化》《中小学生研学旅行指导教师服务标准化》和《中小学生安全管理办法及应急预案》等管理方案。

（三）硬件设施要求

（1）用餐方面：配有自助快餐的学生餐厅，学生可以通过刷餐卡消费、取餐。

（2）住宿方面：宿舍应配有空调、物品存储柜；住宿场所应每栋楼均有宿舍管理人员负责学生安全，宿舍要有保安昼夜值班巡逻，保障学生的财产和人身安全。

（3）场地方面：要有保障学生安全的设施，特殊设备需有主管单位的检测验收报告。

（四）营地及管理体系要求

（1）研学旅行基地应避免设置在人口密集或周边娱乐场所密集的地区；

（2）研学旅行基地应全封闭，学生集中食宿应在指定区域的学生食堂及宿舍，最大限度降低安全风险；

（3）学生开展课程、生活聚集、活动聚集的地方都应设置视频监控系统，防患于未然；

（4）要设置能够开展国学、传统文化、军事科普等方面知识教授的课程及场所；

（5）要设置若干个为学生参与各项动手实践课程的场所或教室；

（6）要设置专业的学生拓展训练基地。

（五）研学安全管理办法及安全预案要求

（1）原则上研学旅行要避免安全系数相对较低的开阔景区，同时基地要为学生开展各类型课程的场所配备全程的安全监控体系；

（2）在制度保障上，基地要有研学旅行过程中各个环节的管理制度，包括《研学旅行指导教师安全培训章程》《研学旅行餐饮安全管理办法》《研学旅行住宿安全管理办法》《研学旅行乘车安全管理办法》《中小学生研学旅行安全须知》和《研学旅行突发事件应急预案》等；

（3）在管理责任上，要设置安全管理机构，配备安全管理人员，建立研学旅行安全管理责任制度；

（4）在课程操作上，要形成完整的课程操作流程，做到活动前有安全引导、基地内有安全知识宣传栏等；

（5）定期组织安全负责小组检查基地设施的安全；

（6）要为每个学生购买保险。

（六）综合考评要求

（1）建立指导教师对学员综合评价体系制度；

（2）研学活动结束后，基地要为研学组织单位形成图文并茂的研学旅行总结报告；

（3）要能够开展丰富精彩的"后研学旅行"活动。

（七）研学旅游示范基地申报步骤

研学旅行基地在深挖特色，打造主题品牌，设计研学产品，完善配套设施之后，可以开始申报"全国研学旅游示范基地"称号。

（1）首先需要申报市级研学旅游示范基地；

（2）审批通过一年后，可以继续申报省级研学旅游示范基地，前提是需要满足省级研学旅游示范基地申报条件（主要有六条，包括运营良好、产品丰富、主题突出、服务规范、安全有序、政策优惠）；

（3）各省级教育及旅游主管部门组织开展对照申报基本条件，对符合条件的景区进行摸排和遴选；

（4）对于通过考核的景区由省旅游局、省教育厅授予"省级研学旅游示范基地"称号；

（5）由省旅游局根据认定工作部署，对照申报条件，向国家旅游局推荐内容丰富、特色鲜明、服务良好的参选单位；

（6）国家旅游局进行资料审核、初选、专家审核认定程序。最后向通过审核的单位授予"全国研学旅游示范基地"称号。

第三节　研学旅行基地建设布局

研学旅行基地主要指各地各行业现有的，适合中小学生前往开展研究性学习和实践活动的优质资源单位。该单位须结合自身资源特点，已开发或正在开发不同学段（小学、初中、高中）、与学校教育内容衔接的研学实践课程。研学旅行基地依靠旅游资源而建设，又不同于旅游景点的建设要求，要着眼于让学生增长见识和丰富知识，注重系统性、知识性、科学性和趣味性，为学生全面发展提供良好的成长空间。研学旅行基地要使学生可以拓展视野，丰富知识，了解社会，亲近自然，参与体验。坚持安全第一，建立安全保障机制，明确安全保障责任，落实安全保障措施，确保学生安全。基地建设内容、技术手段、组织形式上要突出创新性，要充分利用现代信息技术手段让学生感受前沿科技发展的魅力。

教育管理部门认识到研学旅行实践教育活动的开展需要相应的活动场所和教育基地作为支撑。因此，教育部在探索研学实践教育基地建设的过程中，将现有的青少年活动场所、爱国主义教育基地、革命历史类纪念设施遗址、文物保护单位、科技馆、生态保护区、特色小镇、示范性农业基地、高等院校、知名企业等作为研学实践基地建设的基础，并从基础条件的设置、研学内容的选择、组织保障的落实和安全保障作用的发挥入手制定科学的建设方案，为研学旅行教育实践活动的优化开展提供坚实的保障。

2016年，原国家旅游局，公布首批10个"中国研学旅游目的地"和20家"全国研学旅游示范基地"；2017年，开始实施《研学旅行服务规范》。2017年，教育部又先后印发了《中小学综合实践活动课程指导纲要》和《关于公布第一批全国中小学生研学实践教育基地、营地名单的通知》具体指导中小学研学旅行的教学实践活动。从2017年开始，教育部先后公布了两批研学实践教育基地。

一、研学旅行基地建设布局情况

2017年第一批"全国中小学生研学实践教育基地"名单：

中央有关部门推荐

中央军委：中国人民革命军事博物馆；31699部队雷锋纪念馆；中国海军博物馆；中国航空博物馆；空军航空大学航空馆；天安门国旗护卫队

工业和信息化部：北京航空航天大学（航空航天博物馆、"月宫一号"综合实验装置）；上海无线电科普教育基地

公安部：中国消防博物馆

国家安全部：河北西柏坡中央社会部旧址暨国家安全教育馆；陕西延安中央社会部旧址

国土资源部：中国地质博物馆；李四光纪念馆

环境保护部：北京学生活动管理中心（北京教学植物园）

住房和城乡建设部：黄山风景区

交通运输部：大连海事大学

水利部：水利部丹江口水利枢纽管理局丹江口工程展览馆；黄河小浪底水利枢纽风景区；中国水利博物馆；水利部科技推广中心华东智慧灌溉科技推广示范基地；水利部节水灌溉示范基地

农业部：全国农业展览馆；中国水产科学研究院东海水产研究所

国务院国有资产监督管理委员会：鞍钢集团博物馆；中华航天博物馆；中国海洋石油工业展览馆；中国核工业科技馆

文化部：故宫博物院；中国国家博物馆

国家质量监督检验检疫总局：中家院（北京）检测认证有限公司；中国检验检疫科学研究院；上海市质量监督检验技术研究院；国家医学媒介生物监测检测重点实验室（辽宁）

国家旅游局：中关村智造大街；西柏坡纪念馆；平遥古城；临汾市黄河壶口瀑布风景名胜区；内蒙古玉龙沙湖国际生态文化旅游区；沙家浜风景区；杭州西溪国家湿地公园；武钢工业文化区；重庆南川金佛山景区（第二课堂科技营地）；邓小平故居；华蓥山旅游区；遵义1964文化创意园；西藏自然科学博物馆

中国科学院：中国科学院上海植物生理生态研究所；中国科学院南京地理与湖泊研究所；中国科学院西双版纳热带植物园；中国科学院青海盐湖研究所；中国科学院武汉植物园；中国科学院华南植物园

中国工程院：中国工程院

中国地震局：国家地震紧急救援训练基地；北京国家地球观象台；山东省防震减灾科普馆；5·12汶川特大地震纪念馆

中国气象局：中国北极阁气象博物馆；广州市花都区气象天文科普馆；贵州省黔东南州气象台

国家国防科技工业局：中国航天三江集团公司；中国航发贵州黎阳航空发动机有限公司；哈军工纪念馆

国家海洋局：国家海洋博物馆；青岛鲁海丰海洋牧场；琼海市博鳌镇；厦门大学附属科技中学

国家文物局：湖南韶山毛泽东同志纪念馆；拉萨布达拉宫历史建筑群；曲阜孔庙、孔林和孔府

三峡工程建设委员会：中国长江三峡集团公司

南水北调工程建设委员会：南水北调中线干线北京市房山区大石窝镇惠南庄泵站；南水北调中线干线河南省郑州市温县孤柏嘴穿黄工程

共青团中央：全国青少年延安革命传统教育基地；全国青少年长白山革命传统教育基地；全国青少年井冈山革命传统教育基地；平型关大捷纪念馆；杭州（国际）青少年洞桥营地；北京昌平砺志国防教育培训学校；北川三秒应急安全体验中心；山东北海湿地鸟类教育基地；江苏省民防教育体验馆

全国妇联：中国妇女儿童博物馆；吉林省妇女儿童活动中心；江苏省妇女儿童活动中心；新疆儿童发展中心

铁路总公司：沈阳铁路局大安北蒸汽机车陈列馆；中国铁道博物馆；郑州铁路局洛阳机务段"中共洛阳组"诞生纪念馆；武汉铁路局武汉二七纪念馆；上海铁路博物馆；昆明铁路局云南铁路博物馆；中国铁道科学研究院院史馆

中国科学技术协会：中国科学技术馆

宋庆龄基金会：中国宋庆龄青少年科技文化交流中心

各省级教育行政部门推荐

北京市：中国人民抗日战争纪念馆；宋庆龄故居

天津市：周恩来邓颖超纪念馆；平津战役纪念馆

河北省：晋察冀军区司令部旧址；马本斋烈士纪念馆；涉县青少年活动中心；保定市清苑区冉庄地道战纪念馆

山西省：中国煤炭博物馆；八路军太行纪念馆；山西祁县乔家大院民俗博物馆；昔阳大寨

内蒙古自治区：王若飞纪念馆；阿拉善沙漠世界地质公园；开鲁县青少年学生校外活动中心

辽宁省：沈阳"九·一八"历史博物馆；抚顺市雷锋纪念馆；抗美援朝纪念馆；辽沈战役纪念馆

吉林省：长春中医药大学；靖宇县杨靖宇将军殉国地；吉林省自然博物馆

黑龙江省：五大连池风景名胜区；黑龙江凉水国家级自然保护区；金上京历史博物馆；东北烈士纪念馆

上海市：上海交通大学钱学森图书馆；上海中国航海博物馆；上海四行仓库抗战纪念馆

江苏省：侵华日军南京大屠杀遇难同胞纪念馆；周恩来纪念馆；新四军纪念馆；淮海战役烈士纪念塔；中国人民解放军海军诞生地纪念馆

浙江省：绍兴市鲁迅故里景区；浙江横店圆明新园；嘉兴南湖革命纪念馆；浙江省兰溪市诸葛八卦村

安徽省：黟县徽黄西递旅游开发有限公司（西递景区）；天长市中小学生现代农业研学基地；安徽名人馆

福建省：福州市中国船政文化景区；福州市三坊七巷·严复翰墨馆；福建土楼（南靖）青少年社会实践活动中心；福建闽越王城博物馆

江西省：南昌八一起义纪念馆；瑞金中央革命根据地纪念馆；吉州窑博物馆；庐山西海风景名胜区

山东省：孟庙孟府孟林景区；山东博物馆；台儿庄古城景区；蒙阴岱崮地貌拓展服务中心

河南省：中国文字博物馆；林州市红旗渠；兰考焦裕禄纪念园

湖北省：辛亥革命武昌起义纪念馆；中国地质大学逸夫博物馆；长江三峡旅游管理区；神农架生态旅游区；潜江市龙虾产业发展服务中心

湖南省：湘潭市博物馆；长沙市博物馆

广东省：广东省博物馆；广东科学中心；广州神农草堂中医药博物馆；广东韶关丹霞山国家级自然保护区；孙中山故居纪念馆

广西壮族自治区：广西崇左白头叶猴国家级自然保护区；百色起义纪念公园；广西民族博物馆；凭祥友谊关；宁明县花山岩画；南宁青秀山风景区

海南省：文昌航天主题乐园（航天科普中心）；中国（海南）南海博物馆；海南鹦哥岭省级自然保护区；坡心互联网农业小镇

重庆市：重庆三峡移民纪念馆；重庆红岩革命历史博物馆；重庆科技馆；国家技术标准创新基地重庆师范大学研究中心

四川省：成都大熊猫繁育研究基地；四川博物院；中国两弹城；攀枝花中国三线建设博物馆；四川广汉三星堆博物馆

贵州省：遵义会议纪念馆；黄果树风景名胜区；安顺市平坝区天龙屯堡古镇；中国天眼景区

云南省：丽江市古城区青少年学生校外活动中心

西藏自治区：拉萨市青少年示范性综合实践基地

陕西省：陕西历史博物馆；延安革命纪念馆；西安半坡博物馆；中国兵器工业试验测试研究院研学部；富平县爱国主义教育基地

甘肃省：甘肃地质博物馆；会宁红军长征胜利纪念馆；张掖湿地博物馆；民勤县防沙治沙纪念馆；天水市博物馆

青海省：格尔木市青少年活动中心

宁夏回族自治区：宁夏回族自治区科学技术馆（宁夏青少年科技活动中心）

新疆维吾尔自治区：新疆维吾尔自治区博物馆；八路军驻新疆办事处纪念馆；吐鲁番博物馆；新疆生产建设兵团；新疆生产建设兵团第十师一八五团。

2018年"全国中小学生研学实践教育基地"名单：

中央有关部门推荐

中央军委：中国人民解放军海军南海舰队军史馆；杨业功纪念馆；中国人民解放军军事科学院军事医学研究院；国防科技大学校史馆

安全部：江苏国家安全教育馆

生态环境部：环境保护部宣传教育中心

农业农村部：中国农业科学院农业环境与可持续发展研究所；中国农业科学院衡阳红壤实验站；中国农业科学院农田灌溉研究所；中国农业科学院（万庄）国际农业高新技术产业园；中国热带农业科学院热带作物品种资源研究所；中国热带农业科学院香料饮料研究所；中国水产科学研究院黑龙江水产研究所；北大荒开发建设纪念馆；广东广垦热带农业公园（广东广垦热带农业公园有限公司）

文化和旅游部：中央芭蕾舞团；中国儿童艺术剧院；恭王府博物馆；国家图书馆；国家京剧院

工业和信息化部：哈尔滨工业大学博物馆哈工大航天馆；北京理工大学光电创新教育实验基地；广东省爱飞客公益基金会；广东风华高新科技股份有限公司；浪潮集团有限公司；重庆科技学院科技探索体验中心；中航通飞华北飞机工业有限公司；新疆维吾尔自治区经济和信息化委员会

公安部：中国警察博物馆

自然资源部：青岛海洋地质研究所；中国极地研究中心；中国测绘宣传中

心；中国地质调查局国土资源实物地质资料中心；中国地图出版社；国家海洋局厦门海洋环境监测中心站；中国地质科学院地质研究所；国家海洋局海岛研究中心；国家海洋环境监测中心；国家海洋技术中心

住房城乡建设部：宁德市屏南县甘棠乡漈下村中小学实践教育基地（屏南县甘棠乡漈下村民委员会）；三明市建宁县客坊乡水尾村中小学实践教育基地（建宁县客坊乡水尾村村民委员会）；宁德市屏南县熙岭乡龙潭村中小学实践教育基地（屏南县熙岭乡龙潭村民委员会）；三明市建宁县溪源乡上坪村中小学实践教育基地（建宁县溪源乡上坪村委会）

水利部：黄河水利文化博物馆；白起渠水情教育基地（襄阳市三道河水电工程管理局）；重庆白鹤梁水下博物馆；西安汉城湖景区（西安汉城湖实业有限公司）；长江文明馆（武汉自然博物馆）；驻马店市防洪博物馆；北京市节约用水管理中心；江苏省泰州引江河管理处；长江水利委员会长江博物馆；铁心桥水科学与水工程实验基地（水利部交通运输部国家能源局南京水利科学研究院）；水利部（原南水北调办公室）；陶岔渠首枢纽工程（南水北调中线干线工程建设管理局）；沙河渡槽工程（南水北调中线干线工程建设管理局）；漕河渡槽工程（南水北调中线干线工程建设管理局）；淇河倒虹吸工程（南水北调中线干线工程建设管理局）

国家卫生健康委员会：中国医学科学院药用植物研究所

国务院国有资产监督管理委员会：沈飞航空博览园；中国一拖东方红农耕博物馆；中国化工博物馆；山东航天科技展馆；铁道兵纪念馆；中建钢构有限公司

国家市场监督管理总局：中国质检出版社；中国气象局；山西省长治市气象局；中国气象局气象宣传与科普中心；渭南市气象局；温泉县气象局；河北省涿州市气象局；北京市气象探测中心；济南市气象局

中国科学院：中国科学院植物研究所；中国科学院近代物理研究所；中国科学院动物研究所；中国科学院沈阳应用生态研究所；中国科学院地理科学与资源研究所；中国科学院微电子研究所

国家林业和草原局：北京西山国家森林公园；杭州市余杭区长乐国营林场（杭州长乐青少年素质教育培训有限公司）；湖南省森林植物园；重庆仙女山国家森林公园（重庆市武隆区仙女山国家森林公园管理处）；上海辰山植物园；福建福州国家森林公园；安徽合肥滨湖国家森林公园（合肥印象滨湖旅游投资发展有限公司）；云南野生动物园（云南野生动物园有限公司）；陕西牛背梁国家级自然保护区（陕西牛背梁国家级自然保护区管理局）；北京市海棠国家林木种质资源库（北京胖龙丽景科技有限公司）

国家文物局：北京鲁迅博物馆；南京博物院；湖南省博物馆；河南博物院；湖北省博物馆；浙江省博物馆；辽宁省博物馆；山西博物院；大明宫遗址；殷墟

国家粮食和物资储备局：安徽青松食品有限公司；天津利金粮油股份有限公司；湖南粮食集团有限责任公司；江苏宿迁国家粮食储备库；桓台华夏粮仓博物馆（山东长江粮油仓储机械有限公司）；重庆红蜻蜓油脂有限责任公司；国家国防科技工业局；中核秦山核电有限公司；中核二七二铀业有限责任公司；东华理工大学；淮海工业集团有限公司；山东特种工业集团有限公司；泸州北方化学工业有限公司

中国地震局：合肥市防震减灾科普教育馆；唐山地震遗址纪念公园；兰州市地震博物馆；上海地震科普馆（上海市地震局佘山地震基准台）；鞍山市地震局；吉林省长白山保护开发区管理委员会地震局；"5.12"汶川特大地震映秀震中纪念馆

中国共产主义青年团：全国青少年北戴河活动营地；山东省山青世界青少年实践活动中心；天津市红领巾凤凰山营地；兴安职业技术学院阿尔山基地；八路军一二九师纪念馆；中华全国妇女联合会

中国儿童中心：山东省妇女儿童活动中心；青岛市妇女儿童中心；河南省妇女儿童活动中心

铁路总公司：中国铁路哈尔滨局集团有限公司尚志教育培训基地；中国铁路沈阳局集团有限公司沈阳铁路陈列馆；成昆精神教育基地；中国铁路武汉局集团有限公司武汉高速铁路职业技能训练段；海南铁路博物馆；哈尔滨铁路博物馆；党史及口岸文化教育基地

省级教育行政部门推荐

北京：北京生存岛文化传播有限公司；北京乐园星光文化传播有限公司；北京汽车博物馆（丰台区规划展览馆）；中国园林博物馆北京筹备办公室；北京花乡世界花卉大观园有限公司；北京黄花城长城旅游开发有限责任公司；北京市黄垡苗圃；北京陶瓷艺术馆；北京天文馆

天津：天津博物馆；天津自然博物馆；天津美术馆；天津市蓟县中上元古界国家自然保护区（管理中心）；中国空间技术研究院天津基地（管理委员会）

河北：石家庄市规划馆；蔚县青少年校外活动中心；晋察冀边区革命纪念馆；吴桥杂技大世界旅游有限公司；河北楷彤影视传媒有限公司；启行营地（北京）教育科技有限公司；丰宁满族自治县青少年活动中心；迁西县喜峰口旅游开发有限公司；中国人民抗日军政大学陈列馆；河北柳江盆地地质遗迹国家

级自然保护区（管理处）；河北张家口市青少年冰雪运动综合实践基地

山西：山西皇城相府文化旅游有限公司相府景区（管理处）；黎城太行山黄崖洞旅游发展有限公司；汾阳市贾家庄腾飞文化传播有限公司；洪洞大槐树寻根祭祖园有限公司；山西晋韵砖雕艺术博物馆；八路军文化园（山西红星杨旅游发展有限公司）；山西凤凰山生态植物园有限公司

内蒙古：世界反法西斯战争海拉尔纪念园；呼伦贝尔民族博物院；达茂旗明安镇青少年德育教育基地；阿尔山市青少年活动中心；呼和浩特市赛罕区青少年素质教育活动基地

辽宁：朝阳市鸟化石国家地质公园；阜新市中小学生示范性综合实践学校；辽阳市宏伟区中小学生社会实践基地；朝阳庙子沟滑雪有限公司；格物（大连）文化发展有限公司；铁岭市学生综合实践中心；营口市鲅鱼圈区望儿山风景名胜区（管理委员会）

吉林：吉林省博物院；伪满皇宫博物院；吉林省科技馆；吉林省同人分享慢山里农业休闲度假有限公司；吉林省智成农业科技有限公司；吉林省临江市四保临江战役纪念馆；吉林大学博物馆；吉林省红石国家森林公园（有限公司）；图们市石岘镇水南村村民委员会

黑龙江：东宁市要塞博物馆；青冈县青少年综合实践基地；大庆铁人王进喜纪念馆；大庆市博物馆；黑河市瑷珲历史陈列馆；佳木斯日军侵华罪证陈列馆；哈尔滨莱特兄弟飞行技术有限公司龙塔分公司

上海：上海博物馆；上海科技馆；中国共产党第一次全国代表大会会址纪念馆；龙华烈士纪念馆（上海市龙华烈士陵园）；上海电影博物馆（上海电影艺术发展有限公司）；上海鲁迅纪念馆；中共四大纪念馆；上海市黄浦区青少年艺术活动中心；上海淞沪抗战纪念馆；上海纺织博物馆

江苏：常熟市青少年综合实践学校；江苏省连云港未成年人社会实践基地；江苏省淮安市青少年综合实践基地管理中心；扬州市中小学素质教育实践基地；泰州市青少年综合实践基地；南京中国科举博物馆；无锡博物院；徐州博物馆；常州博物馆；启东江天生态农庄有限公司

浙江：舟山市定海区干览镇新建社区村民委员会；余姚市河姆渡遗址博物馆；长兴县新四军苏浙军区纪念馆；衢州孔氏南宗家庙管理委员会；温州矾矿矾文化基地；宁波市保国寺古建筑博物馆；"Do 都城"少儿社会体验馆（杭州青少年活动中心）；长兴太湖龙之梦乐园投资管理有限公司；中南百草原集团有限公司；浙江天台山旅游集团有限公司

安徽：曹操地下运兵道景区；安徽盛农农业集团有限公司；黄山市徽州呈

坎八卦村旅游有限公司；毛集实验区焦岗湖湿地公园（管理处）；新汴河景区研学基地

福建：福州市林则徐纪念馆；厦门科技馆；漳州东南花都；泉州市晋江市五店市传统文化旅游区；泉州市洛江区中小学生综合实践基地；三明市泰宁世界地质公园研学实践基地；南平市建阳区卧龙湾生态旅游开发有限公司；龙岩市古田旅游集团有限公司；福鼎市中小学劳动实践基地；福建农业职业技术学院相思岭中小学研学实践教育基地（福建慕农农业科技有限公司）

江西：庐山白鹿洞书院文化交流中心；景德镇中国陶瓷博物馆；安源路矿工人运动纪念馆；江西省鄱阳湖生态经济区规划馆；江西省革命烈士纪念堂；江西省龙虎山旅游文化发展（集团）有限公司；江西省科学技术馆；江西凤凰沟生态产业发展有限公司；南昌市滕王阁（管理处）

山东：蓬莱仙境戚继光文化管理有限公司；山东沂蒙红色文化产业有限公司；青岛蓝树谷文化传媒旅游集团股份有限公司；中国水准零点景区（青岛银海国际游艇俱乐部有限公司）；山东景芝教育投资有限公司；齐文化博物院；广饶县孙子文化旅游区（管理委员会）；山东省科学技术宣传馆；山东莱阳白垩纪国家地质公园（管理处）；国家中印科技国际创新园（临沂市拓普网络股份有限公司）

河南：郑州市大河村遗址博物馆；鄂豫皖苏区首府革命博物馆；黄河博物馆；汤阴县岳飞纪念馆；淮阳县太昊陵；洛阳博物馆；灵宝市函谷关历史文化旅游区

湖北：屈原故里文化旅游区（湖北省三峡平湖旅游发展有限公司）；随州炎帝故里（炎帝故里风景名胜区管理委员会）；郧阳恐龙蛋化石群国家地质公园（湖北华袤旅游开发有限公司）；隆中文化园（湖北襄阳隆中文化园投资有限公司）；黄石矿博园（黄石文旅地博园经营管理有限公司）；黄冈市东坡赤壁文物所；三国赤壁旅游区（湖北三国赤壁旅游股份有限公司）；荆门爱飞客航空小镇（鄂旅投荆门爱飞客投资有限公司）；红安县青少年学生校外活动中心

湖南：中国人民抗日战争胜利受降纪念馆；胡耀邦故里管理局；湘潭盘龙生态农业示范园有限公司；湖南省立第一师范学校旧址；湖南党史陈列馆；红军营景区（平江起义纪念馆管理处）；湖南雨花非遗文化传播有限公司

广东：揭阳产业转移工业园中小学生综合实践活动教育基地；广州货币金融博物馆；广东德诚科教有限公司；鸦片战争博物馆；毛泽东同志主办农民运动讲习所旧址纪念馆；中国热带农业科学院南亚热带作物研究所；广东省遂溪县气象局；遂溪县金龟岭休闲农场（湛江市绿保现代农业发展有限公司）；广东中医药博物馆

广西：红军长征突破湘江烈士纪念碑园；广西合浦儒艮国家级自然保护区；广西弄岗国家级自然保护区；广西桂林花坪国家级自然保护区；坭兴陶文化创意产业园（钦州市开发投资集团有限公司）；广西壮族自治区中国科学院桂林植物园；桂林理工大学地质博物馆；广西壮族自治区药用植物园；南宁市三峰能源有限公司；南宁昆仑关战役遗址

海南：定安县母瑞山革命根据地；海南呀诺达圆融旅业股份有限公司；文昌市航天科普馆（文昌航天科技文化发展有限公司）；海南火山口公园有限公司；海南热带野生动植物园（有限公司）；海南兴科兴隆热带植物园（开发有限公司）；海南槟榔谷黎苗文化旅游发展有限公司；儋州东坡文化旅游区建设有限公司

重庆：重庆自然博物馆；重庆中国三峡博物馆；重庆邮电大学；重庆抗战遗址博物馆；重庆市乐和乐都旅游有限公司；重庆市乐其农业发展有限公司；友军青少年综合实践科普教育基地（重庆品有农业发展有限公司）

四川：成都金沙遗址博物馆；成都杜甫草堂博物馆；成都武侯祠博物馆；成都博物馆；朱德故居管理局；剑门关旅游开发股份有限公司；四川省唐家河国家级自然保护区管理处；四川卧龙国家级自然保护区管理局；成都市植物园；成都市郫都区唐昌镇战旗村村民委员会

贵州：修文阳明文化管理有限公司；贵阳孔学堂文化传播中心；息烽集中营革命历史纪念馆；贵州十二背后旅游开发有限公司

云南：石林彝族自治县青少年活动中心；云南省红河州蒙自市青少年活动中心；盈江县青少年学生校外活动中心；祥云县青少年学生校外活动中心；麻栗坡县青少年校外活动中心；马龙区青少年学生校外活动管理中心；石屏县青少年校外活动中心；思茅区青少年校外活动中心

西藏：日喀则市青少年示范性综合实践基地；昌都市革命历史博物馆；谭冠三纪念园（西藏职业技术学院）；西藏军区拉萨八一学校（中国工农红军西藏军区八一红军学校）；林芝市青少年校外活动中心；大学生德育体验中心（西藏大学思想政治理论部）

陕西：秦岭国家植物园；陕西华清宫文化旅游有限公司；陕西省党家村景区管理委员会；陕西省西咸新区泾河新城城市综合服务有限公司；渭华起义教育基地管理办公室；延川县文安驿镇梁家河行政村村民委员会；安吴青年训练班纪念馆；西安碑林博物馆；汉中秦巴民俗村有限责任公司；汉阴县三沈纪念馆

甘肃：会宁县青少年学生校外活动中心；西峰区青少年校外活动中心；临夏市青少年校外活动中心；永昌县青少年活动中心；甘肃省博物馆

青海：西宁市少年宫；大通回族土族自治县青少年学生校外活动中心；海

东市乐都区青少年校外活动中心；民和回族土族自治县青少年校外活动中心；互助土族自治县青少年校外活动中心；贵德县青少年学生校外活动中心；海西州德令哈市青少年活动中心

宁夏：哈巴湖生态旅游区；宁夏博物馆；宁夏水洞沟景区；宁夏固原博物馆；盐池县博物馆；西北农耕博物馆

新疆：乌鲁木齐市博物馆（乌鲁木齐市革命历史纪念地管理中心）——毛泽民故居；哈密市伊州区红军西路军进疆纪念园；北庭故城遗址（吉木萨尔县北庭学研究院）；阿克苏地区博物馆；新疆维吾尔自治区科学技术馆；新疆古生态园（新疆野马文化发展有限公司）；新疆文化出版社。

除此之外，近年来，各省市地县根据实际需要，相继提出了一系列研学旅行基地名单（略）。

二、研学旅行基地布局特色

通过分析2017、2018两年获批的全国中小学研学旅行基地分布情况，可以得出如下结论：

（1）研学旅行基地绝大部分分布在"胡焕庸线"的东南侧。"胡焕庸线"作为"中国地理百年大发现"之一，不仅揭示了中国人口分布的空间异质特征，更重要的是反映了中国人口与自然地理本底的高度空间耦合。胡焕庸线这类地理分割线是人口、经济分布不均匀的线，也是划分繁华与寂寥的线。从这个意义上说，所有的国家都被这条线"分裂"成两块。就研学旅行基地申请和获批情况来看也暗合了这种规律。2017年，研学旅行基地数量在8个以上的省份几乎主要集中于分割线东南侧的四川、湖北、江苏、山东、北京、辽宁等省市。而广大的西北、西南地区研学旅行基地基本在5个以下。

（2）研学旅行基地建设中，分割线东南的省份获批中央部门推荐的研学旅行基地的较多，西北省份较少。中央有关部门推荐的研学基地大部分集中在"胡焕庸线"的东南侧。其中尤以辽宁、北京、山东、湖北为最。

第四节 研学旅行营地特色

一、研学旅行营地与基地区别、联系

营地教育是相对于学校教育和家庭教育而言的一种社会教育模式，起源于美国，至今已有150多年的历史。目前，作为学校和家庭教育的有效补充和组成部分，营地教育受到世界许多教育发达国家的重视。现代意义上的营地教育以教育学和发展心理学等跨学科理论与实践为依据，鼓励和引导青少年发现潜能，培养他们在21世纪经济全球化与社会多元化背景下共处、共赢所需的意识与能力，如跨文化沟通与交流、领导力、生存能力、服务精神等。无论何种营地形式，他们共同的特点是体验式学习，通过富有创造性的营会活动，让青少年"有目的地玩"和"深度探索自己"。营地教育在国外150多年的发展实践证明，营地活动在帮助青少年建立自信心、培养独立品格和领导力、提高社交能力等方面效果显著。现代意义上的营地教育以教育学和发展心理学等跨学科理论与实践为依据，鼓励和引导青少年发现潜能，培养他们在21世纪经济全球化与社会多元化背景下共处、共赢所需的意识与能力，如跨文化沟通与交流、领导力、生存能力、服务精神等。营地教育形式多样，其共同点是体验式学习。

研学旅行营地教育是践行素质教育的新途径，研学旅行营地教育是学校教育、家庭教育之外的"第三所学校"，是将校内和校外教育结合起来的教育行为，可以引导孩子更好地探索世界，探索自身，促进孩子综合能力提升，是践行素质教育的新途径，有助于帮助孩子构建21世纪人才所需能力。这一新兴的教育方式逐渐被国内新一代父母群体所接受，并且迅速在国内发展开来。营地教育是学校教育有效的补充和延伸，开展好营地教育具有以下价值：正确认识营地教育是教育的重要组成部分，纠正营地教育与学校教育相冲突的思想，确立二者教育价值协调互补发展的观念；营地教育尽可能让青少年亲身经历和体验，其教育理念符合体验教育的基本思想，将陶行知的生活教育理念融会贯通；营地教育作为青少年发展的主要方式之一，应以生命教育、生活技能和生存能力为主要范畴。

研学旅行基地是基于一些省市或景区建立的试点或新兴旅游区，其主题性和体验性较强，并通过组织旅游线路和亲子互动活动丰富研学旅行内容。一般会设有农事观光区、体育乐园、水上乐园、工艺园区、动漫乐园等分区，这种新兴旅游区一般规模较大，具有接待、教育、娱乐、观光等综合性功能。

研学旅行基地与营地建设，两者的共同点：研学营地和基地均是以接待中小学生研学旅行为目的而存在的物理空间。不同点在于：研学营地一般规模较大，可提供食宿；研学基地一般规模较小，不提供食宿。研学营地是面，内容较丰富，多主题，形成课程体系；研学基地是点，突出一个主题。

二、研学旅行营地建设布局特色

2017年"全国中小学生研学实践教育营地"名单

河北：石家庄市青少年社会综合实践学校

山西省：晋中市中小学示范性综合实践基地

内蒙古自治区：呼伦贝尔市海拉尔区素质教育实践学校.(北师高级中学)

黑龙江省：伊春市中小学生综合实践学校

上海市：青少年校外活动营地——东方绿舟

安徽省：铜陵市示范性综合实践基地

福建省：泉州市示范性综合实践基地

山东省：临沂市青少年示范性综合实践基地

山东省：潍坊市中小学生示范性综合实践基地（潍坊市实验学校）

河南省：济源市示范性综合实践基地

湖南省：长沙市中小学素质教育实践基地岳麓营地（长沙市示范性综合实践基地）

广西壮族自治区：玉林市示范性综合实践基地

陕西省：西安市中小学校外综合实践活动基地

新疆维吾尔族自治区：乌鲁木齐市青少年综合实践教育中心

2018年"全国中小学生研学实践教育营地"名单

北京：北京市自动化工程学校

山西：大同市示范性综合实践基地

内蒙古：包头市中小学社会综合实践教育中心

辽宁：盘锦市示范性综合实践基地；大连金普新区素质教育活动中心

吉林：四平市中小学社会实践教育中心；白城市示范性综合实践基地

黑龙江：大兴安岭地区中小学综合实践学校

上海：金山区青少年实践活动中心

江苏：南京市未成年人社会实践行知基地；镇江市青少年活动中心

浙江：衢州市中小学素质教育实践学校；杭州市萧山区青少年素质教育实践基地

安徽：滁州市示范性综合实践基地

福建：龙岩市示范性综合实践基地

江西：吉安市示范性综合实践基地

湖北：荆门市示范性综合实践基地；宜昌市青少年实践教育基地

四川：广元市示范性综合实践基地；泸州市教育实践基地

陕西：渭南市示范性综合实践基地

甘肃：兰州市中小学综合实践基地；张掖市示范性综合实践基地

青海：海东市互助县中小学生社会实践教育中心；西宁市中小学生社会实践教育中心

新疆：阿勒泰地区福海县青少年活动中心

研学旅行营地建设中，主要以各省确定的综合实践基地为主。首批14个，也主要以东南省份为主；第二批26个，基本涵盖了全国省份。但是在两次研学营地中独独缺少了高等学校这一重要的资源。在所有获批的基地项目中，高等学校作为研学基地仅15所。而高校是非常重要的资源，应该发挥独特作用。

第五节　研学旅行基地（营地）建设拓展

目前，我国正处于第三次消费结构升级阶段，教育文化、休闲旅游、医疗健康等领域的居民消费支出增长迅速。以研学旅行为代表的体验式教学活动作为教育服务型消费模式的代表之一，正处于重要的发展机遇期，消费需求旺盛。国内中小学在校生人数超过两亿，人均GDP和人均可支配收入分别达到5.92万元和2.82万元。而我国研学旅行发展才刚刚起步，还尚未形成规模，发展潜力和空间巨大。国内的研学旅行发展势头良好，但开发的深度与广度有待提高，总体发展水平处于初级阶段。未来，在家庭收入提升以及国家政策红利驱动下，研学旅行市场有望逐步发展和规范，出境研学旅行市场还将稳步增长，而国内研学活动预计将呈现大幅快速增加的趋势。据不完全统计，中国研学行业的市场空间有望从2016年约300亿元（人均150元）增长至千亿元水平（人均500元），并在未来5年保持30%到50%的增速。

中国历史文化悠久、地大物博、自然景观和人文旅游资源丰富多样，是旅游资源大国亦是旅游强国。根据中华人民共和国文化和旅游部等官网统计，截至2017年底，全国共有A级旅游景区10806家，其中5A级旅游景区250家，4A级旅游景区3272家。此外，国家重点风景名胜区244个，国家自然保护区463个，国家地质公园217个，国家森林公园881处，国家湿地公园898处，国家全域旅游示范区500个，全国红色旅游经典景区300处，列入《世界遗产名录》自然文化遗址和自然景观有52处。这些禀赋非常好的旅游资源都可以成为研学旅行资源。此外，各地还有数量巨大的具有地方特色的各类研学旅行资源可供深入挖掘，能支撑开发多样化的研学产品，如知识科普型、自然观赏型、体验考察型、励志拓展型、文化康乐型等，既能使广大中小学生增长知识、丰富阅历，又能实现旅游资源的合理利用和旅游产品的转型升级。

对于广阔的未来文旅大市场而言，研学旅行是一把星星之火，势必燃成燎原之势。但是研学旅行在不断发展过程中也暴露出来诸多问题：主要为旅行社和研学机构组织活动，存在研学导师不专业、课程目标不明确、主题选择不清晰等问题。研学旅行和营地教育行业仍处于发展初期，部分企业受品牌影响力较低、获客渠道不足等因素影响，整体营收规模处于较低水平。

习近平总书记在全国教育大会上，提出"坚决克服唯分数、唯升学、唯文凭、唯论文、唯帽子的顽瘴痼疾"，强调"弘扬劳动精神"，"培养德智体美劳全面发展的社会主义建设者和接班人"。要做到这些，就必须落实素质教育，注重学生全面发展，特别是要注重学生实践能力的培养。研学旅行是提升学生实践能力的有效途径。未来，研学旅行如何发展，成为业界和学术界共同关注的话题。

研学旅行既不同于通常的旅游，也不同于学校课堂教学。在具体实施过程中，如果对研学旅行基本内涵和目标认识不到位，往往就会出现"重游轻学"，或"重学轻游"取向。2017年国家研学旅行管理部门将研学旅行更名为"研学实践教育"，就是为了明确研学旅行活动的教育性。实际上，旅行是手段，研学是目标。因此，研学旅行课程开发必须基于教育性进行。研学旅行作为学校教育的补充，应该在教育部门和学校主导下，选择合适的场所有序开展。教育部围绕五大板块主题，经过遴选命名了600余所适合承接中小学生研学旅行活动的国家级研学实践教育基地和营地，为中小学生提供了规范性的研学平台。由于基地和营地建设还处于起步阶段，面临着建设和服务标准缺乏、课程开发师资短缺、沟通机制不健全等问题。研学旅行平台的规范化建设，有赖于建立研学基地和营地服务标准。首先，制定标准，提升研学基地和营地服务水平。研学基地和营地的建设标准决定了其能否为学生提供具有教育意义的研学服务，直接影响研学旅行的质量。当前国家政策从宏观层面对研学基地和营地建设做了规定：基地和营地要承接和配合中小学生研学旅行实践，其中营地还要具备承担中小学生食宿的条件，能够提供研学旅行课程、线路设计、活动组织、协调服务等支持。具体到落实层面，地方教育行政部门可结合地区差异，通过出台可操作的细化标准，对基地和营地的准入标准、建设标准、收费标准和退出机制做出规定，对研学旅行课程开发和线路设计给予指导，规范基地和营地的研学服务。其次，互串互联，形成研学实践教育网络。如何与所在区域以及全国范围内的中小学建立联系，畅通中小学研学旅行的服务渠道，是研学基地和营地面临的现实性问题。营地、基地之间需要建立沟通机制，逐步形成以营地为枢纽，基地为站点，互联互通的研学实践教育网络。营地、基地与中小学也要建立联通机制，使学校了解可利用的研学旅行资源。基地和营地可通过网络平台将研学旅行课程资源、线路设计、师资队伍、费用减免政策等面向学校和社会公开，使学校通过网络平台可以了解研学旅行信息。最后，完善监督机制，保障研学旅行平台健康发展。基地和营地开展的研学旅行活动要接受教育部门的管理和监督，接受社会公众的评价。教育部门要承担起对基地和营地监督的主要责任，从大方向上确保研学旅行的教育性和公益性。学校要对研学旅行实施的全过程进行监督，包括对研学旅行课程、路线设计、安全预案都要有明确了解。基地和营地要及时面向学校、学生和家长公示研学旅行经费的使用、优惠减免政策等，接受社会的监督和财政部门的审计。同时，基地和营地可以通过问卷调查形式，向学生、学校和家长了解研学旅行的实施效果、满意度、不足以及安全隐患等。

一、未来研学旅行基地拓展思路

研学营地与研学基地均是研学旅游体系中的客体，都为研学旅游的开展提供了平台与目的地，中国研学旅游基地的开发建设可借鉴国外先进成熟的研学营地模式，借鉴俄罗斯营地的军事化管理模式，同时在课程项目规划注重多样化，动静结合。美国、澳洲与日本的研学基地则更多地体现以人为本，为不同年龄学生提供不同课程服务，考虑学生的多样性，包括需要被帮助的学生，课程也更偏向于营造轻松的文化氛围。我国研学旅游基地的开发建设可因地制宜地借鉴与学习国外营地的优势，提供丰富的项目与课程，同时注重营地氛围的营造与安全措施，重视与政府部门的沟通与合作。

课程科学化——内容为王。《研学旅行服务规范》提出：研学旅行产品按照资源类型分为知识科普型、自然观赏型、体验考察型、励志拓展型、文化康乐型。在研学旅行产品设计过程中，应针对不同学段特点和教育目标，设计研学旅行产品。对各组织机构来说，要开发更多具有针对性、强调体验的产品，丰富研学课程内容，避免"只旅不学"或"只学不旅"，避免课程内容同质化，注重内容的自主性、实践性、开放性、整合性、连续性，同时强调系统性、知识性、科学性和趣味性。

研学旅行过程中要强调讲解内容科学化：讲解可分为导师讲解和研学基地解说两部分。一方面要提高导师门槛，完善培训、监督制度；另一方面，研学基地要形成科学的解说体系，方式多元化，提升趣味互动性。

团队专业化——导师关键。不同于一般导游，研学导师需要更加丰富的知识储备和专业的讲解技巧。研学项目很多都具有科普性质，需要结合历史、地理、生物等科学知识进行讲解，并加强趣味性以吸引学生参与。此外，标示标牌系统也应适应研学基地的特性进行创新设计，以浅显趣味的语言和图示展示科学知识，加强与学生的互动。

管理系统化——安全至上。在我国，研学旅行涉及四大管理组织方：首先，以家庭为单位，家长是研学旅行最基础的组织管理者。其次，教育部门和学校作为研学旅行的发起者，要全面深化研学旅行工作规程，制作达标的研学手册，对研学机构和基地制定完整的评价体系。再次，研学机构作为研学旅行的组织者，更需加强行业规范，落实资质认定，加强政策扶持，聚集高素质行业人才。最后，研学基地作为供应方，承载着研学旅行的核心内容开展，须制定严格的准入标准、退出机制和评价体系。在研学旅行组织管理过程中，安全是最关键的方面。制定安全管理制度，构建完善有效的安全防控机制：对研学基地、研学机构设施等进行安全评估；对研学方案进行风险评估；对学校教师、研学导师进行安全培训；对学生进行行前安全教育；严格制定应急预案；各行业部门制订针对研学旅行的规章制度。

二、未来研学旅行营地拓展思路

研学实践教育是新时期提出的重要教育思想，在全面推进教育改革的过程中，加强对研学实践教育的重视，并积极探索教育基地的构建，能够促进研学旅行教育实践活动作用的发挥，提高学生的综合素质，为学生的全面发展创造良好环境。因此，新时期要结合本地区实际情况，从多角度积极探索研学实践教育基地（营地）的建设，有效促进教育基地作用的发挥，支撑研学旅行实践教育活动的开展，为学生综合实践能力、创新能力的培养创造良好的条件，力求将学生打造成为全面发展的高素质人才。

针对全国的旅游资源优势，未来可以打造研学旅行营地"七彩"系列旅游产品。

（1）打造红色旅游——革命纪念地红色研学旅行产品。以纳入全国红色旅游经典名录的红色旅游景区等为依托，开展红色旅游研学。选择具有典型教育意义、与社会主义核心价值观教育结合特别紧密、适合开展爱国主义、集体主义、社会主义教育的重要标志地、纪念设施和具有重大影响的事件发生地开展研学旅行。

（2）打造"青色"旅游产品——大院、古城研学旅行产品。大院文化，无论南北，遍布全国，尤以山西省为盛。依托系列大院可以打造系列大院产品。包括大院的商业文化、建筑文化、礼制文化、民俗文化等都是研学旅行的内容。古城旅游产品，了解古城的建筑、吏治文化、民俗文化以及商业文化等。

（3）打造"赤色"旅游——乡村节事旅游产品。依托乡村，学习农业文化，依托传统古村落，历史文化名村等乡村资源开展乡村研学旅行产品。"平遥中国年"是国内著名的旅游节事品牌。通过"平遥中国年"以及晋中社火节等民俗节日活动，可以打造区域旅游响亮名片。开展此类研学旅行活动，能够使学生了解中国传统文化、年节文化、社火民俗文化等。

（4）打造绿色研学旅行产品（呼吸自然新鲜空气）——新业态产品。以全国国家湿地公园等为依托，发展近郊湿地旅游与科普旅游。以养生养老生态旅游度假区为核心依托，打造养生养老旅游产品。在研学旅行过程中，体验学习传统的养生文化，寿星文化。

（5）打造"黄色"研学旅行产品。中国地形比较复杂，既有山地高原，又有丘陵盆地。黄土层剖面可以充分展示地质构造和地壳运动历史。山西境内地层发育较全，除奥陶系上统、志留系、泥盆系、石炭系下统和中统缺失外，其余时代的地层都有分布，尤其是前寒武系和上古生界地层在中国北方具有一定的代表性。岩浆岩类型多，分布较广泛，以侵入岩为主，特别是中生代侵入岩反映出多期次的特点，与山西许多内生矿产的形成有关。开展此类研学旅行活动，能够使学生了解中国地质文化、地壳文化等。与山西省关联的黄河九省一市都可以拓展类似的研学旅行项目。

（6）打造"黑色"研学旅行产品。依托丰富的矿产资源，尤其是煤炭博物馆，工业博物馆等等开展黑色研学旅行，见证历史的艰辛与磨难的历程。

（7）打造"紫色"研学旅行产品。紫色代表着历史，又是一个赋予人浪漫和高贵的颜色，它既可以增强精神力量，更可增加想象力。酒，在人类文化的历史长河中，它已不仅仅是一种客观的物质存在，而是一种文化象征。酒文化内涵中孕育悠久的酿酒历史，而是它融合了酒庄的地域风光、人文景观、民情风俗和精神追求，体现了中国人文与地域文化的精神，这是酒庄酒文化的精髓所在，更是一张能够品味到的酒文化的名片。

研学旅行的组织实施策略研究

2011年11月30日,为加快推进研学旅行,在教育部等11个部门的努力下,《关于推进中小学生研学旅行的意见》应运而生,它昭示着研学旅行时代的到来。研学旅行是以立德树人、培养人才为根本目的,通过集体旅行、集中食宿方式开展的研究性学习和旅行体验相结合的校外实践教育活动,是学校教育和校外教育衔接的创新形式,是教育教学的重要内容,是综合实践育人的有效途径。旨在培养与践行社会主义核心价值观,让广大中小学生在研学旅行中热爱祖国大好河山,感受中华民族传统美德、感受革命光荣历史、区域独特文化以及改革开放取得的伟大成就,增强对"四个自信"的领会与认同,激发学生对党、对国家、对人民的热爱之情;它将研究性学习与旅游观光活动相结合,将学校教育与校外教育相衔接,有利于推动全面实施素质教育,创新人才培养模式,引导学生主动适应社会,学会生存生活,学会做人做事,促进身心健康、体魄强健、意志坚强,促进书本知识和生活经验的深度融合,促进形成正确的世界观、人生观、价值观,培养德智体美劳全面发展的社会主义建设者和接班人。

那么,如何有效组织实施研学旅行?应采取哪些策略?笔者将从整体架构研学旅行课程、精心组织研学旅行活动、全面监管研学旅行过程以及总结反思研学旅行成果四个方面进行探讨和分析。

一、整体架构研学旅行课程

(一)将研学旅行纳入教育教学计划

国家11部委发布的《关于推进中小学生研学旅行的意见》明确指出,要把研学旅行纳入学校教育教学计划,与综合实践活动课程统筹考虑,促进研学旅行和学校课程有机融合,明确学科地位、课时分配、考评办法和导师职责,推进教育教学方式的革新，优化教育教学行为，形成促进学生全面发展的开放性体验式的联合教育新生态。要精心设计研学旅行活动课程，做到立意高远、目的明确、活动生动、学习有效，避免"只旅不学"或"只学不旅"现象。学校根据教育教学计划灵活安排研学旅行时间，一般安排在小学四到六年级、初中一到二年级、高中一到二年级，尽量错开旅游高峰期。

（二）开发研学旅行课程体系

学校根据学段特点和地域特色，逐步建立小学阶段以乡土乡情为主、初中阶段以县情市情为主、高中阶段以省情国情为主的研学旅行活动课程体系。乡土乡情、县情市情、省情国情研学资源众多，仅凭学校自身力量很难完成课程体系的构建，这就需要学校联合相关研究机构、服务部门，搭建研学旅行课程的研发平台，紧密结合语文、数学、历史、地理、科学等学科知识，确定不同的研学旅行主题，有针对性地开展自然、历史、地理、科技、人文、体验等多种类型的综合实践探究活动，优化人才培养模式，真正让学生走进社会、山川、胜地和文化及历史"现场"，激发爱乡爱国情感，激发对民族文化由衷的崇敬之心、敬畏之情、践行之志，促进教育取得实效。

二、精心组织研学旅行活动

（一）确定研学旅行目标，制定研学旅行方案

学校首先要确定研学旅行的总目标和每次研学旅行的具体目标。目标是提高研学旅行质量的关键，决定着研学旅行的具体内容和线路规划。确定目标要从学生发展的角度出发，考虑该活动目前或将来对学生的智力发展、身体发育和视野拓展是否有益；要从周围环境和可供利用的乡土资源出发，考虑这些内容如何开发利用成为学习的资源，如何与学生的发展水平相适应。其次，要考虑这些目标哪些能够转化成为研学课程和体验的内容，使学生能更好地获取信息、发现问题、关注现实、解决问题。最后，根据目标确定研学旅行的具体实施方案。研学旅行之前应做好充分的预测研判，分析可能发生的情况，制定详细的计划方案，告知学生及家长，强化措施，明确职责，为研学旅行提供保障。从目前开展研学旅行的情况来看，研学旅行方案必须有基本情况介绍、总体部署安排和对相关问题的处理与解决办法等基本内容。通过研学旅行让学生进行观察、调查、访谈、动手操作等方式来深化对所研学内容的理解，拓宽学生的知识面，发掘学生的潜能。

（二）开展研学旅行基地建设

根据研学旅行育人目标，结合域情、校情、生情，依托自然和文化遗产资源、红色教育资源和综合实践基地、大型公共设施、知名院校、工矿企业、科研机构等，遴选建设一批安全适宜的中小学生研学旅行基地，探索建立基地的准入标准、退出机制和评价体系；要以基地为重要依托，积极推动资源共享和区域合作，打造一批示范性研学旅行精品线路，逐步形成布局合理、互联互通的研学旅行网络。研学基地要将研学旅行作为理想信念教育、爱国主义教育、革命传统教育、国情教育的重要载体，突出祖国大好风光、民族悠久历史、优良革命传统和现代化建设成就，根据小学、初中、高中不同学段的研学旅行目标，有针对性地开发自然类、历史类、地理类、科技类、人文类、体验类等多种类型的活动课程。

（三）规范研学旅行组织管理

研学旅行是融社会调查、参观访问、亲身体验、资料搜集、教师指导、集体活动、同伴互助、学习总结等为一体的综合性社会实践活动。要探索制定中小学生研学旅行工作规程，做到"活动有方案，行前有备案，应急有预案"。学校组织开展研学旅行可采取自行开展或委托开展的形式，提前拟定活动计划并按管理权限报教育行政部门备案，在出行前与各方充分沟通，通过家长委员会或召开家长会等形式告知家长研学旅行活动意义、时间安排、出行线路、费用收支、注意事项等信息，加强学生和教师的研学旅行事前培训和事后考核。学校自行开展研学旅行，要根据需要配备一定比例的学校领导、教师和安全员，也可吸收少数家长作为志愿者，负责学生活动管理和安全保障，与家长签订协议书，明确学校、家长、学生的责任权利。因此，在开展研学旅行前可制订科学、实用的《研学旅行手册》，为学生提供必要的资料，对研学旅行提供指导。

（四）建立安全责任体系

制订科学有效的中小学生研学旅行安全保障方案，探索建立行之有效的安全责任落实、事故处理、责任界定及纠纷处理机制，实施分级备案制度，做到层层落实，责任到人。学校要做好行前安全教育工作，制定安全管理制度，细化安全管理措施，购买师生出行安全保险，与家长签订安全责任书，与委托开展研学旅行的企业或机构签订安全责任书，构建完善有效的安全防控机制。旅游部门负责审核开展研学旅行的企业或机构的准入条件和服务标准；交通部门负责督促有关运输企业检查学生出行的车、船等交通工具；公安、食品药品监管等部门加强对研学旅行涉及的住宿、餐饮等公共经营场所的安全监督，依法查处交通违法行为；保险监督管理机构负责指导保险行业提供并优化校方责任险、旅行社责任险等相关产品。

要强化师生安全培训演练，开展急救常识培训。在研学旅行开始前制订旅行安全操作手册，聘请专业医务人员讲解溺水、摔伤等意外情况的相关急救处置规范及流程，并有针对性地进行急救演练，确保遇到紧急情况时能正确自救和施救。同时要制定地震、火灾、食品卫生、治安、设施设备故障等各项突发事件的应急预案，并进行演练，学会紧急逃生的正确方法，让安全入脑如心。

三、全面监管研学旅行过程

对研学旅行过程的有效监控管理，既是规避旅行风险的关键，也是取得研学旅行成果的核心。一般来说，研学旅行的监管内容主要有以下几个方面：

（一）科学划分研学小组

按照组内异质、组间同质的原则，以此来减少各组之间的差异性，综合性别、学业水平、兴趣爱好、性格特征、交往能力、独立生活能力等因素，保持组间相对平衡，有效实现组内成员的互帮互助，取长补短。根据研学旅行团队规模，每十人设立一个小组，每个小组设立一名小组长，协助带队老师管理小组开展研学的各项活动。学生分组后，以小组为单位，进行资料搜集、任务分工。为确保各小组认真、合作地开展研学，发挥团队力量，强化团队精神，研学小组要共同商讨、制订小组研学公约，同时根据小组成员的个性特长进行合理分工，做到研学主持、安全检查、夜间巡查、生活协调、笔记检查、紧急情况申报等事无巨细，均要有相应的责任人。要充分发挥小组每个成员的优势，互相交流、探讨，分享学习经验，增强团队战斗力。

（二）精心挑选指导老师

研学旅行不同于课堂教学，它是一个开放的多元素汇聚的学习方式，为此，指导老师需要随时了解活动进展情况，掌控局面，以免研学过程中节外生枝。研学指导老师在研学过程中是负责活动组织、内容讲解、引导学生进行探究性和体验性学习的专业人员，因而，一方面研学指导老师要根据研学课程要求，创设研学情境，善于在研学旅行过程中，巧妙地将研学内容、旅行知识、人生智慧等元素融入课程体系之中；另一方面，由于研学旅行要同时与旅行社、研学基地、交通、宾馆等相关单位沟通交流，因此选派的指导老师要有良好的社会交往和沟通交流能力以及良好的心理素质，遇事冷静不慌张、不害怕，处事要果断有力，不能犹豫，以免造成不良的后果。

（三）合理配备工作人员

学校要监督研学旅行承办方是否根据团队人数、研学行程、危险指数等情况合理配备工作人员。一个研学团队要配备一名项目组长，负责统筹协调研学旅行各项工作；配备一名导师，负责研学旅行的各项活动的有序开展；配备一名安保人员，负责开展安全教育和防控工作；配备一名医护人员，随团提供医疗及救助服务；配备一名导游员，随团提供导游服务；配备一名联络员，及时沟通传达各种信息。每个小组配备一名带队老师，具体组织小组研学的各项活动；同时可以吸收家长志愿者全程参与研学旅行的相关服务工作。

四、反思深化研学旅行成果

（一）强化督查考核评价

要建立健全中小学生参加研学旅行的评价机制，把中小学组织学生参加研学旅行的情况和成效作为学校综合考评体系的重要内容。学校要在充分尊重个性差异、鼓励多元发展的前提下，对学生参加研学旅行的情况和成效进行科学评价，将研学旅行行为及结果的考评记入学生成长档案，并逐步纳入学生学分管理体系和学生综合素质评价体系，强化催生学生继续参与研学旅行的激情和创造力。一是评价主体的多元化：可以是教师、学生，也可以是活动基地的指导者、研学活动的组织者、家长等；二是评价内容的多元化：对学生在研学旅行中的服务性学习、探究性学习、体验性学习等内容进行评价。对学生在研学旅行中探究的问题进行评价以判断学生发现的问题质量如何，如问题解决是否能激发学生进行更深入的思考，是否能够解释和说明事实、现象和事物之间的相互关系，能否促进学生对事物有深刻全面的认识，能否发现解决问题带来的效果等；三是评价方式的多元化：可以采用档案袋评价、作品评价、口头答辩、演说和展示等多种形式展现学生研学旅行学习成果。

（二）反思深化研学成果

反思是研学旅行后的重要环节，是对研学旅行中的不足进行归纳与思考的过程。反思的主体包括学校、教师和学生，只有通过反思，不断总结经验与教训，才能不断提升能力，在实践中成长、进步与提高。每次研学旅行结束，学校都要认真做好总结，对研学成果进行反思并不断深化。从学校层面看，要认真修订学校研学旅行课程的整体规划，让教师都能理解研学旅行课程在学校课程体系中的地位与价值；要明确研学旅行课程作为校本必修课，课程的设计者和实践者就是学校的每一位教师和学生，同时还可以吸纳一部分有能力、有兴趣的家长参与研学旅行课程开发，让课程拥有更广阔的实施空间。从教师层面，要以典型引路、团队协作的方式来推进研学旅行。每次开展研学旅行都要应该总结反思，构建模式，固化程序，挖掘典型，树立榜样，以此推动研学旅行，逐渐打造和建成真正切合学生和学校实际的特色课程。从学生层面，学生要撰写研学旅行游记、调查报告，要开展和参与研学线路设计及征文比赛、摄影展和书画展，评选研学明星等，助推研学旅行成果的深化和拓展，真正做到研学一次，受益终身。

总之，研学旅行通过学生自身体验、发现、实践等方式拓展视野、接触大自然和社会，可以更好地促进学生身心健康成长和情商智商等素质的全面提升，这是对现行教育教学方式的一次有益探索和革新。因此，每一位教育工作者都要积极参与，不断完善协调机制，明确责任，规范保障机制，强化考核机制，真正使研学旅行走上制度化、常态化、规范化发展轨道。

五、《黄冈研学旅行方案》分析

研学旅行是由学校根据区域特色、学生年龄特点和各学科教学内容需要，组织学生通过集体旅行、集中食宿的方式走出校园，在与平常不同的生活中拓展视野、丰富知识，加深与自然和文化的亲近感，增加对集体生活方式和社会公共道德的体验。

研学旅行继承和发展了我国传统游学、"读万卷书，行万里路"的教育理念和人文精神，成为素质教育的新内容和新方式。提升中小学生的自理能力、创新精神和实践能力。其主要特点：其一，集体活动。以年级为单位，以班为单位，乃至以学校为单位进行集体活动，同学们在老师或者辅导员的带领下一起活动，一起动手，共同体验相互研讨。其二，亲身体验。学生必须要有体验，而不仅是看一看、转一转，要有动手的机会、动脑的机会，动口的机会，表达的机会，在一定情况下，应该有对抗演练，逃生的演练，应该出点力，流点汗，乃至经风雨、见世面。

（一）指导思想

深入贯彻《国家中长期教育改革和发展规划纲要》和教育部等11部门《关于推进中小学生研学旅行的意见》精神，坚持立德树人，全面推进素质教育，深化基础教育课程改革，以培养学生德智体美劳全面发展，让学生能在旅行的过程中陶冶情操、增长见识、体验不同的自然和人文环境、提高学习兴趣，全面提升学生综合素质。

（二）发展目标

通过集体旅行、集中食宿的方式走出校园，亲近自然、热爱自然，走进社会、走访社区，感受不同的风土人情、人文历史、社会变迁；通过在游中学、学中研、研中思、思中行，研学并举，知行合一，在此过程中提高学习兴趣，拓展视野、丰富知识，增强公德意识、安全意识、合作意识、规则意识、环保意识；通过社会调查、参观访问、亲身体验、资料搜集、专家点评、集体活动、同伴互助、文字总结等为一体研学活动，培养学生的自理能力、沟通能力、写作能力、调查研究能力、创新能力、合作能力和实践能力。

（三）基本原则

（1）坚持教育性原则。精心设计研学旅行活动方案，确保每次活动立意高、目的明，活动前提前做好具体活动方案，带着目标开展活动。

（2）坚持安全第一的原则。在组织研学旅行活动前，对目标地点进行考察，根据考察情况，制定详细的活动方案和安全应急预案，确保交通、饮食的安全。根据实际情况合理安排学生数量，针对活动内容对学生进行必要安全教育。

（3）坚持学生自愿的原则。学校公布研学旅行活动具体方案和收费标准，以班级为单位，由学生自愿报名参加，并且由学校和家长签订自愿报名参加协议，活动内容、活动时间及费用收支公开、透明，接受家长监督。

（4）坚持食、宿、学统一的原则。研学旅行的根本目的是为了让学生接触社会和自然，在体验中学习和锻炼，培养学生刻苦学习、自理自立、互勉互助、艰苦朴素、吃苦耐劳等优秀品质和精神。活动中学校将统一安排就餐、住宿、学习等活动，保证卫生、安全、适用、节约，防止追求豪华、舒适，杜绝铺张浪费。

（5）坚持长效性原则。研学旅行是学生体验教育的重要内容，对提高学生综合素养意义重大。学校将不断充实研学旅行目的地，形成序列化，以达到研学旅行活动的连续性，长效性。

（6）坚持全员参与原则。活动面向全体学生，设计切实可行的活动方案，确保每一名学生都能参与到研学旅行活动中。对家庭经济困难的学生学校给予适当照顾。学校领导、老师共同参与活动，鼓励家长志愿者积极参加活动。

（四）活动安排

根据不同年级设计不同的研学旅行线路和内容，即一线路、一主题、一展示。

（五）成果展示

研学旅行返校后，通过相关活动进行成果展示：

一是开展征文活动，编纂论文集，编写《幸福成长路》；

二是开展摄影展，展示精彩瞬间，汇编影集《生命绽放精彩》；

三是举办诗歌朗诵会和演讲比赛，交流心得，弘扬地域文化和红色文化；

四是举办研学成果展示，如制作植物标本展示中医药文化、制作水果拼盘展示绿色生态文化、通过情景剧表演展示红色文化等。

（六）评价机制

强化示范引领和自评、互评等反思教育的引领作用，在活动过程中、在活动结束后，要求学生自我评价、互相评价，总结反思活动的成败得失，让评定活动积极分子的过程、自评互评的过程成为学生德育提升、能力增强的过程。学校应将把学生参与活动的情况，纳入学生综合素质评价体系，记入学生参与综合实践活动的相应学分。同时开展评选研学旅行先进班集体、先进个人活动。

（七）政策支持

努力争取并紧紧依靠青少年活动中心，特别是在政策扶持、保险公司及旅游公司选择等方面给予大力支持。

（八）具体方案

1. 适合人群：中小学生

2. 研学城市：黄冈市

3. 研学主题：学生生涯规划教育、理想信念与爱国主义教育、文化艺术与科普教育、中华优秀传统文化教育、生态文明与环境保护教育、心理健康教育。

4. 行程天数：5天

5. 食宿安排：黄州城区研学旅行活动统一安排在黄冈师范学院学生宿舍住宿，就餐统一安排在黄冈师范学院学生食堂，费用由组织方支付；黄州城区以外的研学旅行活动由组织方就便安排。

6. 研学目标

本次研学旅行，旨在让同学们通过5天4夜的共同生活，集体食宿，一起完成本次研学旅行设定的各项课程任务和目标。本次研学旅行融合了户外营地体验与黄冈本地文化体验与交流为一体，让参与研学旅行的学生，既能在大自然中锻炼自己的抗挫、抗压、毅力等品格，也能深入学习鄂东优秀传统文化，激励学生增强民族自信心与自豪感，树立远大的人生理想。

7. 研学内容

本次研学旅行运用4F（Fact, Feeling, Finding, Future）的引导式教学方法，进行体验式教学。课程分为三部分：

第一部分：

户外营地体验的内容，开展黄冈大别山地质公园以及"人间四月天，麻城看杜鹃""中国好森林，英山深呼吸""千里大别山，美景在罗田"绿色生态体验、篝火晚会、户外露营等课程，帮助青少年增长知识，掌握生活和生存技能，关注孩子们意志品质的成长，让更多的孩子在户外教育中磨炼性格、培养友谊，在大自然中自由成长，并成为未来的精英。

第二部分：

新高考政策与学生生涯规划教育的内容，具体包括参观黄冈师范学院和"全国教育的一面旗帜"——黄冈中学，了解黄冈师范学院各院系专业学科设置，所取得的教学科研成果，开展大学生活体验，与优秀大学生互动畅谈理想，规划人生目标。

第三部分：

鄂东文化研学的内容，带领学生探访东坡文化、红色文化、戏曲文化、中医药文化、禅宗文化等，开展"追寻红色足迹，传承红色基因""瞻仰名人故居，缅怀伟人情怀""探访将军故里，坚定理想信念""重走红军路，永远跟党走"以及"养生之都，户外天堂""天下祖庭"等研学之旅，提升学生对优秀中华传统文化的认识。

8. 研学重点

（1）黄冈师范学院、黄冈中学——新高考政策解读、学生生涯规划教育；

（2）黄冈大别山地质公园、遗爱湖湿地公园——科普教育、生态文明与环境保护教育、心理健康教育；

（3）黄麻起义与鄂豫皖苏区纪念园、伟人、名人故居——理想信念与爱国主义教育；

（4）东坡赤壁、遗爱湖公园、四祖寺、五祖寺、李时珍纪念馆——中华优秀传统文化教育。

9. 研学准备

（1）了解黄冈大别山地质公园，收集生态与环境保护相关文献资料；

（2）收集鄂东伟人、名人、将军的相关事迹资料，了解鄂东红色文化的内涵；

（3）了解黄冈师范学院、黄冈中学的历史，搜集整理新高考政策的相关资料；

（4）搜集黄冈市的相关历史资料，了解鄂东文化的相关知识，包括戏曲、宗教、方言、民俗等方面。

10. 具体安排

（1）研学旅行的课程费；

（2）行程中所含餐费、交通费、住宿费；

（3）行程中所含景点门票；

（4）研学旅行意外伤害保险的购买；

（5）辅导员、导游等相关人员安排；

（6）后勤保障：安保人员的配置、每天外出的饮用水、突发事情的应急处理等。

研学旅行的社会支持系统

研学旅行近年来备受社会各界的期待和关注,特别自2013年至今,研学旅行得到政策的持续推动。但在实践中,研学旅行的有效实施和推进却受到诸多因素的制约,如研学出行安全保障问题、部门协调问题、经费来源问题等成为影响研学旅行顺利实施的关键点。

一、研学旅行开展社会支持的内涵

研学旅行需要获得从物质到精神的全方位社会支持。社会支持作为一个专业术语在20世纪70年代提出,之后在精神病学、社会学和医学等领域关于社会支持的研究大量被展开。从广义角度,社会支持(social support)既涉及家庭内外的供养与维系,也涉及各种正式与非正式的支持与帮助。社会支持不仅仅是一种单向的关怀或帮助,它在多数情形下是一种社会交换。

从社会支持的主体看,出于自身诉求及其产生的相应动机,利益相关者是最有可能和条件发挥社会支持作用,并由此实现自身目标的个体和群体。根据弗里曼的定义,利益相关者(Stakeholder)指"任何能影响组织目标实现或被该目标影响的群体或个人"。研学旅行所涉利益相关者构成复杂,包括教育部门、旅游行政机构、家庭、旅游企业等等。从利益相关者角度为研学旅行创造有利条件,形成支持力量,可以在考量各方利益诉求的基础上优化支持内容和支持模式,从而构建有效的研学旅行社会支持系统。

二、研学旅行开展的社会支持现状问题

(一)研学旅行课程开展的社会支持系统构建不完善

研学旅行课程在实践中涉及范围较广,需要各部门协调运作,《意见》由11个部门共同发表也体现出这一点。就已有文献分析发现,关于社会支持的相关研究不够深入，导致研学旅行课程的支持系统存在盲点。社会支持系统的不完善使得各部门职责不明、协调不够，因而在课程实施过程中，不能充分利用校外资源，松散的组织系统使研学旅行的效果得不到保障，薄弱的理论研究使研学旅行缺乏科学指导，社会支持系统发挥不到应有的作用。因此，我们需要构建社会支持系统使研学旅行的经费、实施等各方面得到保障。

（二）安全保障体系不健全

研学旅行通过集体旅行、集中食宿带领学生到校外开展研究性学习，是一种校外集体教育活动，参与人员众多。因此，管理难度大大增加。"儿行千里母担忧"，近年来学生春游、秋游频频出现安全问题，让许多家长对研学旅行望而却步。

首先，是食宿出行的安全问题。学生出门在外，食品的卫生条件、提供食物的餐饮地点以及食品价格等没有保障；在住宿方面，参与研学旅行的学生年龄普遍较小，人员众多时住宿的分配也是一大难题，更何况小学生自理能力较差，用电、用水问题都是一个安全隐患。其次，学生在旅行途中还可能产生各种突发事件。研学旅行团队需要配备能处理突发疾病的随行医生和教师，否则将会严重威胁学生的生命。最后，是学生的财产安全问题。现在中小学生参加研学旅行，家长为了能随时联系到孩子，一般会让学生随身携带手机等电子设备，在旅行途中，保障贵重物品和现金等财产的安全也是非常重要的。

（三）研学旅行中对学生的关照不够

在目前关于研学旅行含义的研究中关注到了旅行主体、学生特点与学科内容方面，虽对教育部关于研学旅行的定义有所阐释，但有关课程内容的来源中学生的作用这一重要问题鲜有描述，导致定义中对学生的关照不够。由此也导致了研学旅行在实施过程中，自上而下结合学科内容组织的成分较重，偏离了研学旅行活动本身的价值追求。因此，在关于研学旅行含义研究的过程中，需要加强对学生的关照，突出学生在内容组织中的作用，以防出现价值偏离的现象。

鉴于研学旅行实施过程的复杂性，构建合理完善的社会支持体系可以为其提供全面的保障。通过分析研学旅行的支持需求，从利益相关者的视角出发，考量利益相关方的利益诉求及其可能提供的社会支持内容，构建了正式支持系统、非正式支持系统和辅助支持系统三大支持系统，三者在研学旅行中既独立发挥作用又相互影响，三者的社会支持内容亦相互关联，互为依托，构成一个有机的研学旅行社会支持体系。

三、研学旅行的支持需求分析

社会支持的内容以支持对象的需求为基础，研学旅行社会支持系统的构建同样以满足中小学生研学旅行的核心需求为目的。纵观中小学生研学旅行实施过程，可将各类需求归类如下：

（一）政策和机会支持

政策和机会支持是我国研学旅行全面实施的助推器。如果没有国家和相关职能部门的政策推动，研学旅行难以真正落地。而作为研学旅行实际执行方的学校，受评价考核机制的制约，本身难以有足够的动力和时间精力用于研学旅行的运作，如果没有相应的激励考核机制研学旅行也难以获得持续的发展。因此，除了前期已出台的政策，鉴于实际执行过程中的困境，还需要各级各类相关部门制定更多具体的政策，为中小学生提供更多的研学旅行机会。

（二）经费和组织支持

中小学生研学旅行需要合理的经费支持保障。经费问题是研学旅行能否真正实施的关键。学生出行经费主要靠家庭资助，而一些贫困学生家庭则难以负担其研学旅行的费用。研学旅行的开展需要积极探索经费保障机制，考虑建立政府、学校、家庭、社会共同分担的多样化经费筹措机制，提供经费支持。相关部门如交通、旅游、文化等部门对中小学生研学旅行开展优惠票价和费用减免等。研学旅行所涉部门复杂，相互之间缺乏自动协调机制，实施中需要建立由相关部门、组织共同参加的研学旅行协调机构，提供组织支持，保证活动顺利开展。

（三）学习和心理支持

中小学生研学旅行要想取得预期的效果，离不开学习和心理支持。学习支持包括研学产品设计与组合、研学过程的指导与解说、研学能力以及素养的培育等。心理支持包括集体生活的心理调适、团队协作能力培育等。目前不少旅行社推出的研学产品，只是将研学基地简单串联形成研学路线，但未从根本上有效结合学生校内的课程，更缺乏专业导师的带领，难以实现研学旅行过程中知识的梳理和转化。研学旅行需要为不同年龄段学生提供符合其认知水平和能力的研学产品，并给予科学的知识整合与引导解说直至反思总结，学习支持不可或缺。对于鲜有集体生活经验的中小学生，心理支持也不能被忽略。出行之前使学生有集体生活的心理准备、研学途中引导其互帮互助解决问题、遇到心理困惑及时疏导，这些都有利于学生身心健康成长。

(四) 安全和服务支持

安全和服务支持是研学旅行稳步推进的基础。家长和学校出于安全顾虑，导致缺乏足够的积极性参与和组织研学旅行。只有在安全与服务方面有保障措施支持，研学旅行才能有效突破瓶颈，获得社会认同和更广泛意义上的支持。研学旅行要有安全预案，活动前进行安全教育；在活动中配备安全员落实安全。探索建立安全责任落实以及事故纠纷处理机制，及时购买出行师生保险并签订相关安全责任书。交通、公安、旅游等部门加强对研学旅行所涉行、住、游等场所的安全监督。学生还需要服务支持，包括出行过程中的生活服务、解说服务等。研学旅行在吃、住、行、游等方面的配套服务比常规的旅游活动要求更高、更全面。

四、研学旅行利益相关者的构成

研学旅行要做到"游学结合""寓教于游"，必须注重游前的"准备"环节，游中的"讲解服务"环节以及游后的"反思"环节，全过程所涉及的利益相关者复杂多样。2016年12月教育部等11部门联合印发了《关于推进中小学生研学旅行的意见》，涉及的部门包括教育部、国家发展改革委、公安部、财政部、交通运输部、文化部、食品药品监管总局、国家旅游局、保监会、共青团中央、中国铁路总公司等。11部门联合发文推进研学旅行，反映了研学旅行所涉利益相关群体的多样化。除此之外，研学旅行实施过程还涉及学校、家庭、旅行社或游学机构、饭店、旅游景点等相关机构和部门。以上利益相关者各自的利益诉求各不相同，利益诉求的内容和强度决定了其在研学旅行中所发挥的作用。如下将研学旅行利益相关者分成三大类：

第一类是各级政府部门和学校等官方组织。此类主体注重研学旅行的教育性和公益性。期望通过研学旅行的有序推进促进校内教育和校外教育的有机结合，实现中小学生素质教育目标。这些主体有能力而且本身具有强烈的意愿为研学旅行创造良好的政策环境和条件。

第二类是各类旅游企业及其他相关商业性机构，包括旅行社、饭店、旅游景点、保险公司等等。此类主体具有明确的商业利益诉求，参与研学旅行的积极性高。期望为研学旅行提供优质的产品和服务，从而实现自身盈利并提升品牌影响力。

第三类是共青团、家庭、民间组织等准官方组织和民间组织。共青团组织、各类社会志愿者通过多种形式参与研学旅行活动，公益性特征明显。旨在促进研学旅行的顺利实施和研学旅行预期效果的实现。家庭则期望青少年在研学旅行中确保安全，促进身心的健康发展。

五、构建研学旅行的社会支持系统

社会生态系统理论强调将个人放在全面系统中进行理解，认为每个人的行为和心理是个人作为微观系统与中观系统、宏观系统互动作用的结果，各个系统之间相互作用、相互影响。在此基础上，结合研学旅行课程实施的影响因素等对研学旅行活动的社会支持系统进行构建：

第一，宏观系统，包括政策、研究、经费方面的支持。相关政策的支持从最高行政单位到最低行政单位应逐渐具体化、整体化；研究应由细化研究向综合研究发展，倡导研究者走进活动中与一线教师合作发现、解决问题，并能将经验进行理论升华为研学旅行提供指导；经费方面应有区域的不平衡意识。

第二，中观系统，即社会各层机构，包括财政局、交通局、旅游局、公安局、食品局以及民间组织等在研学旅行活动开展过程中可能需要接触的组织机构，各部门按政府规定的对研学旅行的支持程度提供帮助；企业应随国家政策方针、积极吸纳教育方面的相关人才，将教育与其企业优势相结合；民间组织能参与到活动中，展示其才能与团体感染力，让学生体会团结、集体意识，使知识语言平民化、接地气。

第三，微观系统，包括学校、家庭、学生的参与。整个过程必须以学生的需要和兴趣以及学习心理和学习特点为前提，以校长对政策、教师、学生、条件的把握与教师关于研学旅行活动的相关知识为助力，并发挥生活中家长的优势，引导学生积极参与并为进行研学旅行储备知识、能力。整体支持将各界人士对于研学旅行的态度视为立体互动层的有机联系手段贯穿始终，使各方支持主体相互协调且汇成合力，达到社会支持系统化的目的。

六、基于利益相关者的研学旅行社会支持系统构建

利益相关者与研学旅行活动之间的相关性为其发挥支持功能提供了条件。而利益相关者的诉求则决定了其在研学旅行实施中可能发挥的作用及其参与的动力。因此，构建基于利益相关者的研学旅行支持系统有利于促进研学旅行持续的发展。根据所涉利益相关者的类型，构建研学旅行三大支持体系。

（一）正式支持系统与支持内容

正式支持系统主要包括国务院、教育部等相关职能部门、各级地方政府、中小学校等，期望通过研学旅行实现综合实践育人的目标。它们承担明确的支持责任，支持动机明确、资源配置能力强并具备强大的支持能力。正式支持系统除了提供关键性的政策和机会支持，还可能通过多样化的形式为研学旅行提供组织、经费、安全、心理等综合性支持。

首先，研学旅行的社会支持主体包括国务院、以教育部为首的各级教育管理部门以及相关职能部门。作为中央和地方政策执行部门，教育部、公安部、文化部以及各级行政管理部门是研学旅行的宏观支持主体。相关部门已出台各种政策或规章制度，助力研学旅行顺利推进。研学旅行发展拥有了良好的政策环境，但在具体的实施环节比如研学旅行计划的制定、研学课程设计、研学线路组织和基地的选择、部门之间的协调沟通，直至安全和经费保障、研学效果的评估、学校组织研学旅行的动力机制等，教育部门和相关职能部门都需要进一步提出明确的思路并提供制度保障。

其次，中小学校是研学旅行的微观实施主体。学校可以提供组织支持等。学校合理安排时间，采取有序的组织方式，根据不同年龄段学生的认知水平和能力设计并选择形式多样的研学旅行活动。

1. 学校加强管理

学校是学校教育的核心单元，学校管理是学校开展各项工作并得以高效运行的重要保障，研学旅行是集体活动，学生数量较多，管理难度较大。所以必须借助老师和学生等力量，构建班级管理体制，确保研学旅行的高效进行。

第一，在学校、教师层面，建设"团队化"的高效管理模式。班级平常事务管理如学生的安全教育、学生的德育工作、学生具体情况等由班主任负责，同时设置专门的优秀老师来配合班主任的工作。学校要完善实施方案，制定研学旅行教师考核办法，实行教师负责制，设定合理的奖惩机制。相关老师要做好学生的纪律、出勤、作业等方面的管理工作，学校要对工作表现优秀的老师颁发荣誉证书，并且实施奖励。学校制定《学分认定办法》，对教师的学分完成情况进行学分管理。针对突发情况，要理清事情的缘由，如果负责人存在过错，则要承担相应的责任。学校要严格审查和监督课程资源，加强教师培训，组织各种形式的培训活动，比如"课程观摩""参与研讨"等形式，采取"请进来""走出去"等教学手段。

第二，在学生层面，引导学生学会独立自主，构建以学生服务为宗旨的"学生自律委员会"。"建立一个强有力的班委会是培养学生形成'自律'的前提，创建岗位责任制是学生自律的有力保障。"班里要选出一些核心班级助手，比如说班长、学习委员、团支书、体育委员等，责任要细化，哪些人负责维持纪律、哪些负责后勤、哪些人负责监督，从做到尽职尽责，配合研学旅行工作的开展。学校要求同学之间以小组形式进行，同学间要互相监督、互相交流、互相合作、互相帮助，要求以6—8人一个小组，便于管理。该组织是学生在研学旅行过程中展开自我管理、自我教育、自我服务的重要形式。一方面有利于增强学生的责任意识和纪律意识，促进学生的自我管理和服务；另一方面，同学间相互沟通、交流、约束，易形成民主、和谐的学习氛围。

2. 师生如何执行

"教学是一种双边活动，离不开教师的教和学生的学，教和学是一个事物的两个方面，相互依存，相互制约。"学校的主体是教师和学生，研学旅行也离不开教师和学生的参与。

（1）教师如何实施

教师是实施研学旅行过程中的重要力量，对研学旅行的效果有重要影响。教师要努力创设问题情境，指导学生科学选题。教师在教学过程中要有促进学生学习方式改善的意识，主要包括学习方法、学习习惯、学习意识、学习态度、学习品质。教师要激发学生对研学旅行的学习兴趣，帮助学生保持学习和探究的热情，帮助学生端正学习态度，掌握科学的学习方法。教师的能力水平及素质优劣会直接影响课程实施的质量，我们认为教师至少要从以下几个方面做出改变：

第一，首先要转变思想，认识到研学旅行的重要性，以促进学生的全面发展为目标。积极配合学校各个方面工作的开展，比如课程实施前，班主任要落实三个文明教育：安全教育、文明教育、文化教育。

第二，仔细观察，加强监督，监督好学生的纪律、考勤、安全等工作。

第三，加强交流，积极指导，帮助学生解决心理困惑，促进交流。在研学旅行前，做好与家长的沟通工作，召开家长会，以《致家长的一封信》的形式告知家长，尽量取得家长对研学旅行的理解和支持。

第四，认真负责，协调配合。研学旅行过程中，教师要认真负责，负责学生的上车下车，按时点名，耐心地组织同学们进行研学旅行，并与其他教师保持沟通联系，做到协调配合。

（2）学生如何参与

学生作为教学过程的主体，其对待研学旅行的态度和具体的应对措施直接影响研学旅行的实施效果。为了确保研学旅行的顺利进行，学生要从以下几方面做出改变。首先，转变思想，加快适应。研学旅行打破了传统的课堂形式，学生要尽快适应新的课堂教学形式，快速融入研学旅行的学习氛围中。其次，加强交流，扩宽交往。学生要学会与不同班级的学生、教师一起交流，扩宽交际圈，互相学习，相互促进。最后，积极探索，勤于思考。对自己接触到的感兴趣的事物要多加思考，积极探索。在研学旅行前，学生要积极地参与到研学旅行宣传发动阶段中去，明确研学旅行的价值意义，积极配合老师的指挥，认真和老师及家长沟通。在研学旅行过程中，学生要清楚整个流程，深深融入研学旅行的活动中去，积极探索，听从老师的指挥，积极参加活动。在研学旅行后，认真完成老师布置的研学旅行任务，并且结合自身体会，提出研学旅行中遇到的问题和不足。

(二) 非正式支持系统与支持内容

非正式支持系统是指在研学旅行中没有明确的责任划分，但是出于追求自我利益或发展等动机，主动承担起研学旅行社会支持责任的各类商业组织。它们支持能力强，支持意愿较高，责任明确，资源整合能力强。包括旅行社或游学机构、饭店、旅游景点、交通、保险公司等企业。非正式支持系统主要提供组织支持、学习和心理支持、安全和服务支持等。

一方面，2016年12月发布的《关于推进中小学生研学旅行的意见》提出，学校组织开展研学旅行可采取自行开展或委托开展的形式。学校囿于日常运行管理事务和考核目标，难以有足够的人员和精力组织开展研学旅行，由学校委托第三方开展研学旅行事务成为常见的选择。作为第三方机构的旅行社或专业的游学教育机构成为研学旅行实际运行方，加上住宿、交通和景点等旅游企业以及保险企业，商业性组织成为研学旅行的重要支持主体。

另一方面，研学旅行是企业新的盈利增长点。研学旅行打破了过去大部分亲子游只能在暑期旺季开展的惯例，有效缓解了旅游业接待的季节性压力。同时研学旅行所涉群体稳定而庞大，旅游企业可以拥有更大盈利点。出于自我利益和发展需要，旅游企业参与研学旅行的动机强烈。与传统旅游市场开发不同，研学旅行产品在课程设计上只有得到教育学和心理学的指导，才能使学生在科学的课程设计中达到玩中学的目的。企业只有关注旅行的教育性，才能设计高质量的产品供学生选择。如绍兴景区对研学产品的专门设计很有特色。"三味早读"让学生穿着长衫上私塾课，把《从百草园到三味书屋》制作成钢笔字帖；兰亭雅集设计了曲水流觞、书法描红制作纸扇、拓碑等活动，孩子们在活动中就复习了王羲之跟鹅的故事。而旅游企业亦可凭借为学生提供优质的学习与心理支持、安全与服务支持优化研学体验，树立鲜明的企业品牌形象。

(三) 辅助支持系统与支持内容

主要包括家庭、共青团以及一些民间组织。辅助支持系统是指对于研学旅行没有明确的责任划分的组织，但它们有支持国家政策执行的义务，有一定的可动员的社会资源、良好的行政能力，这些组织共同构成了研学旅行的辅助支持系统。辅助支持系统可以提供学习支持、经费支持、安全与服务支持等。

共青团组织、民间组织在研学旅行中发挥辅助支持功能。其公益性特征突出，往往会组织有益于研学旅行价值宣传和推广的公益性活动，如开展"我心目中的研学旅行最佳目的地"评选活动等。民间组织中的志愿者经过适当培训可以充当研学旅行安全员或者讲解员，缓解人力资源不足问题，并提供学习支持以及安全和服务支持。家庭是中小学生出行的重要经费来源。家长一旦认识到研学旅行的重要价值，其支持力量格外明显，有条件的家庭除了提供经费和心理支持，还能提供出行知识方面的引导和帮助。如去北京故宫之前引导孩子观看故宫系列纪录片，了解相关历史背景，出行的效果将显著提升。研学旅行甚至可能吸纳家长作为安全志愿者，提供安全支持。研学旅行的完成需要社会和家长的共同支持和配合，社会和家长在教育教学改革中起着重要的作用，他们是教育教学改革深化发展的重要推动力。

（1）社会如何努力

研学旅行是一项大工程，除了要学校做出努力外，社会各部门也要积极行动起来，保障研学旅行的开展，提高研学旅行的质量。在国家层面，国家要继续关注研学旅行，加大对研学旅行的宣传和关注度，并出台相关优惠政策，为学生减轻负担。在社会层面，教育部门要起带头作用，必须主动联系其他政府部门，如公安、财政、文化、交通、药品监管、旅游等部门，不同的部门要加强交流，加大对研学旅行的指导和规划。上级教育主管部门要考虑社会的发展和学生成长的现实需求，提高对"研学旅行"课程的认识，给予相应的经费支持。教育主管部门领导要改变旧的应试教育观念，适应新形式、新要求的发展，建立监督评价机制。在协调方面，建立微信群，如博物馆要免费为研学旅行的学生开放，交通部门要给予优惠和照顾，保险部门要积极开发相应的产品，并对保险费用实施优惠政策，鼓励通过社会捐赠和公益活动等形式支持研学旅行等。尤其是旅行社应该充分利用中小学教材，将教材中涉及的自然和人文旅游资源，充分运用到研学旅行产品的开发当中去，比如叶圣陶的《记金华的两个岩洞》、艾青的《大堰河，我的保姆》等，学生能跟着感受抽象的事物，又能激起学生的学习热情。这些基地要突出研学旅行的教育目标，中小学根据自己的情况，要提出一定的反馈意见。

（2）家长怎么配合

苏霍姆林斯基说过："只有学校教育，而没有家庭教育，或者只有家庭教育而没有学校教育，没有这两者都不能完成培养人这一极其复杂的任务，最完备的教育是学校和家庭的结合。"在研学旅行过程中，要注重家校合作，家长也扮演着重要角色。研学旅行的顺利进行，需要家长在以下几个方面的积极配合。第一，加强与孩子的沟通，了解孩子的想法。家长可以给研学旅行提供一些指导和帮助，家长和学校要加强联系，让孩子健康快乐地成长。第二，转变教育观念，注重孩子综合能力的培养。家长应该根据孩子的兴趣爱好和特点，选择适合孩子的教育方式，促进孩子全面发展。第三，营造和谐的家庭氛围，培养孩子积极的情感态度。为了使孩子更好地适应研学旅行，家长要努力创设良好的家庭环境，有意识地给孩子传授有利于孩子与其他同学沟通和交往的方法和技巧，培养孩子积极健康的生活态度。第四，增强与老师的沟通，了解孩子的学习情况，给予孩子支持，积极配合老师的工作。家长要增强和老师的沟通与交流，通过老师了解孩子研学旅行的情况，帮助其解决研学旅行的困惑和难题，促进学生取得进步。

　　三大支持系统在研学旅行中既独立发挥作用又相互影响。正式支持系统的社会支持功能通常需要非正式支持系统的贯彻落实以及辅助支持系统的公益支持。非正式支持系统离不开正式支持系统的政策推进，辅助支持系统则可以优化正式支持系统和非正式支持系统的支持效果。三者的社会支持内容亦相互关联，互为依托，构成一个有机的整体。

研学旅行实施过程中的瓶颈化解研究

众所周知，研学旅行是由学校根据区域特色、学生年龄特点和各学科教学内容需要，组织学生通过集体旅行、集中食宿的方式走出校园，在与平常不同的生活中拓展视野、丰富知识，加深与自然和文化的亲近感，增加对集体生活方式和社会公共道德的体验感。2014年8月21日国务院出台的《关于促进旅游业改革发展的若干意见》中首次明确了"研学旅行"要纳入中小学生日常教育范畴，将研学旅行、夏令营、冬令营等作为青少年爱国主义和革命传统教育、国情教育的重要载体，纳入中小学生日常德育、美育、体育教育范畴，增进学生对自然和社会的认识，培养其社会责任感和实践能力。根据研学旅行研究文献的年度统计数据，截至目前发表的期刊、论文、报纸等共计1494篇，研学旅行得到了许多学者的关注。研学旅行当前我国中小学研学旅行的发展已初具规模，但总体水平还不高。还需要利用内部优势，不断发现外部机会，以应对瓶颈主要包括研学线路的可操作性、研学安全的保障、研学导师的匮乏、研学基地的缺失、不同利益主体的协同，实现研学旅行的常态化与可持续发展。

一、我国研学旅行发展概况

（一）发展历程

研学旅行虽是一个比较新颖的词汇，但远观它的发展历程，不难发现它经历了古代的游学、近代的修学旅游（修学旅行）、现代出境游学等不同的发展阶段。

1. 古代游学阶段

研学旅行的前世应溯源道古代的游学——学子远游异地，求师问道，追求真知。史学记载"游学"最早出现在春秋时期，以孔子为先，一大批士子穿梭于各国，游说诸侯，期望传播自己的学术理念，一展抱负，推动社会的进步。

孔子带着弟子周游各诸侯国，长达14年之久，不只孔子，先秦时期的"子"级人物无一不是"游"出来的，墨子、庄子、孙子、孟子、荀子、韩非子等，全都是著名"游士"。后来逐渐形成了"读万卷书，行万里路"的求知模式。

2. 近代修学旅游阶段

"修学旅游"一词源于日本，日本自明治维新开始鼓励修学旅行，它在教学大纲中规定，小学生每年要在本市做一次为期数天的社会学习，初中生每年要在全国做一次为期数天的社会学习，高中生每年则要在世界范围做一次为期数天的社会学习，谓之"修学旅行"。

3. 现代出境游学阶段

从20世纪90年代开始，随着经济的快速发展，家长、学生们对国内修学旅行、出国游学的需求日殷，一些教育理念较开放的学校开始组织学生修学旅游、出境游学，不少旅行社因应需要推出一些修学旅行或海外游学旅行团，推动这一市场向前发展。在我国研学旅行与常见的活动，比如说春秋游的出行活动，各个节日组织的外出活动、学校组织学生到科技馆和博物馆学习参观等，不同的是，时间周期更长，出行距离更远，即便是本地研学也不再是单一的参观科技馆、博物馆，而是一连串有主题的出行，普遍为两到三日的研学游路线。2016年12月19日，教育部发布《教育部等11部门关于推进中小学生研学旅行的意见》将研学旅行纳入中小学教育计划。我国研学旅行事业也正在蓬勃发展中。

（二）发展现状

在素质教育的全面推进下，研学旅行得到越来越多中小学的青睐，成为教育与旅游的跨界新宠，存在如下四个方面的特点：

（1）市场前景广阔。中国青少年研究中心所做"中国青少年人口详数"调查研究显示，全国小学教育阶段、初中教育阶段、高中教育阶段和高等教育阶段在校学生总数约为23527.68万人。超过两亿的市场容量，人均GDP和人均可支配收入分别达到5.92万元和2.82万元。而我国研学旅行发展才刚刚起步，还尚未形成规模，发展潜力和空间巨大。

（2）研学机构活跃。央视提名2019年研学夏令营产品有北京历史名校欢乐研学营、北京约会草原成长研学营、草原蒙古族文化快乐研学营、桂林山水民俗文化研学营、齐鲁历史儒家文化研学营、古都西安历史文化研学营、敦煌丝路文化研学营、井冈山传承红色文化研学营等。

（3）政策保障。国内研学旅行相关政策经历了教育研究先行展开——旅游市场最先导入——市场倒逼政策供给的轨迹过程。

表1 研学旅行和营地教育相关政策

时间	内容
2013年2月	国务院印发《国民休闲纲要（2013—2020年）》要求逐步推行研学旅行
2014年7月	教育部发布《中小学生赴境外研学旅行活动指南（试行）》指出要规范和引导中小学学生赴境外研学旅行活动的组织与实施
2014年8月	国务院发布《关于促进旅游业改革发展的若干意见》要求积极发展研学旅行
2015年8月	国务院办公厅发布《关于进一步促进旅游投资和消费的若干意见》提出要培养新的消费热点，支持研学旅行发展
2016年1月	国家旅游局公布首批10个"中国研学旅行目的地"和20家全国研学旅行示范基地
2016年12月	教育部、发改委、旅游局等11部门联合发布《关于推进中小学生研学旅行的意见》，指出研学旅行要纳入中小学教育教学计划
2017年初	国家旅游局发布《研学旅行服务规范》，陕西、山东、湖北等省教育厅出台研学旅行工作实施方案
2017年5月	国家旅游局印发的《研学旅行服务规范》，指出要提升服务质量，引导和推进研学旅行健康发展
2017年8月	教育部印发《中小学德育工作指南》，要求组织研学旅行规范组织管理
2017年10月	教育部印发《中小学德育工作指南》，要求组织研学旅行，把研学旅行纳入学校教育教学计划
2018年3月	《教育部2018年工作要点》明确推进中小学生研学旅行的意见

自2013年2月，教育部首次提出"研学旅行"以来，历经6年的发展，研学旅行已从小范围的试点到今天的各省市积极开展，并将研学旅行纳入中小学课程体系。2016年11月，教育部等11部门印发《关于推进中小学生研学旅行的意见》提出：要将研学旅行纳入中小学教育教学计划。各中小学要结合当地实际，把研学旅行纳入学校教育教学计划，与综合实践活动课程统筹考虑，促进研学旅行和学校课程有机融合。

（4）各地推行不一。众所周知，研学旅行现主要在大城市中发展。而研学旅行不能只局限于城市，也要关注农村。但是目前农村学校推行研学旅行困难重重——许多教师、家长和教育主管部门人员对研学旅行的重要意义认识不到位、经费难以保障、家长支持度低、安全责任顾虑等成为开展研学旅行的重要制约因素。例如：2019年5月10日，清华镇洪村迎来了近400名莘莘学子来开展研学实践活动，此次研学实践主题：蒙以养正，读万卷书，行万里路。学生们参加了开笔礼、徽派古建筑模型搭建、做手工豆腐、古法造纸、古法制伞和采茶制茶等活动。这一次研学旅行是在乡村旅游发展模式开拓创新。研学旅行对于农村学校来说是挑战也是机遇，我们应当鼓励农村学生关注社会、勤于实践、思行并举，从研学旅行中获得成长体验，从而实现实践育人。

二、研学旅行的实施瓶颈

真正的研学旅行应该是使学生在旅行的过程中去感受、发现、思考、探究、分析、总结，每一次研学旅行应该是带着问题出发，带着成果和思考归来，该将自己所学知识在旅行体验中实践、应用、检验之后将知识进行整理与融合，从而形成相对系统化的思考和认知。纵观目前火热的研学旅行，大都由原来的夏令营、冬令营、拓展训练等换个时髦的名称改头换面而来，大多背离研学旅行的初衷，甚至还会有错误讲解和误导，严重影响学生对研学内容的准确感知。主要突出表现在研学线路的可操作性、研学安全的保障、研学导师的匮乏、研学基地的缺失、不同利益主体的协同上面。

1. 研学线路的可操作性预期与现实差距大

研学旅行地点选择与线路设计是课程内容设置的决定性因素。基地和线路特色是课程资源的核心价值所在，去不同的地方研学，所学习的内容是不一样的。有的研学游路线的设计会出现"只能游不能学"的情况、有的研学游路线的时间设置在出游旺季、有的研学游路线内容针对的人群不明确等。虽预期效果都是希望学生们能够带着知识回家，但实际上可操作并不强，甚至会对学生产生负面影响。例如：对于有些线路设计针对人群不明显，如果让小学生去体验本应适合中学生的路线，可想而知达不到预期效果。

2. 研学过程中的学生安全保障

学生安全隐患突出。大量研究显示，出行安全问题是中小学生开展研学旅游活动中最重要也是最受关注的影响因素。首先，是食宿出行的安全问题。学生出门在外，食品的卫生条件、提供食物的餐饮地点以及食品价格等没有保障；在住宿面，参与研学旅行的学生年龄普遍较小，人员众多时住宿的分配也是一大难题，更何况小学生自理能力较差，用电、用水问题都是一个安全隐患。其次，学生在旅行途中还可能产生各种突发事件，甚至会出现生命危险。最后，是学生的财产安全问题。现在中小学生参加研学旅行，家长为了能随时联系到孩子，一般会让学生随身携带手机等电子设备，在旅行途中，保障贵重物品和现金等财产的安全也是非常重要的。

3. 研学导师的匮乏

因研学旅行还不具备较长发展时间，故还未被开设有旅游管理专业的学校所关注，尤其是旅游本科院校均未把研学旅行当做专业方向对学生加以培养，使得研学旅行下的旅游管理专业人才极为匮乏。2019年10月18日，教育部公布文件，将"研学旅行管理与服务"列为《普通高等学校高等职业教育（专科）专业目录》2019年增补专业，并对该专业的培养目标、就业面向、职业能力、核心课程与实习实训等做出了介绍。根据相关市场调研数据，过去几年我国研学旅行市场增长迅速，国内研学旅行出行人次与市场规模均出现快速增长，出行人次年复合增长率超过34%，市场规模年复合增长率接近60%。目前我国研学旅行发展潜力与空间巨大，据不完全统计，未来3—5年，研学旅行市场总体规模将超过千亿元。我国研学旅行市场有如此潜力，面对强劲的研学旅行发展，对人才的需求也越来越大，千亿规模的市场容量必须有相当数量的专业人才投入才能有良性的经济产出和持续发展。

4. 研学基地的缺失

2017年12月，教育部颁布了我国首批全国中小学生研究实践教育基地，共204处；2018年颁布了第二批实践教学基地，共377。从这些基地来看，类型还很少，需要增设，具体如表2。

表2 全国中小学生研究实践教育基地表

年份	教育科普					生态文化		旅游	合计
	展览纪念馆	科研科普基地	企业工程	学生活动基地	爱国革命基地	自然保护地	历史文化地	旅游景区	
2017	101	29	14	16	13	12	8	11	204
2018	39	91	75	61	1	12	65	33	377

5. 不同利益主体的协同困难

在研学旅行中，学生是研学旅行最主要的受益者，学校是研学旅行的最主要组织者、教育主管部门是研学旅行的最高管理者、学校地理教学是研学旅行综合课程最重要的带头者，相关部门是研学旅行的支持者和受益者。中小学生研学热的背后，也有各种各样的乱象，最终不是损害了学生和家长的利益，就是助长了教育领域的各种不正之风，损害了老师、学校的形象和声誉。比如一些旅行社与学校合作推出的研学活动，价格远远高于正常的市场价格，所得利润由旅行社和学校分成；还有些学校，通过组织研学活动，以学生交钱，老师免费陪同的方式，成了部分教师的一种变相福利。除此以外，还有一些学校在组织研学活动中工作方式简单粗暴，不考虑班级内一些家庭经济困难学生的承受能力，"一刀切"地要求所有孩子报名，或者是以组织研学旅行作文竞赛、评选等方式，变相强制学生报名参加。这些现象的存在，都严重背离了研学旅行活动的宗旨，沦为了旅行社、校园培训机构和学校合谋赚取孩子父母钱财的手段。

三、研学旅行实施瓶颈的化解对策

1. 规范设计研学路线

线路设计是研学课程开发的重要步骤，决定着研学目标和内容。我们首先要明确一点，研学是为学生健康快乐成长奠基基础。2019年9月10日，"高铁梦工厂"研学成都1日游、"抗战传奇——红色记忆"研学旅行3日游等75条铁路研学旅行重点线路正式上线12306网站旅游板块。这些研学旅行路线切合实际，又不失内涵。例如：桃花源研学游，他们会将《桃花源记》中的句子拆散，变成现实活动，让学生们体验抓鱼、做蓑衣式的田园生活。研学旅行的内容要让学生亲身体验，动手做，做中学。学生必须要有亲身实践的良好体验，而不仅仅是流于表面形式的走马观花。

2. 强化安全意识，构建安全保障体系

研学旅行是集体性的校外教育活动，其安全问题涉及学生的方方面面。对于教师来说，在进行研学旅行之前要对学生进行安全教育，教育形式不限，可以是开展研学旅行安全班会，播放安全教育课程等。对于校方来说，要多倾听学生和教师的声音，收集他们关于研学旅行安全问题的看法和需求，及时上报给相关管理部门，完善研学旅行的安全保障体系。在出行前，学校要做好安全教育工作，购买相关责任险和意外险，需要配备能处理突发疾病的随行医生和教师。对于研学基地来说，构建研学旅行安全保障体系，对减少事故的发生、降低安全事故的损失具有重大的意义。开展研学旅行教育活动必须首先解决安全问题，才能提升家长对研学旅行的信任感。

3. 培养专业人才

促进研学旅行活动专业化、标准化、课程化、体系化建设，培养师资体系是首要条件与基础保障。根据《普通高等学校高等职业教育（专科）专业设置管理办法》，在相关学校和行业提交增补专业建议的基础上，教育部组织研究确定了2019年度增补专业共9个包括研学旅行专业，自2020年起执行。研学专业导师越来越受国家政府重视，而培养人才正是解决研学导师缺乏的方法。

4. 完善研学基地类型

研学旅行的顺利开展，是以研学实践教育基地为依托的。首先，各地方政府要不断推进建设多样化的研学实践教育基地。政府通过公开、公正的遴选，选取一批符合条件的基地作为研学旅行的教育实践基地。同时，政府还要实行"准入条件前置、特殊要件审查、分级公布监管、不符摘牌退出"的机制。其次，学校和相关的教育行政部门可以在利用现有的科技馆、海洋馆、生态农村、自然公园、军事基地、红色文化遗址等资源的基础上，继续探索并建设一批具有本地特色的研学旅行教育活动基地，与当地旅游部门、高校共建共享，将本地旅游资源充分利用起来。各部门要合作协商，着力打造一批研学旅行的精品线路和精品课程，为学校开展研学旅行提供菜单式服务。最后，完备的基础设施建设是提升基地建设效果的前提，为了保证教育基地的正常运行，必须配备相应的用于教学活动的各种器材和工具；基地室内外都必须要安装先进的监控设备，对参与研学旅行的人员进行全方位的监管；在基地内如果存在水池、陡崖等容易产生危险的区域，必须设立警戒标志，为参与研学旅行实践教育活动的师生创造良好的学习和生活条件。

5. 平衡利益主体

在保证学生利益的同时，为平衡多方利益，各个地区可根据当地现状出台一系列政策规定。同时应严禁借研学旅行名义开展以营利为目的的经营创收，或变相组织教师借机旅游的行为，学校要积极协调研学机构对贫困家庭学生研学费用适当减免。如果出现强制或变相强制学生参加研学活动的行为，造成不良影响的，停止该次研学活动，并将与学校教育教学绩效考核和领导班子考核相挂钩。有了这样的规定，对于遏制变味变质的研学旅行，保障学生和家长的合法利益不受到侵害，以及规范研学旅行市场，都将起到积极的作用。

四、总结

当前，我国已进入全面建成小康社会的决胜阶段，研学旅行正处在大有可为的发展机遇期，各地要把研学旅行摆在更加重要的位置，推动研学旅行健康快速发展。知行合一，注重实践和体验，是未来教育发展的方向。研学旅行顺应我国教育发展的大趋势，是对我国中小学生素质教育方式的创新。

红色旅游景区在青少年体验式研学旅行开发策略研究

为深入贯彻习近平总书记系列讲话精神，落实国家教育部、国家发改委、国家旅游局等11部委《关于推进中小学生研学旅行的意见》，中国红色文化研究会研学旅行工作委员会（中国研学旅行联盟）于2017年5月26日在红旗渠成立，会上制定了《中国研学旅行联盟章程》和发布了《中国研学旅行联盟团体系列标准》。同时，会议将每年5月26日确定为"中国研学旅行日"，旨在推动研学旅行工作更好更快地发展。

遵照党中央、国务院的相关决策、部署和要求，以全面提高未成年人特别是中小学生素质教育为发展方向，以社会主义核心价值观和爱国主义教育为核心内容，努力传承和弘扬中华民族优秀文化，坚持创新"社会实践、知行合一"的教书育人新理念、新方式、新手段，把为国家、为民族培养有理想有道德有信仰的人才作为重要的历史责任，把为培养德、智、体、美、劳全面发展的社会主义新人作为己任，使青少年树立社会主义核心价值观。以"凝心聚力·研学致知"为主题，深度挖掘研学旅行资源，推出研学新产品、新成果，研究探索规范化运行模式，及坚定新时代中国特色社会主义道路自信、理论自信、制度自信和文化自信的理念，为培养面向未来、具有理想、了解国情、身心健康、勇于担当的具有创新意识和综合素质的共和国合格接班人而努力贡献我们的智慧和力量。

改革开放四十年来，中国的经济社会发生了翻天覆地的变化。很多领域都处在了社会转型的关键期，这表现在一方面，随着经济的增长，物质财富日益积累，国家越来越强大，国家在普通人民的心中的认同度越来越高，尤其是青少年一代的爱国激情在这种民族复兴的过程中得到了强化。但另一方面，社会的转型意味着社会多元化的开始，在精神领域、文化领域都存在着各种各样的矛盾与对立。在西方资本主义价值观不断冲击的背景下，青少年的价值观教育出现了复杂多变的情况。青少年是未来祖国的生力军，如何在社会的转型期加强他们对主流价值观的认同，形成合理的历史观以及塑造他们远大坚定的政治理想，是我们现在亟需探索的核心问题。我们认为红色教育应该是进行这一探索的重要途径。那些具有丰富红色文化资源的红色旅游景区，承载了太多的历史记忆，储存着大量红色的经典故事素材。读史可以明智，通过红色教育，对那段轰轰烈烈的革命历史的游览体验感知，青少年会产生发自内心对祖国历史的认同与共鸣。然而，红色教育本身有很多问题，其形式的单一、内容的陈旧、教育方法的灌输等，其教育效果都或多或少会大打折扣，甚至起到相反的作用。所以，如何将红色教育资源重新激活，找到令青少年兴奋且容易接受的方式，是红色教育研究与教学的当务之急。

当今社会，研学成为国策，成为一种新型的接受教育的方式。游学源自古代，传统的教育模式中，游学曾是非常普遍的形式，但当今的游学，具备了新的时代内涵。它的主要形式有国际游学，相当于留学，在一种国际化的游览交流中获得异域文化的熏陶与体验。还有国内的游学，意指在国内借助旅游的形式，游览名山大川、文化胜地，进行自然教育、文化教育、知识教育。游学具有轻松、自由、随意、适性的因素，朱熹曾解释"游"说："游者，玩物适情之谓也"，所谓寓教于乐，是一种遵循个性发展，在快乐自由的氛围中完成一种教育的内容。红色教育因其内容的特殊性，本身具有一定的严肃性与功利性，生硬灌输易生反感。而采取研学的形式，以红色旅游景区为载体，通过一种体验的方式进行红色的教育，成为当前红色教育、青少年价值观养成的有效方式。本文从当前红色教育的现状出发，结合转型社会发展的实际，尝试探讨红色教育在游学体验旅游发展模式下的新途径。

一、红色教育对于塑造转型期青少年价值观的作用

社会转型期，传统与现代的断裂，城市与乡村的隔阂，发达与落后的矛盾等都使得固守传统的价值伦理规范，对于生活在当代的青少年日益失去了其原有的有效规约价值。价值的多元化最终导致价值观念的虚无化，社会文化日益丰富却也从另一方面导致社会上"单面人"的出现，人失去了批判思考的能力，丧失了多维度参与社会、发展自我的空间，生活日益单调，精神日益贫乏，追求物质生活的过程中人已经被异化。在异化的现实面前，个体行为的失范现象越来越严重起来——青少年的犯罪、生态环境的破坏恶化、食品领域安全问题频发、贪污腐败日益猖獗、社会信用日益降低等。在价值观失范的情况下，每一个个体也不自觉地成了受害者。

《国家中长期教育改革和发展规划纲要（2010—2020年）》强调指出，"把社会主义核心价值体系融入国民教育全过程。加强马克思主义中国化最新成果教育，引导学生形成正确的世界观、人生观、价值观；加强理想信念教育和道德教育，坚定学生对中国共产党领导、社会主义制度的信念和信心；加强以爱国主义为核心的民族精神和以改革创新为核心的时代精神教育。"这句话其实就是指出了红色教育的内容及意义：红色教育其实本质上就是一种爱国主义教育以及传统革命教育，它对于人们梳理社会主义核心价值观，坚定党的领导有着重要意义。红色教育的内容与社会主义核心价值观的内容是一脉相承的。

　　当代红色教育包含的内容有红色文化、红色经典、红色体验。其中红色文化是青少年树立正确价值观的理想标尺，红色经典则是爱国主义教育的有效载体，红色体验是青少年激发爱国情感的有效模式。与此相应，我们认为红色旅游景区在承载红色教育的功能方面有着一般教育方式不可替代的作用，但景区需要将上述内容进行优化整合，合理设计，因地制宜开展爱国主义教育。

二、红色教育面临的困难

　　目前在全国的许多地方都散落着大量红色教育资源，爱国主义教育基地与示范点与如雨后春笋争相建立，红色教育也开展的红红火火。但纵观这些红色教育形式矛盾重重，主要表现在：

　　1. 红色教育模式的单一化与青少年思想的多元化的矛盾

　　现在的青少年已经不像80后一样是"长在红旗下"，他们是在互联网遍布各个角落，信息高速膨胀更新的时代成长。这使得新一代的青少年思维活跃，思想多元化、知识丰富，他们获取信息的渠道多而杂。与此同时，针对青少年思想的教育却依然固守传统的教学模式，内容上陈旧，教学方法也单一，难以真正打动年轻学子。甚至红色教育成为当代年轻人最不喜欢的教学内容之一。

　　因此，新形势下，如何创新红色教育的模式，改变教学思路，丰富教育手段，增加趣味与互动等，就成为红色教育工作者应当思考的重要问题。

　　2. 红色资源的地域性与青少年接受教育的普遍性矛盾

　　在中国，红色教育资源分布很不均匀，因为红色革命的遗址、革命人物的行迹等都会具有很强的地域性，且多在一些偏远的山区与农村，交通等基础设施都不是很发达完善，这就与全国青少年普遍的红色教育需求产生了矛盾。

　　3. 红色教育开展的阶段性与青少年接受教育的长期性矛盾

　　在我国，红色教育往往伴随革命纪念日、国庆阅兵、党庆等活动进行开展，其阶段性、短期性特征非常明显。但是青少年在接受教育的过程中，需要长期的熏陶与浸染，这种蜻蜓点水的红色教育，难以形成常态化的有效机制。

三、红色旅游区游学教育模式的探索

2009年7月下旬，湘潭大学旅游管理学院组织教师和研究生对6个重点城市的红色旅游景区进行了抽样调查，调查结果显示86.6%的青少年认为通过红色旅游很受教育或较受教育，反映红色旅游景区有效发挥了爱国主义和革命传统教育的功能。然而红色旅游在实施红色教育的过程中也暴露出很多的问题。比如：红色旅游产品缺乏体验性；红色文化内涵深度挖掘不够；红色旅游商品缺乏鲜明特色；红色旅游相关配套设施有待完善；红色旅游景区综合管理水平较低。

现代经济已经进入体验经济阶段，而旅游的发展也进入了体验式旅游发展的阶段。单纯的走马观花式的旅游早已过时，游客越来越追求旅游的独特性、参与性、互动性，希望在旅游的活动中，增加自己的人生体验与生活经历，甚至从旅游活动中获得一系列的知识。在游中学，在学中游，也开始成为旅游者主动寻求的一种生活方式。游学就是将生活与旅行相结合，在这个体验过程中，最重要的是发现旅游者自身的文化，并用旅行过程中的外在环境及组织活动激发自己的潜能，这是一个释放每个旅游者内心最深层需求的过程。这个需求就是认识自己，发现自己，在有限的时间内，充实自己的人生旅途的一小阶段。旅游者向往的生活和现实生活大都不相匹配，旅游者对自己有了认知感，才知道自己在现实生活中缺少了什么，这个游学之旅才有它存在的新颖之处。

红色旅游作为专项的旅游形式，应该摆脱那种景点式旅游推销的模式，大力推广发展体验式游学旅游，吸引更多的游客来了解红色文化、参与红色文化的体验，最终获得红色的教育。这种寓教于乐的教育方式，事实证明能够增加游客的心理体验，加深他们对旅游吸引物的印象与认同度。因此，若想游客真正在游中学、在学中游，获得知识与趣味，发挥教育与娱乐的双重功效，那么尝试采用体验化模式培育景区的红色文化内涵，将能吸引更多的游客参与和消费来获取体验的高经济附加值。这种模式无疑具有很大的优势，具体体现三个方面：

（1）让游客亲身体验战役发生的场面，突出红色旅游景区的体验属性。通过在红色旅游景点开展各种参与活动，使游客切身感受过去那战火纷飞的革命年代，深刻领会和学习革命精神，改变以前游客对红色旅游枯燥无味的习惯印象，在兴致盎然中接受革命传统的熏陶，培养爱国主义情操。

（2）培养游客的团队精神。实现体验的核心在于提高旅游者的参与度以满足其情感和精神享受需求。体验往往是由很多游客共同合作完成的，这种特点决定了每个旅游者必须以团队为核心才能达成目标，让旅游者在体验之后产生一种真实的畅快感，以期达到精神或者灵魂的升华。

(3) 景区价值的独特性。体验经济时代所特有的文化内涵，进一步验证了红色旅游产品应该具有高度个性化。每个人通过互动体验后，由于文化背景、认知方式等的不同，得到的体验也是大相径庭的，是彼此无法理解仿造的，而留在脑海里的独特印象也是个性化的。

四、培育丰富红色景区游学文化内涵的可行性建议

提升红色旅游吸引力，提高红色游学质量的关键，就是把以前一般的红色文物陈列展示，即"文物旅游"，转变为以红色年代的生活体验为核心的"文化旅游"，形成以情境化为基础的参与式、体验式旅游模式，真正做到寓教于乐。如革命生活体验参与互动活动、大型场景剧或大型场景歌舞、大型模拟实战表演等。

(1) 深入开展"唱读讲传"活动，在景区掀起热潮。把唱红歌与理想信念培育相结合，读经典理论与武装工作相融合，讲国史、故事与思想政治教育相渗透，把文化资源这一优势进一步整合、开发和传播，形成一种红色旅游文化的独特氛围，让游客在景区的各个地方，不论男女老少，个个都能唱几句红歌、讲几段战事，将红色歌曲、红色经典、独特风俗根植人心，融化在人的血脉里。

(2) 利用声、光、电等高科技手段，配合开发体验型项目，构建红色旅游目的地体验参与项目体系。让红色旅游活起来，遵从让游客从被动观光到主动参与体验的创新发展模式（如革命生活体验、大型场景剧或大型场景歌舞、大型模拟实战表演等），完成红色旅游从静到动、从古板到鲜活、从观光到参与体验的系列转变，可以全面提升红色旅游产品的品位与档次。

(3) 加强区域合作，实行强强联合。羊山景区红色旅游的发展，应该全力联动周边旅游目的地，并根据不同的客源市场安排多条游程线路，达到红色与红色的整合，实现多目的地旅游效果。如晋冀豫三省十一市，也就是河北、河南、山西以及石家庄、保定、邯郸、邢台、安阳、济源、焦作、新乡、鹤壁、长治、晋城十一市的红色旅游资源进行捆绑销售，形成红色旅游发展联盟，建立联合营销的协议书，通过有效的奖励手段，形成合力。

(4) 运用艺术手段，深入挖掘文化内涵。景区根据自身特点，积极寻找"卖点"。把相关联的传说、历史典故、名人传奇、自然特色等与旅游产业结合起来，通过多种形式，将其用艺术化的手法巧妙灵活地再现出来，演绎成为生

动有趣的旅游项目，给人以新颖奇特的感受，经过精心策划、宣传和促销，有重点、有计划、分阶段地将景区的旅游特色展示给国内外市场。

为进一步增强红色景区宣传力和影响力，开展读书竞赛活动，紧密结合已经推出的图片大赛、学习大讲堂、经典诵读等活动，力争创新内容和形式，多元多维推动开展系列活动，满足不同受众的差异化参与需求。活动宣传上，将兼顾适应全方位、多渠道、多媒介，灵活组合现代传播形式，运用传统媒体与新媒体相结合、线下活动与线上活动相互补的方式开展立体化宣传、持续性报道，特别要充分利用微博、微信公众号、微信小程序、头条号、抖音等新技术、新应用、新平台创新媒体传播方式，实现移动化、可视化、社交化的移动学习和网络传播，推动形成层层动员、层层组织、层层参与的生动局面。

2019年学习大讲堂系列融媒体出版项目，将紧密配合读书活动，坚持唱响时代主旋律，壮大社会正能量，通过当代中国研究所邀请各界专家学者、知名企业家、政府相关实践者、科学家等围绕庆祝中华人民共和国成立70周年主题，定期以TED演讲的形式在全国各地推出主题系列讲座，内容注重理性思考、深刻反思、特色表达，突出思想性、深刻性、引领性、审美性。通过创新传播手段和话语方式，利用"两微一端"、在线直播等传播技术和工具，面向基层、面向群众进行广泛传播，并扩展成果应用，多元开发形成融媒体出版产品，让广大受众汲取中国智慧、弘扬中国精神、传播中国价值，让党的理论与实践"飞入寻常百姓家"，进一步推动主流思想舆论进企业、进农村、进机关、进校园、进社区、进军营、进网络，解决"最后一公里"问题，增强人们的文化获得感、幸福感，以便更好地强信心、聚民心、暖人心、筑同心。

紧密配合读书活动，以"礼赞祖国·讴歌时代"为主题，邀请著名朗诵艺术家和朗诵爱好者，特别是广大青少年一起同台在各地开展大型经典诵读活动。活动精心挑选主题鲜明突出、内容积极向上，群众喜闻乐见、社会广泛传播的经典作品，通过采用单人、双人、多人等多种朗诵形式，穿插歌曲、器乐，配合舞美、灯光等现场效果，让青少年与老一辈朗诵艺术家充分互动，大力弘扬社会主义核心价值观，弘扬以爱国主义为核心的民族精神和以改革创新为核心的时代精神，大力唱响共产党好，社会主义好，改革开放好，伟大祖国好，各民族好的时代主旋律。展现人民群众对美好生活的追求和对光明未来的憧憬，激励广大党员群众，特别是青少年群体坚定信心跟党走，切实增强对新时代爱国奋斗精神、党和国家奋斗目标的思想认同、情感认同、价值认同。

五、结语

总之,体验型开发模式强调红色旅游景区应提供各类"舞台",让青少年游客直接参与"表演",在轻松愉快的游学氛围中,创造属于青少年游客个人的体验经历。

青少年旅游市场是一个非常有潜力的市场,国际青年旅游联合会秘书长彼得·德琼指出,青年旅游者的消费事实上属于中高档,旅游周期长,又具有高度的环保意识和勇于探险的精神。从人均消费讲,其创造的经济效益远远大于那些住星级宾馆的高档消费者。彼得·德琼还预言青年旅游市场的发展在整个旅游市场中将居于领先地位。在体验经济时代,只有从青少年群体的个性特点出发,把当前亟待加强的思想道德建设和爱国主义教育融入青少年群体喜闻乐见、主动参与的活动中,积极开拓红色游学的新内涵、新形势,通过手段和方式的不断创新,才能使红色旅游更加贴近市场,从而推动红色旅游的可持续发展。在红色精神的感召下,我们迈进了新时代。"不忘初心,牢记使命",为了落实习总书记"把红色资源利用好、把红色传统发扬好、把红色基因传承好"的指示精神,为了进一步积极弘扬"红色精神",让"红色精神"永远激励亿万人民奋进新征程,围绕文旅融合发展红色旅游,为实现中华民族伟大复兴的中国梦做出积极的贡献。以发展红色文化旅游为契机,带动中国关于党关于民族复兴的旅游景点,从而推动我国红色旅游国际化发展,把中国文化、党史文化面向全国、推向全世界。

爱国主义教育基地研学旅行研究

一、威信县爱国主义教育基地介绍

威信县隶属于云南省昭通市，是云南省级历史文化名城，俗有"鸡鸣三省"之称。1935 年 2 月，中央红军长征集结扎西期间，中共中央政治局在这里召开了具有重大历史意义的"扎西会议"。1996 年，扎西红军烈士陵园被国家民政部公布为全国首批爱国主义教育基地；2001 年，扎西会议纪念馆被中宣部命名为全国爱国主义教育示范基地；2005 年，扎西会议纪念馆被省政府命名为首批国防教育基地；2012 年 5 月，省委组织部、省委党校将威信县命名为"云南省干部教育培训现场教学基地"，即"红色扎西教学基地"；2013 年 11 月，省委组织部又明确把"两山一会址"（两山即老山和大亮山，一会址即扎西会议会址）列为全省未来五年重点打造的党性教育现场培训基地。

扎西会议：1935 年 2 月，中央红军长征途中在云南威信县集结，并召开了著名的"扎西会议"，成为这座滇北小城一段光辉的红色记忆。扎西会议内容：讨论了中央红军的进军方向和部队缩编问题，作出了"回兵黔北"和"缩编"的决策。在中央红军面临着敌军围追堵截的严峻形势下，中央军委果断决定暂缓执行渡江入川的北进计划，改向云贵川交界的扎西地区集中，在川、黔、滇边境进行机动作战，创造新的苏区根据地。会议意义：扎西会议是长征中一次十分重要的会议，实际上是遵义会议的继续和最后完成。

大河滩庄子上中央政治局会议旧址：大河滩庄子上中央政治局会议旧址是扎西会议会址的重要组成部分，内有红军总部、中央政治局会议室。2003 年 12 月，该旧址被云南省政府公布为重点文物保护单位；2004 年底被列入全国 100 个红色旅游经典景区建设。

禹王宫——中共川南特委和红军川南游击纵队成立旧址：1935 年 2 月 10 日，根据扎西会议创建川滇黔边区革命根据地的决定，中革军委在此成立中共川南特委和组建红军川南游击纵队。1983年1月，该旧址被省政府公布为云南省重点文物保护单位；2004年被纳入全国100个红色旅游经典景区建设；2011年被县委、县政府公布为中共党史教育基地。

扎西会议纪念馆：扎西会议纪念馆位于云贵川三省结合部、素有"鸡鸣三省"之称的滇东北威信县城扎西镇东北角，扎西会议会址被云南省人民政府批准公布为第二批省级重点文物保护单位；1997年4月，扎西会议纪念馆被列入云南省首批爱国主义教育基地；2001年6月，被中宣部公布为全国第二批爱国主义教育示范基地；2004年7月，被中宣部评为全国爱国主义教育示范基地先进单位；2016年12月，被国家发展改革委等部门列入"全国红色旅游经典景区名录"。

扎西红军烈士陵园：威信县扎西红军烈士陵园始建于1984年，1988年被省政府批准为"全省重点烈士纪念建筑物保护单位"之一，1995年被国家民政部批准为"中国爱国主义教育基地"之一，1996年被国务院批准为"中国重点烈士纪念建筑物保护单位"之一。

水田寨中央红军总部驻地旧址：水田寨中央红军总部驻地旧址，原名花房子位于云、贵、川三省交界处素有"鸡鸣三省"之称的滇东北威信县水田镇。红色水田是一块红色热土，1935年2月，红军在长征途中进驻威信县水田寨，1987年水田寨中央红军军委总部驻地旧址被公布为"云南省重点文物保护单位"，2001年6月，该旧址作为"扎西会议会址"的重要组成部分被中共中央宣传部确认并公布为云南省唯一的第二批"全国爱国主义教育示范基地""全国红色旅游经典景区""云南省干部教育培训现场教学基地""云南省廉政教育基地""云南省党员干部革命传统教育基地""云南省党史教育基地""昭通市党风廉政教育基地"等，这里是红军长征的重要见证地，也是远近闻名的红色旅游胜地。

二、威信县爱国主义教育基地研学旅行发展现状

红色研学旅行是研学旅行中的一种特殊教育旅游类型。红色爱国主义教育基地，是我们实施爱国主义教育的最好场所，在红色旅游景区开展红色研学活动不仅能学习知识、传承红色文化，而且能了解过去的历史，让学生通过实地了解和亲身体验，让学生通过追忆红色革命历史，缅怀革命先烈培养和增强学生的爱国主义情怀，最为重要的是能为中小学生的健康成长创造良好的学习教育环境。爱国主义教育基地研学旅行在社会主义核心价值观教育，传承中华民族优秀传统文化，在全面提升学生素质教育，培养具有爱国主义精神的全面发展社会主义接班人等方面，都有着十分重要的作用。威信县作为我国红色旅游

经典景区之一，在发展爱国主义教育研学旅行方面具有得天独厚的优势（如表1所示）。

表1　威信县旅游资源分类表

红色旅游资源	扎西会议纪念馆、石坎庄子会议会址、天险两合岩、水田花房子会议会址、红军卫生部驻地旧址杨家寨、扎西红军烈士陵、红军川滇黔游击纵队大雪山基地、云南游击支队郭家坟基地、红山顶战场遗址、铁炉红军标语、白水庙红军标语等
自然旅游资源	天台山溶洞、大雪山原始森林、天星国家森林公园、水田小三峡自然风光
人文旅游资源	观斗山石雕群、瓦石悬棺、湾子苗寨、扎西老街
红色旅游小镇	扎西镇、水田镇

近几年，红色扎西威信县在红色培训品牌的打造上卓有成效，尤其是针对党政机关领导干部和企事业单位职工的红色培训。扎西干部学院位于川滇黔三省结合部的历史文化名城威信县扎西镇，于2013年10月成立并于2014年12月由云南省委组织部正式揭牌，2019年5月，扎西干部学院被列入为中组部云南省省级干部党性教育基地备案目录，为云南省3家跻身中组部备案的党性教育基地之一。扎西干部学院以红色扎西精神教育为主线，"突出党性教育，传承和弘扬长征精神，让党员干部进一步坚定革命理想和信念。"开发出了一系列如激情教学：唱红歌、专题教学：《长征精神的内涵及时代价值》、体验教学：重走红军路磨砺意志、实践教学：深入基层访民情、视频教学：看电影忆苦思甜、现场教学等精品课程，探索了理想信念教育和党性教育的新形式、新方法，创造性地推出了专题式、现场式、体验式、激情红歌式等丰富多样的红色培训活动，其培训模式在全省乃至全国范围内发挥了很强的示范效应。如今，在扎西这片红色的热土上，成贵高铁（成都东—贵阳东）途经威信县，2019年底正式建成通车，乌蒙山深处的"红色扎西"威信即将"接入"高铁交通圈，随着高铁的开通，扎西干部学院将进一步提升改造现有教学，并加快打造新教学点，拓展教学线路。同时将"遵义会议"与"扎西会议"有机串联起来，注重将镇雄县"乌蒙回旋战"、彝良县"罗炳辉将军纪念馆"等教学资源有机串联起来，以点串线，以客观真实的历史脉络来宣传"扎西会议"，升华长征精神，使教学体系更加完备，教学内容相得益彰。

目前威信县主要的爱国主义教育研学旅行培训机构以威信猎鹰素质教育为

代表，猎鹰教育立足红色扎西革命老区，在重走一次长征路、体验一次红军餐、学唱红色歌曲、参观学习扎西会议纪念馆、体验一次苗族芦笙舞的军民鱼水情，给孩子一次别样的教育，体验红军当年的艰辛生活。开展红色研学活动，积极做好讲好长征故事，重走长征路，重温长征精神，有利于推动全面实施素质教育，创新人才培养模式，引导学生主动适应社会，促进书本知识和生活经验的深度融合；有利于加快提高人民生活质量，满足学生日益增长的旅游需求，从小培养学生文明旅游意识，养成文明旅游行为习惯。红色研学旅行不是简单的旅游，更不是单纯的知识传授，而是"行万里路，读万卷书"的文化之旅，让广大学生走出校园，在行走中收获不一样的生活体验，做到真正的知行合一。

三、威信县特色爱国主义教育研学旅行小镇

　　云南省昭通市威信县水田镇与四川省叙永县、贵州省毕节市交界，以"鸡鸣三省、世外桃源"著称。距威信县城约30千米，区位优势独特，水田镇中央红军总部驻地旧址、水田花房子中央政治局常委会议旧址等红色旅游资源丰富，同时还拥有500年独特的民族文化传统村落湾子苗寨，是中国苗族传统文化的聚集地，且完整保留和传承了苗族诸多优秀的传统文化元素。古苗寨至今还保留着古朴、浓郁的民族风情文化，如苗家蜡染、苗族舞蹈、传统风俗、传统节日、苗族特有银饰服饰、春碓和打糍粑等古老的民俗，以及劳作方式、手工技艺等民族非物质文化遗产，且保留得较完整，这些都蕴含和诠释着湾子苗寨厚重的民族文化。

　　1987年，水田寨中央红军军委总部驻地旧址被公布设立为"云南省重点文物保护单位"；2001年6月，该旧址作为"扎西会议会址"的重要组成部分，被中共中央宣传部确认并公布为云南省唯一的第二批"全国爱国主义教育示范基地"。作为扎西会议会址之一的花房子，就坐落在水田镇境内，离湾子苗寨特别近。古苗寨将革命老区独特的红色文化、悠久的历史文化、多彩的民族文化与绿色生态美景有机结合，形成红色、绿色和"古色"融合发展的新面貌。近年来，以威信县开发红色旅游、打造红色旅游精品线为契机，湾子苗寨被列入全镇打造"红色圣地绿色家园"的景区景点规划中，融入红色旅游圈。红色传承、绿色发展，走文旅深度融合的发展新道路。

　　近年来到水田镇开展爱国主义教育研学旅行的学生越来越多，让学生在旅行中感悟、学习、学以致用，用社会实践的方式"玩中学，学中悟"，让学生了解到历史悠久的威信传统文化，感受生态宜人的自然环境，感受湾子苗寨地域特色文化，感受长征精神。

四、威信县举办重大红色纪念活动

为进一步挖掘"扎西会议"的精神内涵、历史贡献和时代意义，并弘扬革命传统和继承长征精神，威信县举行了纪念扎西会议 80 周年学术研讨会系列活动；主办《弘扬长征精神，决战全面小康》昭通市纪念红军长征 80 周年文艺演出活动，演出继承和弘扬红军长征精神，追寻革命先烈的光辉足迹；2017 年 12 月举办中国威信"重走红军长征路"川滇黔越野赛；2018 年 3 月"365 重走长征路"总部先锋队走进威信一中举行"弘扬长征精神，传承红色文化"爱国主义教育活动等。一系列重大纪念活动的举办是对革命烈士事迹和长征精神的宣传，起到纪念先烈、教育作用；同时也增加了对威信爱国主义教育研学旅行地的社会知名度和社会影响力。

五、总结

近年来，红色旅游的热潮在全国迅速掀起，威信县将加大对这些爱国主义教育研学旅行资源的研究、挖掘和开发，将红色扎西打造成为"以爱国主义教育红色研学为主体，多种研学并行的研学旅行综合体"。到爱国基地和革命纪念地开展爱国主义教育研学旅行的人不断增多，红色旅游产业迅速崛起和发展，已成为我国现代旅游业的一个非常重要的支点。随着智慧云南旅游业的发展及纪念长征胜利周年活动等因素，威信形成了一些具有代表性的景区景点（扎西会议纪念馆、水田寨中央红军总部驻地旧址、扎西红军烈士陵等）及影像制品（扎西 1935、领袖 1935 等）。威信县集中打造爱国主义教育红色研学旅行、生态、民俗、文化、休闲观光等旅游品牌，把威信县建设成为西南地区一座风光秀丽、人与自然和谐的红色旅游名城，"红色扎西"威信县已成为云南乃至西南地区红色旅游文化中的一张名片。

中小学生研学旅行研究

新时代的研学旅行主要是指由学校根据区域特色、学生特点、不同学科教学内容需要，学校带头组织学生通过集体旅行、食宿、交流的方式走出校园，它将学校教育研究性学习和校外旅行体验相结合，在社会生活中拓宽视野、丰富知识。随着全国各地中小学生素质教育的不断深入，教育部门对中小学生的研学旅行也越来越重视，我国的研学旅行工作也在不断蓬勃发展。

一、我国研学旅行发展的政策背景

国务院办公厅关于印发国民旅游休闲纲要（2013—2020年）的通知国办发〔2013〕10号，其中在纲要中就提出了"逐步推行中小学生研学旅行"的设想。2014年8月21日国务院关于促进旅游业改革发展的若干意见国发〔2014〕31号中指出积极开展研学旅行的工作方向是正确的，积极开展研学旅行，按照全面实施素质教育要求，将研学旅行、春游、夏令营、秋游、冬令营等作为全国青少年接受爱国主义教育、接受革命传统教育、国情教育的重要载体，并尽可能地把研学旅行纳入中小学生日常德育、智育、体育、美育、劳育的教育范畴，增进学生对自然和对社会的认识，培养他们对社会的责任感和提高社会实践能力。按照教育为本、安全第一的原则，建立小学阶段主要以乡土乡情研学为主、初中阶段主要以市情县情研学为主、高中阶段以省情国情研学为主的研学旅行体系。不断加强对研学旅行的管理监督，规范全国中小学生的集体出国旅行。在政策上支持各地依托其丰富的自然旅游资源、红色旅游资源、文化遗产资源、知名院校、工矿企业、科研机构等，建设一批具有代表性的研学旅行基地，逐步完善研学旅行接待体系，鼓励对研学旅行给予多方面的优惠。2016年11月30日，教育部、国家发展改革委等11部门以教基一〔2016〕8号印发《关于推进中小学生研学旅行的意见》。该《意见》中提出其发展的主要任务是把研学旅行纳入中小学教育教学计划，加强研学旅行基地建设，规范研学旅行组织管理，健全经费筹措机制，建立安全责任体系等。

教育部办公厅关于公布第一批全国中小学生研学实践教育基地、营地名单的通知教基厅函〔2017〕50号。其中指出各中小学校要结合当地实际，把研学实践纳入学校教育教学计划，根据教育教学计划灵活安排研学实践时间。各地要建立健全中小学生参加研学实践的评价机制，把中小学组织学生参加研学实践的情况和成效作为学校综合考评体系的重要内容。学校要在充分尊重个性差异、鼓励多元发展的前提下，对学生参加研学实践的情况和成效进行科学评价，并将评价结果逐步纳入学生学分管理体系和学生综合素质评价体系。教育部办公厅关于公布2018年全国中小学生研学实践教育基地、营地名单的通知教基厅函〔2018〕84号，文件中指出要建立一套管理规范、责任清晰、筹资多元、保障安全的研学实践工作机制，构建以营地为枢纽，基地为站点的研学实践教育网络。各地各校要在当地教育行政部门的指导下充分利用研学实践教育基地、营地，组织开展丰富多彩的研学实践教育活动。由此可见，在政府相关政策的出台下研学旅行的发展将大有可为，全国各地都把研学旅行摆在更加重要的位置，从而会更好地推动研学旅行健康快速发展。开展研学旅行，有利于促进学生培育和践行社会主义核心价值观，激发学生对党、对国家、对人民的热爱之情；有利于全面推动素质教育的实施，提高创新人才的培养模式，从多方面引导学生主动适应社会的发展；从小培养学生文明旅游的思想意识，养成他们文明的旅游行为习惯。

二、研学旅行的意义

开展研学旅行是贯彻《国家中长期教育改革规划和发展纲要》和十八大及十八届四中全会精神的重要举措；是培育和践行社会主义核心价值观的重要载体；是全面推进中小学素质教育的重要途径；是学校教育与校外教育相结合的重要组成部分。研学旅行是新时代推进素质教育的一项重要举措，是中小学课堂教学的延伸，是社会实践的新要求。大力推行中小学生研学旅行，让学生接近自然，走入社会，能有效培养学生亲近自然、亲近社会的情感，通过实践可增强他们关爱生命、关心社会的主动性和积极性。对学生来说这不仅可以拓展视野、丰富知识、加深他们与自然的亲近感，同时还能丰富对集体生活方式和社会公共道德的体验，对培养中小学生的自理能力、团队精神、创新精神和社会实践能力等方面都有着重要的作用。中小学生开展研学旅行，有利于促进学生践行社会主义核心价值观，有利于促进他们形成正确的世界观、人生观、价值观，可以更好地激发学生对党、对国家、对人民、对家乡的热爱之情；有利于促进他们素质教育的发展,创新学校人才的培养模式,引导学生更加主动适应多变的社会,可以更好地促进书本知识和社会生活经验的融合;有利于培养学生文明旅游的思想意识,让他们养成文明的旅游行为习惯,最终培养他们成为德智体美全面发展的新时代社会主义建设者的接班人。

三、当前研学旅行存在的主要问题

(一)相关部门落实积极性不高

为积极响应教育部关于研学旅行的相关文件,全国各地的研学旅行政策看似多,但部分政策仅仅是停留在文件表面,没有真正落地,而有的相关部门由于缺少专业的指导师资和管理团队,所以在真正实施的时候也存在不足。

(二)没有明确的发展规划,师资缺乏

研学旅行是让学生通过身体力行、亲身体验,让学生在校园之外能获得成长发展,研学旅行的成功开展,前期一定要有精心的计划,这样才能使每次的研学活动效果最大。但在实际的研学活动开展中,由于部分学校对研学旅行还不够重视,所以学校在研学活动规划上就会显得比较随意,没有一个好的规划。由于研学旅行的市场前景大,同时受社会市场经济的影响,很多旅行社、研学旅行机构开发了很多的研学旅行产品,他们成为很多学校开展研学旅行活动的策划者,但由于缺乏从教育视角、缺乏整体教学课程的思维,这些市场机构规划的研学课程并不注重教育与整体课程资源的有效利用。从另外一个方面来说,由于受制于家长对孩子安全问题的过分关注,再加上各中小学教师普遍存在着繁重的工作任务、教学压力大,所以,学校也愿意把研学旅行规划活动委托给旅行社、研学旅行机构,从而就缺乏校内外课程的整体性设计和统筹协调,同时也没有把学校知识学习与校外的社会实践活动进行有效统筹考虑,从而就会形成老师对研学旅行的方案缺乏严格的监督与要求。

(三)研学旅行的课程内容较浅

部分中小学在进行研学旅行过程中,一些研学活动内容较简单,最普遍的都是学校组织学生集体去参观、浏览,简单地停留在眼睛观看、耳朵听的课程,走马观花式的研学活动没有让学生进行更加深度地体验,研学的效果更没有让学生的综合能力有所提升,学生们在情感、态度、价值观、思想上有体悟,但真正的教育质量却不高。研学旅行是一个让学生通过自主探究学习的过程,因此,通过教师进行实际的教学环节引导就显得非常重要,然而有的教师通常是根据研学旅行的目标和内容,就是很机械地给学生布置很多任务作业,却忽视了研学过程中最关键的引导环节,从而使得研学活动变成了放羊式的教学,最终也就没有达到真正的"寓教于乐、寓学于游"。

四、关于研学旅行的发展对策

(一) 构建完善的课程体系

中小学在进行研学旅行之前,需要有一个完善的适合本学校进行研学的课程体系,一个受学生喜欢的研学课程体系,首先,这个课程体系应该要有课程综合性,能够与不同的地方文化特色相融洽;其次,要把学校内所学的课程知识与课外的研学内容相结合,接下来每次的研学活动必须要有明确的研学主题,并且所进行的活动还要有趣味性和探究性,这样才能激发学生的学习兴趣,这样才能让学生们带着问题去研学。所以,中小学进行研学旅行必须要构建完善的课程体系,精选研学旅行的主题、不断强化研学课程设计。

(二) 加快培养研学人才,不断提高研学的质量

新时代的研学旅行对从业人员有更高的要求,必须要多领域地培养研学人才,对研学人才的培养不能仅仅依靠学校内的各科任教师,同时相关的研学机构、研学旅行基地也要培养专业的研学人才,要为研学旅行配备更多专业的研学导师。从一方面来说,教育部门和中小学校也应该组织开展研学旅行专题知识培训,不断加大对学校研学导师的培训学习力度,多方面指导研学教师在实际研学活动中积累经验,从而快速地促进成长。从另一方面来说,建议鼓励部分高校开设与旅游研学相关的学科专业,这样就可以比较系统化、规范化地培养新时代的研学导师,从而能保证研学的专业性。因为我们的研学导师在学生研学过程中不仅要负责研学活动的组织、研学内容的讲解,还要引导好学生进行探究性和体验式的学习,所以必须加快培养研学人才,不断提高研学的质量。

(三) 政府加大财政投入、建立健全研学旅行考核评价体系

目前,通常学校组织的研学旅行活动,研学食宿、交通、活动等各项费用一般都是由学生的家庭承担,在不久的将来或许会由政府学校社会承担一部分的研学经费。所以我们政府应该建立多渠道筹措研学旅行的专项经费机制,成立专门的管理机构,建立对研学旅游机构的资金奖补机制等,最终让中小学生真正成为研学旅行活动的受益者。

"百年大计,教育为本",教育的发展是实现中华民族伟大复兴的基础工程。中小学学校是开展研学旅行教育的主要承担者、策划者和实施者,我们的学校在研学旅行过程中就发挥着主导作用。在开展研学活动之前,学校应选好研学

活动主题，突出地方特色，根据学生所处的年龄阶段特征，性格特征精心策划。在研学实施的过程中，要做到有计划、有步骤、有目的地展开研学旅行教育活动。要真正做好研学旅行教育，其最主要的是逐步建立健全研学旅行考核评价体系，建立监督管理体系，有效监控研学教育全过程中的主题、方法、步骤、实施、效果，分析研判在开展研学活动过程中可能会遇到的各种困难和问题，进而制定有效的预防措施。此外，研学考核评价体系不仅要覆盖学生、教师、导师，也应要覆盖各中小学学校与政府相关参与部门。将研学旅行活动的研学目标、任务、工作人员安排、研学经费划拨等内容纳入每次的考核评价体系中。考核评价体系应包括目标、过程、结果评价，这样才能充分发挥研学考核评价的导向功能和激励功能，从而才能建立完善的研学旅行评价机制。

（四）研学要坚持以学生为本

在研学旅行发展过程中，中小学是否以学生为本，是衡量研学活动开展成效的最关键要素。研学通过创造真实的活动场景，通过直观化的教学，把校园内的学习和社会需求紧密联系，这不仅使学生对原有知识进行了巩固，同时还进行了再发现和再创造；其中最关键的还是要学生全身心地参与其中，只有这样，学生的综合素质才能得到全面的提升。现阶段，中小学最主要的任务就是要确保在校的每位同学都能积极参与到研学过程中去。其中最关键的是研学内容、旅行路线、研学时间、研学人数以及各种研学方案的制定、整个研学活动的安排等都应从学生的角度去考虑，充分考虑学生的身心发展状况和学生的兴趣特点，要走进学生的生活，要去倾听学生们最真实的声音，要做到充分尊重学生的意愿和真实需求。同时在每次的研学活动开始前，研学导师可通过让学生观看相关的视频、书籍资料的方式，提前让学生对研学目的地有一个大概了解，这样就可以激发学生们的好奇心，与此同时可让学生确定每次的研学活动主题，提前预设每次的研学内容。在实际的研学过程中，研学教师要充分抓住每一次教育学生的机会，只有这样才能更好地促进学生们全面发展和个性化发展。

五、总结

研学旅行不是简单的单一学科学习，它是综合性和实践性内容的学习，研学旅行的教育价值是多元的、综合性的。在开展的研学活动中，我们要把学生的各学科知识学习与做人学习和审美学习等结合起来，综合培养学生的社会人际交往能力、沟通能力、表达能力、体验感悟能力、观察力以及集体团队意识等，促进这些能力进一步提高。在研学过程中，学生们通过观察、体验、思考、交流都可进一步加深对生活、历史文化、地方民情、自然环境等各方面的理解，这对学生今后的人格成长会起到一定的重要影响。

各中小学学校在研学实施过程中，要不断地尝试以结合地方文化主题或区域文化特色等形式将不同的教育目标综合起来，充分发挥研学课程的跨学科、综合性、社会性、实践性的特点，最终实现各学科综合实践课程间的相互融通。同时我们要清醒地认识到，我国研学活动才刚起步，目前部分研学体制机制尚不成熟，还需进一步完善。研学旅行的全面推广与真正实施，还需一个深入的研究和探索过程。总之，研学旅行不同于我国传统的旅游活动，学校也要与专业的研学旅行机构建立良好的合作关系，从而可以精心设计丰富多彩的研学教育活动，通过充分利用社会资源，借助社会媒体的宣传力量，不断扩大研学旅行的社会影响力，扩大研学旅行的社会知名度，同时不断深入挖掘研学活动的社会教育价值。

总之，在新时代的研学旅行中，学习即是一种旅行，旅行也是一种学习，"寓教于乐、寓学于游"这种社会实践的方式能让学生们感到新奇，从而会引发他们的探求兴趣，激发他们的求知欲，这种研学旅行的方式有利于全面推动素质教育的发展，不断创新人才培养的模式，多方面引导学生主动积极地适应社会，从而促进校本知识和社会生活经验的深度融合。

研学导师的职业素养与岗位技能培训

随着我国基础教育的改革发展，研发旅行有着越来越重要的意义和价值。研学旅行作为实践育人的重要形式，围绕"立德树人"的教育目标，将承担起推进我国素质教育的历史重任。研学旅行是国家产业政策、教育行政主管部门引导的产物，从发展初期就得到各方面的高度重视，发展迅速。

2013年教育部首次将上海、江苏、安徽、陕西四省市作为研学旅行的试点省市，2015年又增加了河北、江西、广东、重庆、新疆五省市，并确定天津滨海新区、湖北省武汉市等十二个地区为全国中小学生研学旅行实验区。为更好地促进研学旅行的发展，2016年12月教育部等11部委联合印发了《关于推进中小学研学旅行的意见》，明确提出各地要将研学旅行纳入中小学教育教学计划，根据学段特点和地域特色，逐步建立小学阶段以乡土乡情为主、初中阶段以县情市情为主、高中阶段以省情国情为主的研学旅行活动课程体系。经过近三年的政策引导和产业发展，研学旅行已经成为各地中小学必修课程的重要组成部分。

一、研学旅行人才培养的重要意义

中小学生研学旅行是由教育部门和学校有计划地组织安排，通过集体旅行、集中食宿方式开展的研究性学习和旅行体验相结合的校外教育活动，是学校教育和校外教育衔接的创新形式。

研学旅行这种新兴校外教育形式在教学目标、教学内容、教学策略、教学组织、教学评价等方面都与校内教育存在差异，这也就面临传统校内教育的师资并不能完全满足研学旅行的教学需求。据教育部2019年的相关数据，小学、初中、高中的在校学生总数接近1.9亿，按照研学实践的师生比——1∶15比例，以及考虑学校研学出行的汇聚比，研学师资的需求数量要超过30万。由于研学旅行是近几年新兴并快速发展的，包括研学师资在内的研学旅行人才极度匮乏。

当前市场上的从事研学旅行的人员素质良莠不齐，有些是从事旅行行业的，有些是从事教育辅导培训行业的，很多对研学一知半解，从事研学旅行活动也是浅尝辄止，没有深度和宽度，表面是研学，实际是旅游，使研学实践浮于形式。培养了解研学实践教学本质和适配中小学生学龄的专业人才，是研学旅行行业教学和出行服务的基本保障。

研学旅行不同于校内学科教学，它是一种促进学生跨学科学习，融研究、学习、体验、探索等综合实践为一体，以培养德智体美劳全面发展的具备核心素养的人才为目标的教育方式，担负着极大的教育功能。但是，目前研学旅行市场极为混乱，开发运营、策划咨询、线路设计、课程开发等运营、管理及服务等各个方面都不够规范，没有一定的科学标准，没有专业的人才梯队。培养项目开发运营、策划咨询、线路设计、课程开发等运营、管理及服务工作的高素质专业人才，是研学旅行持续健康发展，培养中小学生全面发展的重要手段。从2016年开始，国家相关部门和各地主管部门陆续出台了相关的研学旅行政策和法规，但是由于研学旅行快速发展，当前存在很多不规范的现象，行业急需规范和秩序的建立，培养研学旅行专业的人才是行业良性发展、科学发展的长久大计。因此，研学旅行相关专业的建立和职业人才的岗位技能培训对于研学旅行人才的培养都是当务之急，对于行业健康发展具有重大意义。

二、研学导师的定位

2016年国家旅游局发布的《研学旅行服务规范》（LB/T054-2016），提出在研学旅行承办方人员配置中"应至少为每个研学旅行团队配置一名研学导师，研学导师负责制定研学旅行教育工作计划，在带队老师、导游员等工作人员的配合下提供研学旅行教育服务"。

研学导师是学生研学教学实践活动的主要承担者，是研学旅行行业专业人才中培养的重中之重。研学导师不同于导游，导游一般的服务对象是普通的游客，主要工作是为其提供导游服务、讲解服务，为其安排好行程中的吃、住、行、游、购、娱等各项服务。研学导师作为新兴职业，其服务对象主要为中小学生，主要工作是在为中小学生提供研学实践教育教学，同时还要有保障旅游出行的服务技能。

因此，研学导师是一个复合型、全能型的人员，它应该具有导游人员的带团、控团能力，同时具备教师的知识、教学能力和职业素养。研学导师在带领研学实践团队时，只有具有专业的教育素养，才能够了解中小学生身心健康、身心成长特点和身体素质等必要的品质，才能对学生开展实践教学服务。另一方面，研学导师在学生研学的出行生活方面，需要具有导游的基本技能，能够为中小学生外出时在衣、食、住、行等方面的生活提供支持、指导和帮助，保障中小学生在研学全过程中的安全。

综上所述，研学导师是一个既具有导游服务能力又具有教育教学实践水平的新兴职业人员，它服务于中小学生群体，是研学实践教学和服务工作中的核心人物。

三、研学导师的核心素养

研学导师在研学旅行教学中的核心价值，以及研学导师的复合型技能的需求，都为研学导师人才的培养提出了更高的要求。在2018年全国教育大会上，习近平总书记强调，"培养什么人，是教育的首要问题"。研学导师应该是什么样的人？这也是研学导师培养的首要问题与核心问题。研学导师作为一个职业，职业的核心素养是培养什么样人的关键指标。

1. 职业核心素养

职业素养是指职业内在的规范和要求，是在职业过程中表现出来的综合品质，包含职业道德、职业技能、职业行为、职业作风和职业意识等方面。职业的核心素养是职业素养的关键因素，对职业人员进行培养和评价的核心指标。

从中小学教师、导游和国外营地导师的核心素养入手，可以借鉴和分析出研学导师的职业核心素养。

2. 中小学教师的核心素养

教师的核心素养是教师在教学实践中所应遵循的道德规范和基本准则。21世纪教师的核心素养是从教育观、教学观、学生观三个方面阐述教育理念素养，以历史视角、国际视角、当下视角加之以教育关键词来揭示教育的内涵，从不同的层面反映教育者的理念素养。结合21世纪的时代背景，基于学生发展核心素养的3个方面、6大素养、18个基本要点，概括了教师核心素养的基本框架，并将此凝练为3大类型、8大素养，分别是师德与理念素养，包括师德素养、教育理念素养；知识与能力素养，包括知识素养、教育教学能力素养；综合素养，包括人文素养、信息素养、研究素养、自主发展素养。

教师的四大核心素养是教师的教育情怀、专业素养、教育艺术和创新精神。

3. 导游的职业素养

导游应有的职业素养主要体现在以下四个方面：

（1）应有合理的知识层次，不仅应当掌握旅游景点的相关知识，了解政治、经济、文化、历史、地理、社会等知识，还需涉及心理学、美学、行为学等方面的知识。（2）了解国家相关政策法规知识，熟悉旅行交通、食宿等业务知识。（3）多方面的能力结构是导游服务必须具备的，包括语言表达能力、导游讲解能力、人际交往能力、组织协调能力、应变能力以及学习能力和跨文化交流能力。（4）拥有高尚的品性修养。

导游的四个维度职业素养是职业化工作技能、职业化工作形象、职业化工作态度、职业化工作道德。

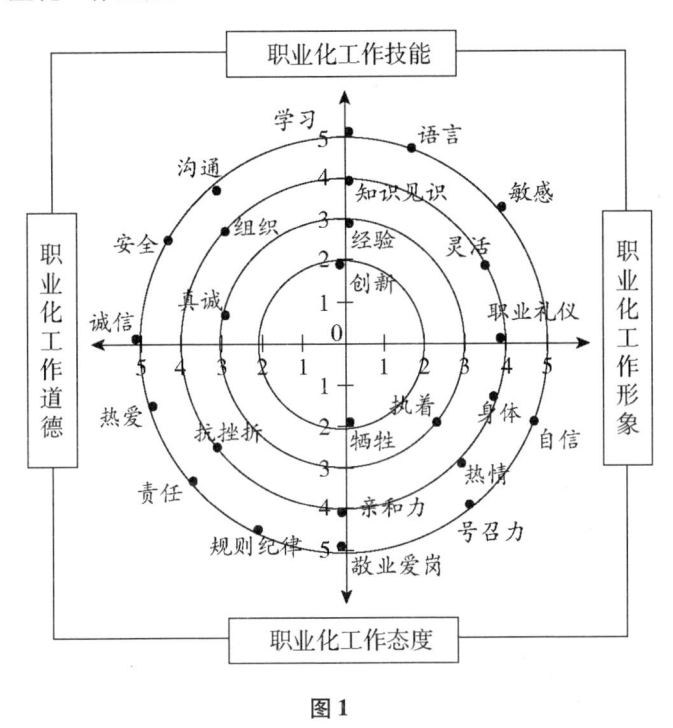

图1

4. 美国营地导师的核心素养

美国营地教育已经发展了150多年，营地导师是承担营地实践教学的老师，与我们的研学导师职能类似。营地导师的定位来自三个方面：

（1）陪伴者，导师需要和参加营地的学生一起生活、一起做活动，照顾他们的起居、饮食、心理等营地期间的生活安排。

（2）支持者，学生在完成营地课程中，营地导师帮助他们应对各种挑战，包括独立生活、社交、活动挑战等。

（3）引导者，与学生积极交流和沟通，通过体验式教学活动引导学生在活动中得到教育和情感的升华。

营地导师的核心素养包括有责任心和爱心，充沛的精力和体力，细致的观察力和引导能力，体验式教育的知识和技能。

5. 研学导师的核心素养

从中小学教师的职业素养，导游的职业素养，还有美国营地导师的素养要求作为我们的参照，考虑到研学导师教学的校外场景化情景、学生实践教学的模式和素质教育的要求，我们来推导研学导师的职业素养。这些职业素养必须是研学导师在研学实践活动中表现出来的综合品质，也是研学导师岗位技能培训必须开展的工作作风和行为习惯的培养内容。

在研学家的岗位技能培训中，依据研学导师岗位内在的规范和要求，我们发现五大因素是研学导师的核心素养。

（1）积极

研学导师要具有积极的情绪，熟知中小学生德育教育的理念，具有积极向上的价值观和世界观。研学导师作为研学旅行教学的执行者，要达到高质量的教学，就需要提高对教育理念的理解，保持教育的初心，从而才能在研学旅行课程教学上发挥积极作用。研学导师要遵循"立德树人"的教育目标，通过研学旅行将中小学生德育教育融入实践生活中。研学导师要具有家国情怀和正确的世界观，为人师表培养积极向上的学生。

（2）共情

研学导师要了解学生心理，针对不同学段和学情有效沟通。

研学旅行主要是面向中小学学生，中小学生处于身心发展和认知发展的时期，不同年龄有不同的心理特点，研学导师要认识到不同年龄的学生在情绪、人际交往等方面的差异，能据此创设针对性的研学情景，开展个性化的研学活动。

研学导师要善于观察学生，提前预知其情绪变化，有针对性地调动学生的学习兴趣和热情，增强学生之间的合作和交流。在活动设计和生活安排上，具有共情心，要以学生为中心，站在学生的视角，引导和陪伴学生开展实践活动。

（3）探究

研学旅行是一门包罗万象的实践性教育，它包括山川地理、人文历史、自然遗产、传统工艺、新兴科学等多种多样的环境和内容。研学旅行是让中小学生在校外开展的教学实践活动，教学内容和活动基于场地的教学环境和教学设施开展，是一种场景化的教学方式，不同于传统知识的灌输教学，培养的是学生的探究意识和解决问题的能力。研学环境的多样化研学内容的丰富性都要求研学导师首先应该具备灵活应变和探究实践的能力，其次研学导师要不断提升知识整合能力、课程资源开发与场地资源的利用能力，成为整个研学旅行教学实践活动中真正的引导者。

（4）关系

研学导师需要组织协调能力强，与教学和旅行服务的合作伙伴保持良好的关系。研学导师是研学课程实施的直接推动者，但是除了应掌握扎实的教育、教学知识以外，更是活动和服务的组织者，要协调好更多方面的关系，要熟悉地方各类旅游资源和旅游文化，协调沟通好交通、住宿、餐饮、景区等合作方，保障好学生的学习和生活。

（5）安全

研学导师要具备安全应急能力。研学旅行作为一个开放性的课堂，安全意识及安全事件的处理能力也是研学导师的一个重要素质。中小学生的集体旅行、集体食宿等都需要把安全放在首位，在旅行中可能发生的安全隐患、天气与交通、食品卫生、疾病预防等应急事件，要有做到有预案，并做到及时正确地处置。

积极、共情、探究、关系、安全五个因素我们简称PEERS。PEERS也是体现了研学导师在与学生的研学教学和共同生活中平等平和的心态，是一种以学生为中心的体现。

6. 核心素养的探究基础

核心素养的定义是人才培养和职业规划的重中之重，从微观上看是一个人个体的职业生涯发展的核心要素，决定个人生涯的成败；从宏观上看是一个行业的人才建设的顶层设计，决定了行业人才培养的方向。

研学导师的PEERS核心素养构建是基于生态体验教育与积极心理学的理念和实践模式。生态体验模式是从自然生态、类生态和内生态之三重生态圆融互摄的意义上反思人类的生存发展过程，系统思考和建构德育过程和教育过程，通过营造体验场、亲验活动、生态位优化、开放式对话和反思性理论提升等环节，凸显既适合于知识学习又有利于人格健康成长的教育情境和文化氛围，使导引者和体验者双方全息沉浸、全脑贯通、激发生命潜能、陶冶健全人格、体验职场幸福和人生成长乐趣。

生态体验教育是一种回归生活、凸显体验、感悟生涯、激发潜能、开启生态智慧、优化积极生命样态的实践模式。积极心理学是美国心理学家马丁·塞利格曼教授基于其研究的"习得性无助"理论发展来的心理学，倡导心理的积极取向，研究人类积极心理品质、关注人类健康幸福与和谐发展的学问，采用科学的原则和方法来研究幸福。

积极教育是基于积极心理学的一个全新的教育理念，定位为促进人类全面发展的积极心理品质教育，倡导品格与学业并重的教育理念，认为积极心理品格教育能够有力促进学生对科学知识的掌握和学业的成功。基于中小学教师和导游职业的核心素养，我们以积极心理学、交集教育理念为依托，在生态体验模式理论与生态体验教育的实践基础上，构建了研学导师的 PEERS 核心素养模式。

《北齐书·王昕书》中"杨愔重其德素，以为人之师表"是我国尊师重道的优良传统。老师的一言一行都要给学生做表率。但是在当代的"00 后""10 后"学生眼里，学生更喜欢一种平易近人，朋友陪伴式的沟通方式。

平等应该是研学导师的一个基本心态，研学导师在校外的教学环境，短暂几天的与学生相处中，只有把自己融入学生中，平和平等地与学生们相处，才能更好地完成教学，也能更好地让学生完成其研学旅行。PEERS 的平和平等心态也恰恰践行了生态体验的三重生态融通：天人合一、知行合一、身心合一的融合、和谐理念。

四、研学导师职业技能培训的核心内容

研学导师的 PEERS 核心素养模型，就像大海航行有了指南针，明确了方向和目标，研学导师的培训才能真正给行业培养专业的人才。在研学导师培训的教学内容上，既要注重知识体系的教学，更要提升能力的训练和情感的升华。通过系统的培训，有针对性的现场实践教学，持续打造研学导师职业的核心素养。研学导师的职业技能培训要从知识、能力、实践行为等多方面架构教学体系。

在知识储备上，研学导师需要具备专业的教育教学、实践体验和旅行游览方面的知识，具有较高的教育素养和旅游素养。针对不同学段的学生在研学实践中设置和开展不同的教学目标和任务，根据学生的知识层次，为学生解读相关阶段的知识。

在能力锻炼上，研学导师需具备讲解、教学、团队体验、组织协调和应变急救等能力。研学导师拥有专业的讲解能力的基础上开展互动教育教学的能力，才能在研学实践活动中教导研学知识，才能使学生研学实践具有意义。研学导师的组织协调能力、应变急救能力在研学活动中充当了重要作用，为活动的完美进行提供了保障。

在实践经验上，研学导师要时刻学习和掌握国内外先进的实践教学、体验教学的策略和方法，以学生为中心，让学生在自主探究、亲身体验中学习提升。

在具体的课程设计上。需要根据研学导师岗位等级，针对性开展政策法规、产品线路设计、品牌营销、安全应急、课程开发、活动实施与评价、心理学、导游务实、综合实践教学等方面的课程教学。

五、研学导师职业技能的培训机制

当前，研学导师的培养主要通过两个途径：高校的研学旅行专业人才培养、职业教育的岗位技能提升培训。2019年初国务院印发《国家职业教育改革实施方案》（以下简称"职教20条"），给研学导师的职业教育和岗位技能培训提供了政策支撑和方向指引。

从2019年开始，在职业院校、应用型本科高校等启动"学历证书＋若干职业技能等级证书"制度试点（简称1＋X证书制度试点）。要结合1＋X证书制度试点，探索建设"学分银行"，探索构建符合国情的国家资历框架，有序开展学历证书和职业技能等级证书所体现的学习成果的认定、积累和转换，加快学历证书和职业技能等级证书互通衔接，为技术技能人才持续成长拓宽通道。要支持企业和社会力量兴办职业教育，会同有关部门制定落实产教融合型企业认证和组合式激励政策，鼓励有条件的企业特别是大型企业举办高质量职业教育。要建设一批示范性职业教育集团（联盟），建设一批高水平职业教育实训基地。

当前行业里开展的研学导师岗位技能培训主要是3—5天的培训班，这样的培训班仅仅能满足基本的、初级的岗位技能需求。2019年10月18日，教育部公布文件，将"研学旅行管理与服务"列为《普通高等学校高等职业教育（专科）专业目录》。2019年增补专业，并对该专业的培养目标、就业面向、职业能力、核心课程与实习实训等做出了介绍。本次增补研学旅行管理与服务专业，培养研学旅行的专业人才，适应市场需求，必将推动研学旅行行业的专业发展、科学发展，促进行业的不断升级换代。

增补专业中"研学旅行管理与服务"专业隶属旅游专业大类，主要是针对旅游景区等单位开展研学旅行服务而设立的。从教育部公布的培养目标来看，此专业旨在培养德、智、体、美、劳全面发展，具有良好职业道德和人文素养，掌握研学旅行相关政策法规和规范标准，熟悉中小学研学旅行相关教育政策、目标、大纲和方案要求，从事研学旅行项目开发、策划咨询、线路设计、课程开发等运营、管理及服务工作的高素质人才。在三年的专业教学后，学生的就业去向主要在旅行社、相关旅行景区（点）、文博场馆、公共文化场馆、研学旅行营地（基地）等企事业单位从事研学旅行运营、设计、咨询、营销、方案实施等工作。

相比较"研学旅行管理与服务"专业的学生在 2020 年秋季开展第一届招生，研学导师培训班在 2017 年中就有业内机构试水，当前主要的研学导师培训机制主要为三类，行业协会牵头开展行业专业培训、高校联合社会组织开展岗位技能培训、研学机构组织的辅导培训。

（一）行业协会牵头开展行业专业培训

研学旅行当前从业的企业中旅行社、景区、研学实践基地、教培机构等是主要的产业参与者。单个企业很难研发和组织研学导师的培训，行业协会具有先天的行业资源整合、专项课题研究等优势，行业协会牵头组织学术机构、专家学者开展研学旅行的行业研究，标准制定对于行业及机构会员具有有效的指导意义，行业协会开展研学导师培训从生源组织、行业专项课程定制都具有独特的优势。如中国旅行社协会、高校毕业生就业协会联合举办的研学旅行指导师培训班。

（二）高校联合社会组织开展岗位技能培训

在高校开设的研学旅行专业将为未来研学人才的重要来源。当前高校在基于旅游专业课的基础上增加研学实践教学的相关课程，如心理学、教育学等课程，并与研学实践的社会组织合作，通过产学研转化模式开设短期的岗位技能培训，是满足当前市场人才短缺的一个重要有效的手段。如国家开放大学培训中心、陶行知教育基金会课外校外教育发展基金、中国红色文化研究会研学旅行工作委员会联合举办的"研学家岗位技能培训班（初级）"。

（三）研学机构组织的辅导培训

研学导师是伴随着研学旅行行业快速发展所需的新兴职业，研学导师的职业素养也是跨旅游、教育等多领域，并且有非常高的实践经验要求，在行业发展早期，先知先觉的研学机构以市场化的方式开展辅导培训，无论从培训形式、培训内容都更切近行业企业的发展需求，具有非常大的灵活性。早在 2017 年研学培训班，基本就是研学机构探索实践中发展而来的。

综合以上情况，我们看到研学导师职业是一个综合性的新兴职业，研学导师对中小学生研学实践活动有着引导作用，因此，其对要从事该职业的人员要求较高，需要知识全面的复合型人才来具体执行相关工作。研学导师的培训无论从课程体系研发、教学组织、绩效考评等方面都需要培训的组织方本着开放的原则、教育优先的策略，持续研发和设计培训产品，提升品质。

在以上三种主要研学导师培训模式上，我们应该关注研学实践基地和营地自组织的师资培训。教育部在 2017—2018 两年间审核和公布了 581 家全国中小学生研学实践教育基地，40家全国中小学生研学实践教育营地，这些基地/营地将成为中小学研学实践的主要目的地和教学场所。基地/营地的研学导师培训的需求明确而且迫切，基地/营地内部的导师培训和职称等级认证也将成为研学导师培训的一个重要形式。

六、未来展望

研学导师这个新兴职业是中小学的研学旅行实践教学的非常重要的角色，分析和定位出研学导师职业核心素养是这个职业岗位技能培训的基石，在PEERS的核心素养指导下，合规的培训渠道和持续的培训教学体系研发，才能更好地为行业培养出优秀的人才。

研学导师以及研学旅行复合人才的培养既有短期的市场驱动，更有长期行业健康发展的诉求。以《国家职业教育改革实施方案》政策指导的1+X证书制度是未来人才培养的基石。在1+X的制度下既满足了当前的人才短期培训需求，也符合了研学旅行持续的人才梯队建设要求。在学分银行的机制下，高校与社会组织联合开展的职业培训、联合办学为高质量人才培养培训保驾护航。

2020年春节期间的肺炎疫情突发，给旅游行业和研学旅行行业带来了诸多的不确定性，也给研学导师培训带来了挑战和机遇。研学导师的培训也将从线下培训班，向线上线下结合的复合式培训演进。

被称为"积极心理学之父"的美国宾夕法尼亚大学心理系教授塞利格曼说过，"父母最希望孩子得到的，往往是'自信''善良''健康'等，简言之，就是幸福；学校最希望孩子学会的，则往往是'成就''工作''考试'等，简言之，就是成功的方法。这两个清单互不相干。"

这正是"应试教育"与"素质教育"的不同出发点，他相信"幸福是教育的本质"，研学旅行恰恰是能够链接应试教育和素质教育的实践教学方式，培养更多幸福的孩子。

培养PEERS核心素养的研学导师，让孩子在研学旅行中看到未来的自己，获得持续的幸福。

研学旅行效益评估研究

一、研学旅行效益评估作用

（1）有助于分析评价产业经营成果和经营者经营业绩，促进研学旅行改善经营管理，为管理者和投资方提供客观有效的信息。以研学旅行的社会效益和经济效益为核心，综合考核研学旅行的经营、管理和发展水平，分析评价产业经营成果和经营者经营业绩，既有利于了解经营者的经营情况，又可以遵循同等标准，进行结果比较，促进研学旅行行业及时发现问题、解决问题，改善经营管理，为管理者和投资方决策提供客观有效的信息资料。

（2）有助于分析评价研学旅行经营者的营运能力与发展能力，引导研学旅行的经营行为。效益评估可以全面系统地分析研学旅行经营者的营运能力与发展能力，分析影响经营者目前经营和长远发展的诸方面因素，全方位地判断经营者的真实状况，任何方面的不足，都将影响评价最终结果，因此，通过评价可以促使研学旅行行业克服经营中的短期行为，注重将研学旅行行业的近期利益与长远目标结合起来，引导广播电视行业的经营行为。

（3）有助于建立约束和激励机制，发挥研学旅行经营者的积极性和创造性。效益评估是促进建立旅行社等研学旅行经营企业激励与约束机制的重要手段。效益评估的核心是经营者的全面经营管理状况，用客观统一的标准，判断经营者优劣，作为奖惩依据，具有很强的科学性。而对经营者的激励必须建立在对经营业绩进行科学评估的基础上，使经营者考评与经营业绩评价有机结合起来。既要纠正考核中鞭打"快牛"现象，又要克服讨价还价的弊端，促进经营者改善经营管理，推动经营者建立自我发展的激励与约束机制。

（4）有助于为宏观决策和内部管理提供重要依据，建立科学的绩效管理制度。对研学旅行实施效益评估，可以较直观地、全面地反映出其财务和资产管理的会计信息，为宏观经济决策提供可靠依据。同时有助于经营管理层进行业绩考核、选拔、奖惩和任免，加强内部管理，尤其是绩效管理。以研学旅行效益为目标，为内部管理建立科学规范的配套管理机制提供充分的依据，从而真正建立起科学规范的绩效管理体系。

二、研学旅行效益评估原则

正所谓无规矩不成方圆，没有明确、规范的准则会使活动出现意料之外的结果。为研学旅行的社会和经济效益选取评价指标必然需要有所依据，以力求所选取的指标能够更科学、全面、系统、合理地对研学旅行的效益进行评价。

（一）成长性原则

效益评估的性质决定了评价的目标应有助于产业或利益相关体的成长。在有助于成长的正确和明确的目标下，衡量开展研学旅行的效益是否优劣，才是评价整个过程开展的前提和归宿。通过评价，辅助企业树立活动开展的效益观念、运用科学系统的方法，将效益策略从粗放型、经验型向精细型和科学型转变。

（二）可操作性原则

我们知道研学旅行涉及面很广，社会效益和经济效益的概念也很综合，故而影响研学旅行的社会效益和经济效益的因素众多，我们可选取的指标也很多，那么在满足了成长性原则之外还必须满足可操作性原则。可操作性原则指的是在实际收集数据的时候人们的主观意识体现较少，收集的数据能够更加客观、科学，指导意义更强。研学旅行效益评价的目的是为了客观地反映和评价经营者的经营状况与经营成果。因此，在评价内容确定、评价指标设置、评价标准制定、评价方法采用、评价工作组织实施等各方面，应注重好理解、易掌握、现实可操作性和广泛适应性，以便于推广使用，确保评价操作的准确性和工作效率，同时合理控制经营业绩评价的管理成本。

（三）循序渐进原则

循序渐进，即按照既定的步骤逐渐深入和提高。研学旅行还处于起步、发展阶段，效益观尚未建立和完善起来，其经营性企业业务差别很大，市场化程度差异大，难以建立相对统一的效益评价标准。因此，应当分阶段、有步骤、循序渐进地开展效益评价工作，逐步建立和完善效益评价体系。

（四）经济效益与社会效益相结合原则

经济效益与社会效益统一，即在效益评价中，既要评价经济效益，又要评价社会效益。研学旅行为广大学生提供精神产品，也可将其视为传递信息产品和提供信息服务。这一特征决定，既要从总体上考虑其经济效益，也要兼顾社会效益。所谓以最小的投入取得最大的效益，自然包含着广泛的社会效益。这些社会效益可能是潜在的，间接的，但却是非常重要的，比如对人类社会的发展和进步，对精神文明建设有巨大促进作用的产品和服务。只有经济效益与社会效益有机结合，才能客观公正地对研学旅行效益进行综合评判。

（五）短期效益与中长期效益统一原则

由于经济效益和社会效益在时间上存在差别，所以可以将研学旅行效益的测评分为短期测评和中长期测评。应讲究短期效益与长期效益统一，即在效益评价时，不仅要关注短期效益，更要注意长期效益。长期效益是短期效益的延伸；短期效益并非预示着长期效益的存在，二者是对立统一的关系。研学旅行必须同时考虑短期效益和长期效益，长短结合，远近兼顾，才有可能得到正确的评价结果。

三、研学旅行效益评估主体、对象和评估方法

（一）评估主体

评估主体即效益评估组织机构，是效益评估行为的发动者和组织者。财政部统计评价司在（企业效绩评价工作指南）中明确规定："企业效绩评价体系是从出资人角度出发满足出资人监管需要而设计的。所以，资本所有者和资本所有者的代理或授权监管人应是企业效绩评价的基本评价主体。"

套用上述规定，研学旅行效益评估的主体，应当是研学旅行经营单位的出资者（或称投资者）和出资者的代理或授权监管人。除此之外，家长、研学导师和校方老师等均可成为评价主体，维护利益相关者权益。

（二）评估客体

评价客体，即评价对象，包括研学旅行效益内容体系本身和效益评价行为实施的主要接受者。效益评价客体的确定取决于评价主体的评价目的和评价范围，即评价客体是由评价主体根据需要确定的。如果评价主体的评价目的是为了了解和掌握研学旅行经营业绩的产业综合情况，则其评价客体即为从事研学旅行经营的全部企业（公司）或单位及其经营者；如果评价主体的评价目的是为了了解和掌握某一个企业（公司）、某地区、某一类别的经营效益，则其评价客体即为从事研学旅行经营的该企业（公司）或单位、该地区企业（公司）或单位、该类别企业（公司）或单位及其经营者。也就是说，评价客体是多样性的。

(三) 评估方法

评估方法，即效益评估采用的定量分析法与定性分析法。对研学旅行经营业绩进行评估，是市场经济国家监督手段。效绩评估的定量分析法多采用功效系数法，也叫功效函数法；定性分析法则采用综合分析判断法。研学旅行效益评估采用以功效系数法为主，综合分析判断法为辅的定量与定性相结合的分析方法。

功效系数法是指根据多目标规划的原理，把所要考核的各项指标按照多档次标准，通过功效系数转化为可以度量的评价分数，据以对被评价对象进行总体评估计分的一种方法。功效系数法作为一种定量评价的方法，具有规范、节约和不受各种主观因素干扰等特征，能够通过精确的计量模型，比较客观、公正地判断出企业效绩的状况。但是，无论多么完善的计算模型都不能全面反映事物的所有特征及其不断的发展变化，所以，需要用定性评价来对定量评价的局限性进行补充，故采用综合分析判断法弥补定量评价的不足。定性评价容易受到人的主观意志，即评价人员的学识、经验品德等方面的影响，难以做到完全客观，且评价的成本很高，所以只能作为功效系数法的补充。

四、研学旅行效益评估

"研学旅行"是学校课堂的课外延伸，是学校课堂的有效补充。同时在效益评估上有别于课堂学习。课堂学习可以通过常规化的试卷或量化项目等测试来检验学生相应课程相应阶段的学习效果。而"研学旅行"则难以用常规考试去衡量其效果，至目前也还未在全国形成成熟的统一的考核评价机制和效益评估方法。

本文尝试从研学旅行所产生的社会效益和经济效益两个方面进行探索。研学旅行的经济效益和社会效益紧密联系，彼此协同，在新的有序状态下有效地发挥着其组织功能，对调整产业结构，促进社会和经济发展有着深远意义。

(一) 社会效益评估

2013年国务院印发《国务院国民旅游休闲纲要（2013—2020年）》，提出"逐步推行中小学研学旅行"的设想。随后《国务院关于促进旅游业改革发展的若干意见》于2014年下发，明确提出"研学旅行要纳入中小学日常教育范畴"，认为积极开展研学旅行的工作是正确的。近年来，研学旅行的研究一度成为热点。研学旅行社会效益的评估既体现在其要素分解中，见表1。也离不开对其最关键的受益主体"学生"所获收益的评价，见表2。

研学旅行的社会效益存在于研学旅行产品和服务这一载体中,并通过研学旅行活动得以实现,因此统计社会效益离不开对研学旅行产品和服务的考察,研学旅行产品和服务的社会效益主要体现在内容中,因此对其社会效益的考察,应以其具有社会效益特征的内容成果为重点,本文将社会效益分为社会满意度、社会支持度、社会贡献度和社会影响度四个方面。

表1 研学旅行社会效益评分表

评价指标	内容描述	非常不好	不好	一般	好	非常好
社会满意度	对研学旅行旅游吸引物满意	1	2	3	4	5
	对研学旅行服务满意	1	2	3	4	5
	对研学旅行基础设施满意	1	2	3	4	5
	对研学旅行环境满意	1	2	3	4	5
社会支持度	研学旅行政策支持	1	2	3	4	5
	研学旅行家长支持	1	2	3	4	5
	研学旅行学生支持	1	2	3	4	5
	研学旅行媒体支持	1	2	3	4	5
社会贡献度	研学旅行社会满意度	1	2	3	4	5
	研学旅行相关产品所得奖项、荣誉	1	2	3	4	5
	研学旅行相关理论的科研贡献	1	2	3	4	5
	研学旅行活动带动的社会就业	1	2	3	4	5
	研学旅行对素质教育的推动作用	1	2	3	4	5
社会影响度	研学旅行活动广播电视节目覆盖率	1	2	3	4	5
	研学旅行引发带动社会讨论	1	2	3	4	5
	研学旅行活动的参与人数	1	2	3	4	5

研学旅行的社会效益最终表现在社会公众的反映以及社会评价体系上,这种评价体系既包括研学教师对学生的评价,也包括学校及旅行机构对学生的评价。评估学生在研学旅行所实现的效果和产生的效益,可以从教师、学校、家长、旅行机构等多元角度进行评价。

对于学生主要通过"四维度,三层次"的综合评价体系比较合理,全面呈现出每个学生在研学旅行过程中的整体表现和效益。

四维度即从知识、能力、情感、品格四个方面来设置评价指标，包含了对培养学员们求智，合作，仁爱，明德等新时代的良好品质的要求。

三层次即从个人层次（学生自评）、团队层次（组长评价或组员互评）、组织层次（家长评价、研学导师评价和校方老师评价）三个角度对学生研学中的表现进行综合评价。

表2 学生研学旅行效益评分表

评价指标	内容描述	非常不好	不好	一般	好	非常好
知识提升效益	经过研学旅行，对途经事物的了解有所提升	1	2	3	4	5
	经过研学旅行，对自然的了解有所提升	1	2	3	4	5
	经过研学旅行，对相关课程知识的理解有所加深	1	2	3	4	5
能力提升效益	经过研学旅行，探究发现能力有所提升	1	2	3	4	5
	经过研学旅行，组织策划能力有所提升	1	2	3	4	5
	经过研学旅行，沟通协作能力有所提升	1	2	3	4	5
情感提升效益	经过研学旅行，同学之间的情感有所提升	1	2	3	4	5
	经过研学旅行，师生之间的情感有所提升	1	2	3	4	5
	经过研学旅行，学生对学校的热爱之情有所提升	1	2	3	4	5
	经过研学旅行，学生对自然的热爱之情有所提升	1	2	3	4	5
	经过研学旅行，学生对社会的热爱之情有所提升	1	2	3	4	5

(续表)

评价指标	内容描述	效益评分				
		非常不好	不好	一般	好	非常好
品格提升效益	经过研学旅行，身体素质有所提升	1	2	3	4	5
	经过研学旅行，集体观念有所增强	1	2	3	4	5
	经过研学旅行，责任意识有所提升	1	2	3	4	5
	经过研学旅行，意志毅力有所增强	1	2	3	4	5

（二）研学旅行的经济效益

经济效益是指在经济活动中的投入和产出之比。相应的，我们可以将研学旅行的经济效益定义为：人们在研学旅行经济活动中的投入与产出之比，用价值形式表示就是生产产品的费用和销售产品的收入之间的比较。

研学旅行经济效益包括两大部分：一是各类旅游企业与相关企业在研学旅行经济活动中投入和产出的比较，即微观经济效益；二是研学旅行经济活动对一个国家或地区经济发展的综合影响，即宏观经济效益。只有两种效益兼顾，研学旅行经济活动才能长久、持续发展。

1. 研学旅行微观经济效益

研学旅行微观经济效益是指相关企业在研学旅行开展过程中，为了向旅行者提供研学旅行产品和服务而花费的物化劳动和活劳动与获取的经营收益的比较，即旅游企业与其他相关企事业单位（包括旅行社、饭店、餐馆、游览点、娱乐场所、商店、交通运输部门及有关的公共服务部门等）在研学旅行经济活动中的投入与产出之比，用价值形式表示就是成本与利润之比。

（1）相关企业微观经济效益的分析指标

相关企业的经济效益是通过分析企业的收入、成本、利润的实现，以及它们之间的比较来体现的。故此，首先应该掌握各主要指标的内涵和计算方式。

①企业的营业收入

营业收入是在出售产品或提供服务中所实现的收入，包括基本业务和其他业务收入。其高低不仅反映了企业经营规模的大小，也能反映企业经营水平的高低。比如，通过企业营业收入与职工人数的比值，可以直接反映企业的生产率水平。公式为：

$$S = \frac{TS}{H}$$

式中：S—人均旅游营业收入；

TS—年旅游营业收入；

H—年职工平均人数；

②企业的经营成本

经营成本是指企业在生产、经营研学旅行产品时所发生的各种费用的综合，是产品总价值的一部分，是转移到或凝结在产品中的物化劳动和活劳动价值的总和。随着产品的销售，企业的成本得以弥补，使得再生产过程顺利进行。又因为生产成本可以分为固定成本和变动成本两类，故能得出下列公式：

$$TC = C_0 + C_M + C_a$$

式中：TC—企业经营成本；

C_0—营业成本；

C_M—管理费用；

C_a—财务费用；

或者

$$TC = C_1 + C_v$$

式中：C_1—固定成本；

C_M—变动成本。

分析企业的经营成本时，把经营成本同企业职工人数进行比较能反映出企业的成本水平，具体公式如下：

$$\bar{C} = \frac{TC}{P}$$

式中：$\bar{C}$—人均经营成本。

③企业的经营利润

企业的利润量是指产品的销售收入扣除产生或经营成本之后的余额，也就是产品总价值与成本之间的差额。经营利润指标集中反映了企业从事经济活动的全部成果，显示了企业的经营管理水平和市场竞争力。经营利润的计算公式表示为：

$$P = TS - C_v - T - C_m - C_a$$
$$TP = P + I_p + (D_s - D_c)$$

式中：P—企业经营利润；

T—营业税金与附加；

TP—营业总利润；

I_p—投资净收益；

D_s—营业外收入；

D_e—营业外支出。

（2）相关企业经济效益的分析指标

研学旅行相关企业从投资人、债权人、社会贡献等角度考虑经济效益，涉及到的评价指标主要包括销售利润率、总资产报酬率、资本收益率、资本保值增值率、资产负债率、流动比率、应收账款周转率、存货周转率、社会贡献率和社会积累率等。

①偿债能力指标

偿债能力是指企业偿还各种到期债务的能力，可以揭示旅游企业的财务实力和风险程度，包括短期和长期两种。

A. 短期偿债能力分析

短期偿债能力是指企业偿付流动负债（如应付款）的能力。而流动负债需以现金来偿付，常见分析如下。

a. 流动比率，即流动资产与流动负债的比值：

$$流动比率 = \frac{流动资产}{流动负债} \times 100\%$$

一般而言，流动比率与偿债能力成正比，流动比率越高，偿债能力就越强，普遍认为流动比率在200%较为合适，过高则表明流动资产利用率不高。

b. 速动比率，也就是速动资产与流动负债的比值。

$$流动比率 = \frac{流动资产}{流动负债} \times 100\% = \frac{流动资产-存货}{流动负债} \times 100\%$$

速动比率越高，说明短期偿债能力就越强，速动比率一般在100%较为合适。

c. 现金比率，即现金资产与流动负债的比值：

$$现金比率 = \frac{现金+现金等价物}{流动负债} \times 100\%$$

一般而言，现金比率越高，就说明短期偿债越有保证，现金比率在15% - 20%比较合适，过高则表明资金没能得到充分利用。

B. 长期偿债能力分析

长期偿债能力是指企业偿付长期负债的能力，常见分析如下。

a. 资产负债率，即负债总额与资产总额的比值，也被称为负债比率或举债经营比率，反映了企业资产总额中债务所占的比重，公式是：

$$资产负债率 = \frac{负债总额}{资产总额} \times 100\%$$

所算出的资产负债率越高,就说明偿还债务的额能力越差,当这个值超过100%时,说明已经处于资不抵债的状况。

b. 所有者权益比率,也被称之为资产股权比率,是企业资产所有者权益总额与资产总额的比率,公式是:

$$所有者权益比率 = \frac{所有者权益总额}{资产总额} \times 100\%$$

得到的所有者权益比率越大,资产负债率就越低,表明偿还长期债务的能力就越强。

c. 产权比率,也叫做负债股权比率,是负债总额与股东权益总额的比率,公式是:

$$产权比率 = \frac{负债总额}{股东权益总额} \times 100\%$$

产权比率越低,说明长期财务状况良好,风险较小,从而偿还长期债务的能力就越强。

②运营能力指标

运营能力主要考察企业资金周转的速度及其有效性。通过分析能够看出企业营业状况和管理水平。涉及到的主要指标如下。

A. 应收款周转率

应收款周转率是企业在一定时期内赊账收入净额与应收款平均额的比值,体现出应收款的周转速度,公式是:

$$应收款周转率 = \frac{赊账收入净额}{应收款平均余额} \times 100\%$$

在上述公式中,应收款平均额是起初应收款余额与期末应收款余额总和的平均值。得出的应收款周转率越高,说明催收账款的速度越快,坏账损失也就越少,资金流动性就越强。

B. 流动资产周转率

流动资产周转率是企业营业收入与流动资产平均余额的比值,显示出的是全部流动资产的利用效率,公式是:

$$流动资产周转率 = \frac{营业收入}{流动资产平均余额} \times 100\%$$

在上述公式中,流动资产平均余额是期初流动资产与期末流动资产总和的平均值。流动资产周转率这一指标表明在一个会计年度内企业流动资产周转的次数越多,比值越高,就说明流动资产的利用效率越好。

C. 固定资产周转率

固定资产周转率常被称为固定资产利用率或固定资产销售率，是企业营业收入净额与固定资产平均净额的比值，公式是：

$$固定资产周转率 = \frac{营业收入净额}{固定资产平均余额} \times 100\%$$

公式中，固定资产平均净额是期初固定资产与期末固定资产总和的平均值。固定资产周转率越高，表明固定资产的利用率越高，反映企业管理水平也就越高。

D. 总资产周转率

总资产周转率即总资产利用率，是营业收入净额与资产平均总额的比值，公式是：

$$总资产周转率 = \frac{营业收入净额}{资产平均总额} \times 100\%$$

公式中，资产平均总额是期初资产总额与期末资产总额的平均值。总资产周转率越低，说明企业经营效率越差，已严重影响获利能力。因此，需要采取措施大幅度提高营业收入，或及时妥善处理不良资产，这两方面可以同时进行。

③盈利能力指标

顾名思义，盈利能力即是研学旅行相关企业赚取利润的能力。主要指标如下。

A. 营业利润率

营业利润率是企业利润总额与营业收入净额的比值，表现在特定时期内每一单位的营业经营净收入能够产生的利润，公式是：

$$经营利润率 = \frac{利润总额}{营业收入净额} = \frac{利润总额}{营业总收入 - 营业总成本} \times 100\%$$

所得到的比值越高，就说明企业通过扩大营业额获得利润的能力越强。

根据具体的需要，营业利润率还可以分解为如下相应指标。

$$毛利率 = \frac{营业收入 - 营业成本}{营业收入} \times 100\%$$

$$营业收入利税率 = \frac{利润总额}{营业总收入} \times 100\%$$

$$分配前利润率 = \frac{净利润 + 工资奖金}{营业总收入} \times 100\%$$

$$纯利润率 = \frac{利润 - 所得税}{营业总收入} \times 100\%$$

B. 成本费用利润率

成本费用率是企业利润总额与成本费用总额之间的比值，体现了经营过程中为取得利润而消耗的成本费用状况，公式是：

$$成本费用利润率 = \frac{利润总额}{成本费用总额} \times 100\%$$

所获值越高，表明企业付出的成本费用越低，获利能力就越强。

C. 资产利润率

资产利润率是利润额与资产平均占用额之间的比值，表明单位资产获得的利润情况，按照不同资产分类有以下几种资产利润率的计算方式。

$$总资产利润率 = \frac{利润额}{平均资产总额} \times 100\%$$

$$流动资产利润率 = \frac{利润额}{流动资产平均占用总额} \times 100\%$$

$$固定资产利润率 = \frac{利润额}{固定资产平均占用总额} \times 100\%$$

资产利润率与营业利润率、资产周转率成正相关的关系。

D. 资本金利润率

资本金利润率是利润额与资本金总额的比值，体现了每单位资本金所获得的利润情况，用于衡量投资者投入企业的资金获利能力，公式是：

$$资本金利润率 = \frac{利润额}{资本金总额} \times 100\%$$

资本金利润率高，说明获利越好，当资本金利润大于银行贷款时，企业可采取适度的举债策略。

④社会贡献能力指标

A. 社会贡献率

社会贡献率反映了企业为社会创造价值的能力，公式是：

$$社会贡献率 = \frac{社会贡献额}{资产总额} \times 100\%$$

这里所列的社会贡献额包括企业工资总额、各项福利性支出、利息支出、各种税收和净利润等。

B. 社会积累率

这一指标反映的是企业向国家上缴税收的能力，公式是：

$$社会积累率 = \frac{各项税收额}{资产总额} \times 100\%$$

C. 相关企业经济效益分析法

①利润率分析法

利润率可以从不同角度分析和评价企业的经济效益状况，具体表现为资金利润率、成本利润率和销售利润率这三个指标。

$$r_m = \frac{P}{M_f + M_t} \times 100\%$$

$$r_c = \frac{P}{TC} \times 100\%$$

$$r_S = \frac{P}{TS} \times 100\%$$

式中：r_m—资金利润率；

r_c—成本利润率；

r_S—销售利润率；

M_f—固定资金；

M_t—流动资金。

资金利润率体现了参与研学旅行的相关企业的利润与资金占用的关系，说明劳动占用的经济效益。成本利润率反映的是企业利润与成本间的关系，说明旅游企业劳动耗费所取得的经济效益。销售利润率反映了企业在一定时期内利润与收入间的关系，体现经营规模的效益水平。这三个指标基本额能反映出企业的经济效益状况。

②损益平衡分析法

损益平衡分析法基于企业的成本、收入和利润关系的分析，确定出保本营业收入，并分析和测出在一定收入水平上可能取得的利润水平。

常见的两个影响利润高低的因素是营业收入和经营成本。按成本性质来看，经营成本又可分为固定成本和变动成本。由此可得到的公式是：

$$P = QW - QC_V - TF$$

式中：P—利润；

C_V—单位变动成本；

W—单价；

TF—固定总成本；

Q—业务量。

想要保本时，上述公式中的 $Q = Q_0$，$P = 0$，变形为：

$$Q_0 = \frac{TF}{W - C_V} \times 100\%$$

$$S_0 = W \times Q_0$$

式中：S_0—保本点收入额；

Q_0—保本点业务量；

在明确企业保本点的业务量或收入额的基础上，可以对目标利润收入进行科学的分析和预测，以确保企业经济效益的不断提高。

③目标利润最大化分析法

涉足研学旅行企业的生产经营目的也是为了最大限度地获取利润，为实现这一目的，首先需弄清楚以下概念：边际收入（MR）是指每增加单位研学旅行者而使总收入相应增加的部分，即增加单位人员而带来的营业收入。边际成本（MC）是每增加单位研学旅行者而必须支出的成本费用。

当 MR > MC 时，表明每增加一个研学旅行者时，所增加的收入大于成本，所以还能增加利润，从而使企业的总利润扩大。这时可以继续扩大接待数量，以获得更多经济利益。

当 MR < MC 时，表明每增加一个研学旅行者时，所增加的收入小于支出，即会亏损，因而会使企业的总利润减少。这时企业应减少接待数量，来保证企业的经济收益。

当 MR = MC 时，表明每增加一个研学旅行者时，所增加的收入与支出相等，也就是增加单位消费者的利润是零。这时，企业的总利润不会增加，也不会减少，已经达到了企业最大利润的经营规模。

2. 研学旅行宏观经济效益

研学旅行宏观经济效益除了相关企业整体的直接经济效益之外，还应包括发展研学旅行带动其他有关行业发展的间接经济效益。不得不说，这种推动作用所带来的综合经济效益是相当可观的。衡量宏观经济效益的主要指标有：

（1）投资效果

投资效果是指一定时期内投资额与盈利额的比值，反映单位投资所得的利润，又被称之为投资利润率或投资回收率，公式为：

$$投资效果系数 = \frac{投资年利润额}{投资总额} \times 100\%$$

（2）投资回收期

投资回收期是指投资额全部收回的年限，即投资额与年利润额的比值，公式为：

$$投资回收期 = \frac{投资额}{投资年利润额}$$

(3) 单位接待能力投资额

单位接待能力投资额指投资总额与生产力的比值，也就是提供单位接待能力或提供单位产品所需投资额。公式如下：

$$单位接待能力投资额 = \frac{投资总额}{研学旅行总接待能力}$$

(4) 提供就业能力

提供就业能力指就业人数增加量与研学旅行经济增长量之比。

$$提供就业能力 = \frac{一定时期直接、直接研学旅行就业人数增加量}{同期研学旅行经济增加量}$$

(5) 劳动生产率

劳动生产率是指一定时期内接待人数与员工人数之比，反映了单位产品的活劳动耗费，公式为：

$$劳动生产率 = \frac{研学旅行接待人数}{研学旅行员工人数}$$

(6) 边际收益率

边际收益率是指旅游投入的增加量与旅游产出的增加量之比，体现了研学旅行在发展过程中的效益状况，公式为：

$$边际收益率 = \frac{产出增加量}{投入增加量} \times 100\%$$

研学旅行持续发展的影响与前景分析研究

一、研学旅行活跃了传统的旅游要素

在新市场和新需求的要求下,传统旅游业发展已不能满足市场发展的需求,传统的旅游要素也面临着巨大的市场冲击。随着研学旅行被纳入了中小学教育教学计划,旅游业迎来了新的发展机遇,传统的旅游要素将会在研学旅行的催生下再次活跃起来。

(一)研学旅行是旅行社持续发展的根本

改革开放以来,我国旅行社行业经过20多年的发展,在数量上增长极为迅速,已形成一定规模,但真正有实力的大型旅行社企业集团很少,整个旅行社行业仍然存在散、小、弱、差的态势,缺乏规模经营优势,缺乏与国外旅行社相抗衡的竞争优势。从我国旅行社业的类别结构来看,国内社占优势;从规模结构来看,小规模旅行社占绝对多数;从地理分布情况来看,我国旅行社在全国分布基本合理,但竞争使行业利润逐步下降,我国旅行社正逐步成为一个低利润行业。就我国旅行社行业发展的现状和趋势而言,经营体系存在很大的弊端,这严重制约着旅行社行业的健康发展。

1. 大型旅行社没有实现规模经济,其规模优势得不到发挥

大型旅行社在经营中具有旅游产品开发、旅游服务采购、旅游市场拓展、旅游接待以及资金、信息、人才和抵御风险等多方面的优势,因此,易于实现规模效益。而在我国旅行社行业中,大旅行社的规模效益并不明显,优势也远未得到充分发挥,这主要表现在:

(1)一些大型旅行社的业务发展缓慢,虽在竞争中面对众多新的商业机会,自身却处于各种困境中,不能好好把握。

(2)大旅行社未能在旅游市场中发挥应有的作用,即未能平抑市场的过渡

竞争，未能起到引导和稳定市场的作用。旅游市场的混乱无序成为困扰我国旅行社业发展和造成旅行社资源浪费的顽症。

（3）在旅行社的内部管理方面，一个突出的问题是一些大社内部普遍实行部门承包经营、变相部门承包经营、挂靠经营等，使得部分大型旅行社实际上成为一些业务相对独立的小旅行社的集合体，在这种情况下，大型旅行社难以形成规模经济。

2. 中小型旅行社缺乏明确市场定位，发展举步维艰

主要表现在：

（1）有限的接待数量和低下的利润水平；

（2）网络化、集团化程度低，多数旅行社还没有形成经营网络。

3. 旅行社恶性竞争，市场秩序混乱

由于旅行社的行业壁垒较低，进入行业较容易。近年来，大大小小的旅行社如雨后春笋般出现，为招揽顾客，旅行社之间展开低价竞争，有的以"零团费""负团费"来吸引游客。为了盈利，就只能通过购物回扣来弥补业务损失。长此以往，不但不会刺激旅游产品质量的改进，而且还会导致质量被忽视。

基于此，研学旅行正是旅游业催生的主体化、品牌化、专业化的良好载体，研学旅行的发展为旅行社业提供了良好的发展机遇，是旅行社业持续发展的根本。

（二）研学旅行是景区转型升级的突破口

景区是旅游业发展的先决条件和核心载体，是最主要和最根本的旅游供给。相当长的时期里，景区是老百姓对旅游业的第一认知，是资本追逐的首选，是政府监管的重点，也是学界研究的重点。但在休闲旅游时代，老景区面临着巨大的发展瓶颈，因为它们是从观光旅游时代过渡而来，特色文化与主题、产品、业态、功能等，可能都要进行升级。传统景区要转型升级，研学旅行是重要的突破方向，研学旅行是景区转型升级的突破口。

（三）研学旅行是接待餐饮业可持续发展的创新举措

大众旅游时代为我国餐饮业带来了发展机遇，中国接待餐饮业经过近30年的改革与发展，逐步向着多层次、多元化方向发展，从更宽广的层面满足了消费者的需求，但在新市场、新需求下，中国接待餐饮业面临着产品雷同、缺乏竞争优势等问题，要想餐饮接待行业实现创新发展，必须寻找新的市场先机。随着研学旅行的开展，为接待餐饮业的可持续发展提供了良好的发展机遇。

(四) 研学旅行是交通运输业可持续发展的动力

随着消费者旅游行为的不断变化，自驾游市场比例不断飙升，这对传统的交通运输业产生了巨大冲击。但研学旅行是一种以集体出行的旅行方式，为传统的交通运输业提供了良好的市场机遇，在确保安全的情况下，研学旅行是交通运输业可持续发展的不竭动力。

二、研学旅行的市场前景分析

(一) 研学旅游成为旅游业新蓝海

2016年11月，教育部等11个部门联合出台《关于推进中小学生研学旅行的意见》，提出中小学开展研学旅行，从小学到高中，提出以乡土乡情、县情市情、省情国情为主的研学旅行活动课程体系，据推算，全国目标市场有1个亿。

1. 研学旅游在国内的发展阶段及市场

(1) 1.0阶段：精英国培阶段

新中国成立初期，国家为了培养顶尖人才，开展具有奖励性质的公派游学，只有少数优秀大学生才能参加，属于精英国培型。

(2) 2.0阶段：旅行阶段

20世纪90年代，大众旅游时代到来。以学校作为组织主体，全员参与型研学旅游活动开始兴起。目的地主要以区域内政府公建的自然、人文、历史景点为主，活动内容重观光、轻教育，以游览、讲解模式的单向教育为主。

(3) 3.0阶段：研学阶段

21世纪以来，研学旅游进入快速发展时期，学校、旅行社、培训机构与留学中介之间开始实现跨界融合。双向互动式教育模式兴起，更加注重学生的参与度。目的地的选择也呈现出多样化特点，开发主体逐渐由政府主导转向企业主导，地产商、教育集团、文旅企业开始发挥重要作用。随着国内生产总值的不断提升带动城乡居民收入持续快速增长，引领居民消费持续升级。目前，我国正处于第三次消费结构升级阶段，居民教育、旅游休闲、医疗保健等领域的消费支出增长迅速。其中，教育文化娱乐消费支出占全国居民人均消费支出已超过11%。以往传统消费模式逐渐向高端化、个性化等方向不断升级变迁，以研学旅游为代表的体验式教育作为服务型消费模式的代表之一，正处于重要的发展机遇期。根据中国旅游研究院《中国研学旅行发展报告》数据显示，过去几年我国研学旅行市场增长迅速，国内研学旅行出行人次与市场规模均出现快速增长，出行人次年复合增长率超过34%，市场规模年复合增长率接近60%。

而目前我国研学旅行的学校渗透率仅5%左右,与发达国家如日本98%的学校渗透率相去甚远,发展潜力与空间巨大。据不完全统计,未来3—5年,研学旅行市场总体规模将超过千亿元。

境内外游学市场除了目的地的差别外,在客群年龄、游学时间、游学消费、游学内容上有很多差别。境内游学群体为6—18岁中小学生,而境外游学群体以中学生和大学生为主。境内游学多安排在暑假或学期内进行,而境外游学多安排在寒暑假。可见境外游学对学生的自我管理能力和经济条件有一定的要求。另外,境外游学内容多了对语言能力的培养,而境内游学则包含体育等素质教育内容。数据显示我国华北、华东地区对游学项目最为关注,其次为华南地区、华中地区。

游学学生中来自公立学校的学生占比约80%,了解国际游学的学生也近8成,同时80%的学生有留学意向,只有30%的学生有继续游学意向。这其中,参加过出境游学的仅占20%。游学学生家长中,近7成家长认为游学可提升孩子自我修养,6成支持国际游学,支持5万以上游学消费的占比40%,支持1—5万消费的占比30%。同时还有30%的家长认为国际游学不安全。总体来说,超过6成的家长对游学产品具有较高的消费意愿,尤其是年收入20万元以上的家庭,希望孩子游学的意愿最高,即使是收入较少的家庭,在主观上也非常愿意为孩子的游学进行教育投资。游学人群选择游学渠道基本分为5类,其中通过学校游学的人群占比45%,其次为通过游学机构的约为27%,约14%的人群选择留学中介,仅有10%的学生通过旅行社。

2. 一二三线城市需求不同,游学产品尽显差异化

随着政策推动和我国家庭收入的逐步提高,以游学为背景的境内境外游渐受欢迎,发展势头迅猛。在巨大学生存量和消费转型升级的背景下,游学作为一种新型的教育方式为广大家长所接受。同时,由于发展阶段不同,一线和二三线城市家长对游学项目的关注点显现差异,出现消费观念分层。其中,二三线城市更看重游学项目的功能性,聚焦在一些硬性指标上,比如能去几个地方,参观多少景点,进行多少名校探访等。业内人士认为,这可能跟不少二三线城市的家长首次选择游学项目有关。而一线城市家长更看重游学项目的综合教育意义,关注游学组织的细节和流程,青睐深入的、沉浸式的文化和生活体验。这样导致的结果就是,一些受到一线城市家庭欢迎的游学项目,在二三线城市并不"吃香"。例如,不少一线城市家长往往在目的地选择上,错开像伦敦、纽约这样的大城市,选择国外的乡村生活式的游学项目,而二三线城市家长更多的会选择前往大城市。此外,一线城市的游学项目消费呈现非一次性消费趋势,

家长回购行为明显。同时，低龄化趋势显现。

3. 研学旅游目的地类型

在文化旅游业发展的大时代下，研学与科技旅游、文化旅游、乡村旅游及户外拓展等结合，呈现四类研学旅游目的地，成为文化旅游开发运营商发展研学旅游的重要的产品选择。

（1）"研学旅游+科技"：科技研学旅游目的地

科技研学旅游目的地主要是通过VR、AR、3D/4D等高科技手段来静态展示或科技体验，通过展示与体验实现科技教育的目的地。一般科技研学旅游目的地主要包括展馆类、科研类和科技园区类。其中展馆类主要以知识普及类博物馆、科技馆为主，拥有占地面积较小，投资金额适中，内容灵活，复制性强等特点；科研类主要依托高科技企业、科研单位的实验室、生产工厂为载体，复制性差；园区类载体则主要是动物园与植物园，科技含量相对较低，占地面积较大。

（2）"研学旅游+农业"：农旅研学旅游目的地

目前以农业为主题的研学旅游基地主要分为两大类型，一种是以现代化农业示范基地、农业研究院、农业示范园等为代表的农业研究型载体，另一种是以农庄、田园综合体等为代表的田园体验型载体。

（3）"研学旅游+文化"：文化研学旅游目的地

我国历史悠久，文化资源丰富，各类文化类研学旅游目的地众多，每年参加文化类研学旅游活动的青少年学生数量处于领先地位。其中以传统文化、红色文化、民族文化类占据绝大多数。

（4）"研学旅游+拓展"：营地研学旅游目的地

青少年拓展教育是一种户外体验式学习，通过室外拓展训练等活动，达到磨炼意志、增强自信、完善人格、团队协作等教育目的。青少年拓展基地以专业化的户外拓展营地为主，营地多建立在远离市中心的自然环境中，营地内除餐厅、宿舍等基本生活设施外，还配备拓展场、竞技场等训练设施，以及医务室等辅助保障设施。

（二）研学旅行的将来，会朝这三个方向努力

研学旅行是近几年在内地出现的新型词汇，它和曾经的孔子周游列国活动极其相似，延续和发展了古代游学的理念，是应试教育向素质教育转变的重要形式。研学旅行是由学校根据区域特色、学生年龄特点和各学科教学内容需要，组织学生通过集体旅行、集中食宿的方式走出校园，在与平常不同的生活中拓

展视野、丰富知识，加深与自然和文化的亲近感，增加对集体生活方式和社会公共道德的体验。

2019年7月，在《关于深化教育教学改革全面提高义务教育质量的意见》中提到，打造中小学生社会实践大课堂，充分发挥爱国主义、优秀传统文化等教育基地和各类公共文化设施与自然资源的重要育人作用。目前不少省市已经将研学旅行纳入素质教育的政策法规中，不断推进研学旅行的快速发展，研学旅行未来可期。

2018年中国旅游研究院等联合发布了《中国研学旅行发展报告》，报告指出，未来3—5年中国研学旅行市场总体规模将超千亿元。同时，报告系统梳理并介绍了研学旅行行业发展现状、消费需求状况、市场前景判断以及发展导向，认为成年人和老年人的研学旅行市场将会不断扩大，那么研学旅行的未来市场前景该是什么样的呢？它会有什么样的发展趋势？

1. 跨界融合会成未来主打方向

在未来市场规模将进一步扩大，学校、培训机构、旅行社以及基地、营地单位、研学旅行服务机构将会逐步实现跨界融合，研学市场的分散度会再次降低，行业集中性会不断加强。现如今涉足研学旅行的机构众多，研学市场的分散导致研学旅行质量不高，各个机构纷纷推出研学项目，期望从中分一杯羹，其实社会对人才的需求是全面的、综合的，所以只有将各行各业彻底整合起来，各自结合自身特点进行研学旅行的规划，才能真正地解决问题。比如研学与科技的融合，可以创造科技研学的基地，通过一些展馆、科技园区、实验室等科技教育目的地的体验达到研学旅行的目的。

研学与农业的结合为农旅研学提供方向，目前以农业为主的研学主要分为两大类型，一种是以现代化农业示范区为主的研究型载体，另一种是以农庄为主的体验类农业基地。

2. 研学课程设计更加科学

据数据调查显示，一线城市家长更看重研学旅行课程的教育意义，喜欢沉浸式的文化生活和体验，这也意味着在不久的将来研学课程的设计也要更加精细化、科学化，满足孩子和家长们的各种需求。

2017年5月，经国家旅游局批准的《研学旅行服务规范》行业标准正式实施，其中提到在研学旅行产品设计过程中，要针对不同学段特点和教育目标开发系统性、知识性、科学性、趣味性的研学产品。这指明了未来研学课程发展的方向，在内容上会更加倾向于课题的开发和研究，不仅只限于中小学生，还会延伸到全年龄段，实现市场的进一步细分；研学旅行课程的质量更高，也会有更多高质量研学导师的参与和介入，形成"1+1"的互补模式。

3. 研学导师成新兴职业

老话总说好马配好鞍，如果说研学课程是一匹马，那研学导师就是配好的马鞍，研学导师的质量高低一定程度上决定了课程实施的质量。

研学导师的"导"代表着双层含义，第一就是指导学生的思想、学习和生活，第二指的就是导游，研学导师是教育和旅游行业融合所形成的产物。随着研学政策出台以来，各个省市也纷纷加入其中，形成一股不可忽视的研学旅行热潮，根据全国中小学生人口统计来看，全国研学旅行市场的潜在客户就有2亿多，对于研学导师的需求大大增长。

现如今研学导师的数量稀少，大多都是半路出家，许多从业者也意识到培养专业研学导师的重要性，在未来几年，研学旅行行业发展日益蓬勃，研学导师将成为紧缺的新兴职业。目前研学旅行已经被纳入学校教育必修课之中，未来的发展不可估量。

三、研学旅行前景分析

研学旅游在产品层面的丰富将成为未来的发展重点：工业科技研学游、农业研学游、文化研学游、拓展研学游等。2017年，根据教育部相关文件一共推荐了204个"全国中小学生研学实践基地"，14个"全国中小学生研学实践教育基地"，主要涵盖的也是这几个类型的研学旅行目的地类型。

（一）行业市场前景一：研学旅行消费需求后劲可期

相比欧美发达国家，我国研学市场起步较晚，但市场需求很旺盛，发展速度也比较快。据前瞻产业研究院调查，约3/4的受访者表示了解研学旅行，80%左右的人表示对研学旅行很感兴趣，六成左右受访者参加过研学旅行。从参加研学旅行的意愿调查来看，70%的人期望旅行时长是6—10天，人均花费能接受在3000—10000元的所占比例达88%，64%的人认为目前市场上的研学旅行产品能满足需求。各区域主要热门旅游城市如北京、上海、广州、深圳、成都、沈阳、武汉、西安等愿意参与研学旅行的比例基本达到70%以上。

（二）行业市场前景二：三年内在适龄人口渗透度有望达到10%以上

随着研学旅行被纳入教学计划，研学旅行逐渐成为刚需，未来3—5年研学旅行的学校渗透率会迅速提升，单以我国K12教育体系来看，目前我国幼儿园至十二年级阶段人口未1.8亿，其中游学、夏令营比例在5%左右，近1000万人。游学业务每年增长速度超过100%，三年内在适龄人口渗透度有望达到

10%以上。

(三) 行业市场前景三:国家教育投入增长有利研学旅行市场发展

根据《关于推进中小学生研学旅行的实施意见》:一般情况下,学校每学年组织安排1—2次研学旅行活动,每学年合计安排研学旅行活动:小学3—4天、初中4—6天、高中6—8天。《意见》提出各地可采取多种形式、多种渠道筹措中小学生研学旅行经费,探索建立政府、学校、社会、家庭共同承担的多元化经费筹措机制。交通部门、铁路部门、文化、旅游等部门通过执行儿童票价、减免门票等方式支持研学旅行开展。保险监督管理机构会同教育行政部门推动将研学旅行纳入校方责任险范围,鼓励保险企业开发有针对性的产品,对投保费用实施优惠措施。鼓励通过社会捐赠、公益性活动等形式支持开展研学旅行。

其中政府方面主要是通过财政教育经费的形式进行补贴。2017年全国教育经费总投入为42557亿元,比上年增长9.43%。其中,国家财政性教育经费为34204亿元,比上年增长9.02%。教育经费总投入在学前教育、义务教育、高中阶段教育、高等教育和其他教育间的分配占比分别为7.65%、45.49%、15.60%、26.10%、5.17%。其中与研学和营地教育相关的包含:国家会拨款到各个教育局和学校,学校和教育局有责任和有义务在每个学期里,给学生提供小学三天、初中五天、高中七天的出校、出市、出省的研学教育。保守估计,研学旅行和乐园教育市场规模未来可能会发展到2000亿左右。

研学旅行是指教育部门和学校有计划地组织安排,通过集体旅行、集中食宿方式开展的研究性学习和旅行体验相结合的校外教育活动,是校内教学的有效延展。在提倡素质教育的背景下,传统的局限在校内的教育方式已经无法满足提升学生综合素质和全面发展的要求,将教育与旅游相融合的研学旅行受到市场青睐。

四、研学旅行市场发展新格局

(一) 地区格局:研学旅行企业分布在一线城市和新一线城市

研学旅行和营地教育消费与当地居民收入水平、消费观念、教育资源及水平等因素成正关联,我国有66%的研学旅行和营地教育企业分布在一线城市和新一线城市,其中北京、上海、广州、深圳四个城市最多,占比达35.11%。

(二) 企业格局一:研学旅行机构以小微企业为主,年接待量较小

目前,研学旅行机构以小微企业为主,年接待量较小,30人以下的企业占到整体比例的60.7%(不包括兼职),员工规模30人以上的占到了40%,也就

是说有很大的发展空间和团队的扩充空间，这也是投资机构很看中的一点。其次我们看到各家企业每年可接待的人次数据，接待量在1000人以上到10000人以上的占比43.1%，虽然说500人以下占的比例是最高的，但是因为10人以下的规模型企业占比就比较高，他们所能做的承接能力也比较有限，所以二者是比较符合的。

（三）企业格局二：整体营收超2000万额企业占比较小

从事研学旅行的相关机构组织中，2017年总收入规模2000万元以上的占比10.7%，前瞻产业研究院认为，部分企业受品牌影响力较低，获客渠道不足等因素影响，整体营收规模处于较低水平，但是该领域的发展空间还很大，企业需要进一步扩大品牌和市场推广力度，扩大市场份额。

（四）企业格局三：第一梯队企业争先挂牌"新三板"

目前我国已有研学旅行机构超过9000家，研学旅行第一梯队企业，如世纪明德、明珠旅游等已成功挂牌"新三板"，获得了资本市场的青睐。

（五）发展趋势：旅行社和游学机构的结合，将形成研学市场的一种新的格局

传统的游学，旅行社做的是只游不学，而专业的游学机构做的则是只学不游，而在教育部意见推出之后，旅行社和游学机构基于市场刚需，迫切要升级产品，旅行社的产品升级，无法做到研学，只能在产品服务上升级；而游学机构的产品升级，已经满足了学的要求，而怎么去做到游，所以，在未来的研学市场上，旅行社和游学机构的结合，将形成研学市场的一种新的格局。

根据新思界产业研究中心发布的《2019—2023年中国研学旅行市场可行性研究报告》显示，研学旅行在欧美等发达国家起步较早，发展时间较长，现阶段我国还处于发展初期阶段。随着素质教育逐渐深入人心，2014年以来，我国研学旅行人次迅速增长。2014—2017年，我国境内研学旅行人次由140万人次增长至340万人次，年均复合增长率为34%；境外游学人次由35万人次增长至85万人次，年均复合增长率为34%。我国研学旅行市场需求迅速增长。

学生是研学旅行的主体，其中，境内研学旅行以中小学生为主要群体，多安排在暑假或学期内进行；境外研学旅行以中学生和大学生为主，多安排在寒暑假期间。研学旅行市场的发展程度受当地居民的收入水平、消费观念、教育资源等因素的影响。在我国研学旅行市场分布中，北上广深一线城市的份额占比为35%；新一线城市的份额占比为30%；二线城市的份额占比为13%；三线及以下城市份额占比为22%。我国一线城市和新一线城市的市场份额占比达到

65%，经济较好的城市研学旅行市场相对发达。

我国研学旅行行业中企业数量众多，现阶段已经超过9000家。其中，员工规模在30人以下的企业数量占比达到六成左右。这些小型企业每年可接待研学旅行人数规模较小，市场集中度较低。2017年，我国研学旅行行业中，年收入规模在1000万元以上的企业数量占比不足20%，行业整体营收能力较弱。由此可见，我国研学旅行市场还有非常大的发展空间。

2016年11月，国家教育部、发改委、旅游局等11部门联合发布了《关于推进中小学生研学旅行的意见》，指出要将研学旅行纳入中小学教育教学计划，并加强研学旅行基地建设。研学旅行已经上升到国家战略高度，随着其被列入中小学必修课程，未来市场需求将快速增长，行业发展前景广阔。

新思界行业分析人士表示，素质教育观念已经深入人心，我国"80后""90后"进入为人父母阶段，千禧一代家长的教育理念更为先进，对素质教育的接受程度更高，为研学旅行市场发展带来强劲动力。同时，我国政府对研学旅行的重视程度不断增加，研学旅行已经进入到国家战略层面，将推动市场需求快速增长。现阶段，我国研学旅行行业尚处于发展初期阶段，市场拥有巨大的发掘空间，总的来看，我国研学旅行行业未来发展前景广阔。

研学旅行学术研究综述

一、研究政策背景

2013年2月2日,国务院办公厅印发了《国民旅游休闲纲要(2013—2020年)》,纲要中提出"逐步推行中小学生研学旅行"的设想。2014年7月14日,国家正式发布《中小学学生赴境外研学旅行活动指南(试行)》。同年8月21日,在《关于促进旅游业改革发展的若干意见》中,国家首次明确要将"研学旅行"纳入中小学生的日常教育范畴。2015年8月4日,国务院办公厅印发《关于进一步促进旅游投资和消费的若干意见》,明确要求建立健全研学旅行安全保障机制,旅行社和研学旅行场所应在内容设计、导游配备、安全设施与防护等方面注意青少年学生特点,寓教于游。2016年国家旅游局公布首批"中国研学旅游目的地"和"全国研学旅游示范基地通知"。教育部、国家旅游局等11部门在2016年12月联合印发了《关于推进中小学生研学旅行意见》(下称《意见》)。2016年12月19日国家旅游局发布《研学旅行服务规范》,要规范研学旅行服务流程,提升服务质量,引导和推动研学旅行健康发展。

2017年9月,教育部印发了《中小学综合实践活动课程指导纲要》。教育部于2017年10月印发《中小学综合实践活动课程指导纲要》,研学游的课程内容设计、组织实施、指导评价都提出了明确要求。2018年教育部公布了"全国中小学生研学实践教育基地、营地"名单,包含中国人民解放军海军南海舰队军史馆等共377个单位。

在国家大力倡导研学游的同时,各省也出台相应的办法。2012年以来,有关部门先后选取安徽、江苏、陕西、上海、河北、江西、重庆、新疆8个省(区、市)开展研学旅行试点工作,并确定天津滨海新区、湖北省武汉市等12个地区为全国中小学生研学旅行实验区。2018年,广东省、山东、江苏、湖南等相继出台"研学旅行"的相关政策。这些国家和地方政策的出台都说明了研学旅行是教育的一个全新方向，成为落实素质教育的重要途径。也是旅游产业发展的一个新的增长点。

研学旅行快速发展引起国内外学者的关注，但研学旅游研究才刚刚起步，未形成一个完整的理论体系。我国最早研究研学旅游的是吕可风（1996），在其后的20年里，大部分学者沿用"修学旅游"一词。后来沈晓春（2011）、陈素平（2017）、李先跃（2018）等对研学旅游进行了综合（述）研究，为研学旅游的理论研究提供了一定的借鉴和指导，但研究还有待进一步深入。基于此，本文对1996—2019年的研学旅游相关文献进行统计分析，以期为未来研学旅游研究提供一定的借鉴。

二、文献检索与统计

1. 文献统计分表

在文献研究过程中，以中国学术期刊全文数据库进行统计，统计时间截止到2019年10月10日。分别以研学、研学旅游、研学旅行、修学旅游四个关键词进行检索。按类别检索结果如表1。

表1　文献研检索统计表

关键词	期刊	硕士论文	报纸	会议	其他	合计
研学	1164	74	129	39	2	1408
研学旅游	87	9	15	2	0	113
研学旅行	613	57	67	19	1	757
修学旅游	64	16	5	1	0	86
选择文献*	1228	90	134	40	2	1494

2. 研学文献的主题分布

在选择研究的1228篇文献，按研究关键词统计其分布情况，如图1。

从研学主题分布来看，研学旅行的文献有794篇，占了41.94%，其次是研学活动、研学旅游。但"中小学生""中小学"相对较少，仅占4.91%和4.81%。

3. 文献的年度统计

在选择研究的1494篇文献，按年度进行统计其分布情况，如表2。

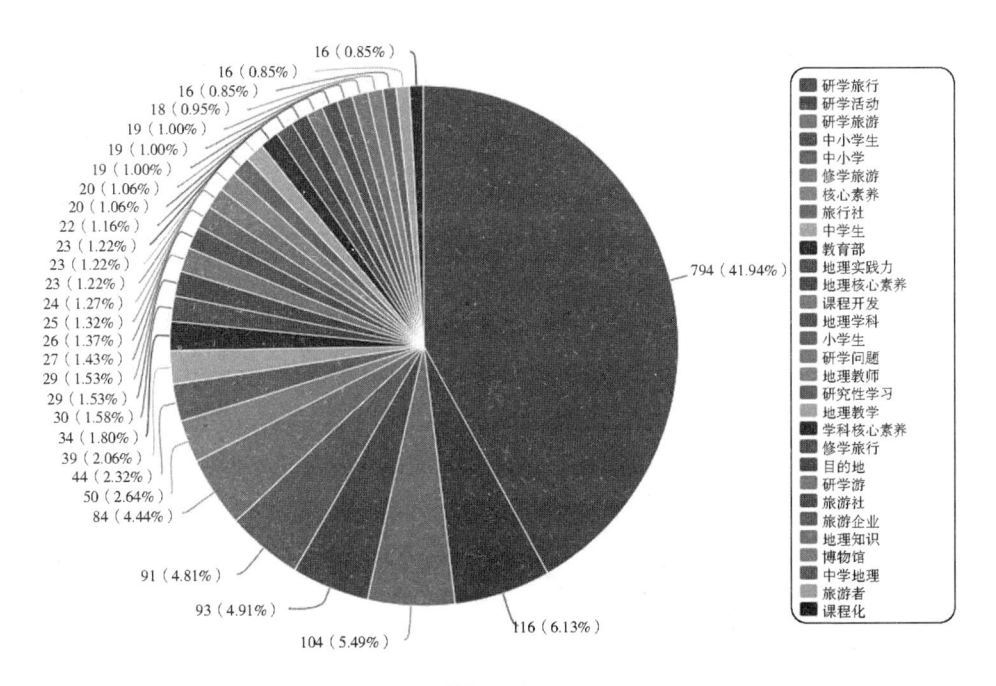

图1　研学旅行关键词分布图

表2　研学旅行研究年度统计表

年度	2012及以前	2013	2014	2015	2016	2017	2018	2019	合计
期刊	95	36	44	36	59	208	373	377	1228
硕士论文	7	4	0	2	4	7	34	32	90
报纸	0	7	6	11	6	28	38	38	134
会议	2	0	0	1	4	7	21	5	40
其他	1	0	0	0	0	0	1	0	2
合计	105	47	50	50	73	250	467	452	1494

从文献的发表年度来看，对研学旅行的研究发展可以分为三个阶段。

第一个阶段：起步阶段（2012年之前）。2012年之前的研究文献相对较少。其研究以借鉴国外的研学为主，这个阶段的研究主题以"修学旅游"为主。张其惠（2010）对修学旅游的研究进行了述评，认为修学旅游具有典型的"教育和旅游的统一、知识与文化性和参与性极强"的特点，修学旅游产品的开发应注重"多主题、多层次、多组合"。文红、孙玉琴（2005）和陈非（2009）都对我国修学旅游入境、出境、国内市场开发现状作了概括。

第二阶段：发展阶段（2013—2016），随着国家和各省市相关政策的出台，研学旅行的研究开始增多，研究主题也逐渐由"修学旅游"向"研学旅行"转变。研究内容重点关注的中小学生、青少年的课堂教学、教学模式、研学后教等研学问题。

第三阶段：繁荣发展阶段（2017—现在），随着政策的完善，研学活动已出现空前的繁荣，对"研学旅行"的研究开始大量出现，同时以"研学旅游"和"研学活动"为主题的研究逐渐增多，仅次于"研学旅行"。但研究内容还主要集中在中小学生的素质能力、实践能力的课程开发，特别是地理学科的课程；对研学旅行的理论研究较少。

4. 研究基地

2017年12月，教育部颁布了我国首批全国中小学生研究实践教育基地，共204处；2018年颁布了第二批实践教学基地，共377。从这些基地来看，更注重教育功能和价值。具体如表3。

表3　研学基地类别统计表

教育科普					生态文化		旅游	合计
展览纪念馆	科研科普基地	企业工程	学生活动基地	爱国革命基地	自然保护地	历史文化地	旅游景区	
101	29	14	16	13	12	8	11	204
39	91	75	61	1	12	65	33	377

5. 关键词共现分析

在选择研究的1494篇文献，用文献的关键词做共现分析，结果如图2。

从关键词共现图来看，研学旅行、中（小）学生、沂蒙精神、教育部、旅游（研学）产业是出现最多的，这也体现学者对研学旅行的关注点，主要集中在中小学研究旅行上。沂蒙精神是唯一一个红色旅游革命精神的关键词。从学者的研究来看，沂蒙革命老区的研学旅行研究成果较多，也形成了一定的研学旅行模式。

三、研学旅行研究热点

近年来在研学旅行的研究上，国内学术界做了大量工作，取得了一定的成绩。纵观研学旅行的研究内容，还主要集中在研学旅行的概念与内涵、研学的

图 2　关键词共现图

实践、产品与市场。随着研究的发展，部分学者开始关注研学旅行的理论基础。

1. 研学旅行的内涵

研学旅行来源于国外，可以追溯到 20 世纪 70 年代的丹麦，逐渐在日本、美国等国家兴起。在国外的研究中，与研学旅行相关度比较高的学术名词有 Experiential Education、Outdoor Education、Education Tourism、Study Tourism 等，其中 Education Tourism 是应用最多的，通常翻译成"教育旅游"。研学旅行比较成熟的是美国和日本。代表性的学者有 GunayAliyeva（2015）、SamahAA（2013）、RitchieBW（2013）。在日本，通常称为修学旅游（日语称为しゅうがくりょこう），其解释是"作为学习的一环，教师带领儿童、学生进行团体旅行。"（《明镜国语辞典》）

在我国最早出现的研学活动可以追溯到春秋战国时期，诸子百家周游列国。但国内学者对研学旅行的定义看法不一，吴必虎（2013）认为研学旅游是覆盖全年龄段的以学习为目的的旅行，其研究扩大化了研学旅行的范围。2014 年时任教育部基础教育一司司长王定华认为，研学旅行就是学生集体参加的有组织、有计划、有目的的校外参观体验实践活动。同时，他还提出了研学旅行的范畴边界，即"两不算，两才算"。2016年《意见》明确指出，中小学生研学旅行是由教育部门和学校有计划地组织安排，通过集体旅行、集中食宿方式开展的研究性学习和旅行体验相结合的校外教育活动，是学校教育和校外教育衔接的创新形式，是教育教学的重要内容，是综合实践育人的有效途径。后来黄晓虹（2017）和殷堰工（2017）都认为，研学旅行可以分为广义和狭义。黄晓虹（2017）认为广义上研学旅游可以分为入境游玩、出境游玩以及国内游玩；狭义上研学旅游可以分为团队进修学习旅游以及个人研学旅游；其中按照学科分类的话可以将研学旅游分为自然学科以及人文学科的旅游过程，按照体验程度可以分为讲座、观光等单向体验以及互动参与性的双向体验。殷堰工（2017）认为广义上研学旅行是指饱含学习和求知欲望的旅游主体，离开常住地点，进行异地探求寻知的旅游活动，狭义上指研学旅行就是"以游玩为目的的学习，或者以学习为目的的游玩"，在游览、观光、交际中实现学和做的结合，在阅览风土人情中提升社会认知。骆鹏飞（2017）认为广义上，研学旅游是指饱含学习和求知欲望的旅游主体，离开常住地点，进行异地探求寻知的旅游活动；常讲的研学旅游指狭义的，即指学校组织的，由青少年学生作为旅游主体而开展的获取知识、体验生活的校外集体活动。李军（2017）认为狭义的研学旅行特指在教育部门和学校有计划地组织安排下，通过集体旅行、集中食宿方式开展的研究性学习和旅行体验相结合的校外教育活动，是学校教育和校外教育衔接的创新形式，是教育教学的重要内容，是综合实践育人的有效途径。白长虹（2017）认为研学旅游的内涵为以学习为主要目的的专项旅游活动，其外延体现为参与群体、参与形式、参观场景的变化。具体而言，从研学旅游的实施主体来看，参与群体可以是在校学生、处于人格发展阶段的青少年群体、不断追求进取的成年人等；从参与形式来看，可以是集体组织形式、旅游团队形式、独立出游形式等；从参观场景来看，可以是自然、文化、产业等。官长春（2019）对研学旅游进行了研究，认为研学旅游是研学旅行的扩展版，落脚点还是在教育，力图通过打造"行走中的课堂"，给学生提供快乐有趣的学习环境，是学生创新能力和实践能力培养的重要途径，是对学生素质教育的有力支撑。

　　研学旅行的本质是教育，作为一种新型的教育形式，要切实为"立德树人"的根本任务服务，要把研学旅行真正作为教育教学计划予以安排。也就是说，对全国中小学校来讲，研学旅行是必修课，是既定的"规定动作"，而非选修课，也非"自选动作"。需要指出的是，研学旅行具有明显的公益性，因此研学旅行服务机构不能从经营中获得可观的利润。

2. 研学旅行的理论基础

研学旅行是 2016 年以后新兴起的一种旅游方式，也是文旅融合背景下的一种必然结果和新的发展方向。作为新兴市场，其理论研究相对比较薄弱。杨菲（207）认为心理学是开展研学旅行的基础理论，特别是发展心理学理论。研学课程要强调学生本位，合理设计有利于加强道德养成教育和审美教育、社会教育、情绪情感教育、人际交往教育、自我认知教育的体验情景，并抓好落实。陆庆祥、程迟（2017）认为研学旅行的理论基础有：自然主义教育理论、生活教育理论、休闲教育理论三个；在这三个理论指导下采取寓教于乐的教学方法，以过程考核、柔性评价为主要考核和评价方法。朱洪秋（2017）认为研学旅行的依据有多尔的后现代主义课程具有生成性、开放性、对话性、选择性的特点，顺应了人本化、个性化时代的特点和需求，是对泰勒现代课程理论的一种发展和补充，也是研学旅行课程个性化、人本化的重要理论依据。刘刚（2018）认为研学旅行的理论包括自然主义教育、实用主义教育、休闲教育、发现学习理论四类。张艳霞（2018）研究旅行要以旅游需求理论和产品差异化理论为基础，以如何将研学旅游有效融入乡村旅游为其增加活力为研究的立足点，以中学生乡村研学旅游供需特点调查和乡村研学旅游资源的挖掘为切入点。王占龙（2019）以服务剧场理论为基础，提出了研学旅游优化的 SSPDAA 六要素，并在这一理论框架下，结合体验经济理论和旅游真实性理论，总结提出剧本、表演、舞台和演员（导演）四项策略用以指导研学旅游产品的优化。孙茜（2017）构建了红色研学旅游基地满意度分析 PDCA 模型并进行实证研究，从产品、师资、基地、保障体系、硬件和环境六大影响因子角度，提出了红色研学旅游基地的可持续发展策略。

3. 研学旅行的实践

以日本为例，大部分学校的研学旅行产品主题不仅涉及经济、文化等领域，还涉及培养学生职业生涯规划意识的相关领域。教育部教育发展研究中心研学旅行研究所所长、研究员王晓燕（2018）认为研学旅行课程开发需科学设计、扎实推进。研学旅行要达到良好的效果，必须进行科学的课程设计，研学课程要立足教育性、加强专业性和融合性，并建议科学的评价办法。

王萍根据 2013 年以来上海市普陀区 5 所学校开展的研学旅行项目，指出研学旅行的意义和特质。张向敏（2017）等探讨了基于教材的构建模式；提出了基于研学旅行构建开放型初中地理综合实践活动的实施策略。钟志平（2018）通过整理 14 个省（市）出台的研学旅行示范基地相关文件条款，对政府相关政策做出评价，为政府指导研学旅行示范基地建设、研学旅行示范基地的发展提出建议。吴婕妤（2018）以陕西西安为例，研究了通过发挥区位优势，提升研学基地的研学旅行功效，增强中小学生的综合素质能力。王卫兴（2018）提出了地理研学旅行的几种方式。

从学科的视角开展研学旅行的研究。陈俊英（2018）、熊松泉（2018）等认为，在研学旅行中应充分发挥地理学科的优势，打造以人地协调观为指导的研究旅行基地，在研学旅行过程中培养地理核心素养。张金萍（2018）对研学旅行路线规划进行研究，认为线路规划时要注意实地考察与借助外力教师先行与旅行社跟进教材知识与生活体验教学效益与经济效益学校主导与家庭辅助线路质量与对外宣传 6 个方面的结合。李阳（2019）认为博物馆在开展研学旅行中要发挥重要作用，而且博物馆进校园的模式相对比较成熟，开展相对比较容易。高丙成（2018）等对研学课程体系进行了研究，认为研学课程设计应该注重内容和方式方法，提出"基地 + 课程"的培养模式、"梯度 + 系列"的发展路线、"根据地 + 游击式"的施教行为、"1 + X"的多元评价体系。

吴涛（2017）认为红色研学旅行作为近年来兴起的一种寓教于游的学生实践活动形式，大力推进大学生红色研学旅行，加快建设红色研学旅行基地，把"教"和"游"有机结合起来，充分发挥红色研学旅行的思想政治教育功能，是高校开展社会主义核心价值观教育的有效途径。陈胤丹（2017）认为红色研学旅游既是中国旅游业的发展形势和需要，也是对中国革命传统和中华民族精神的弘扬，既有利于培养发展旅游业新的增长点，又有利于全面建设中国特色社会主义和和谐社会，红色旅游资源作为不可再生、非物质遗产特征明显的旅游资源，应该加强对它的管理和引导，深入挖掘其文化内涵，充分发挥政府在红色旅游资源保护利用中的主导作用，构建各级红色旅游资源保护联动屏障。范妮娜（2019）认为红色旅游产品开发要以红色故事为线索、以热点科技为载体、以任务驱动为手段打造红色旅游产品。赵庭（2018）、王绪堂（2018）探讨了探索红色研学旅行的沂南模式。

4. 研学课程的研究

教育部教育发展研究中心研学旅行研究所所长、研究员王晓燕认为要确保研学旅行高质量、健康可持续推进，课程开发是关键，现有的课程开发缺乏科学设计，实施过程中盲目性和随意性较大，其原因是对研学旅行的概念内涵认识还不够到位、对研学旅行的课程性质没有准确理解和把握。

周璇（2017）认为研学课程是一种新的课程形态。于俊霞（2018）构建小学研学旅行活动课程评价体系。罗亚玲（2018）认为将研学旅行与教育教学有机融合，巧妙结合日常教学活动或利用周末、假日时间，把旅游、学习、亲子互动和生活体验整合在一起，探索形成我校学生广泛参与、活动品质持续提升、组织管理规范有序、文化氛围健康向上的研学旅行课程体系。刘璐（2018）研究了国外的中小学研学旅行课程模式，认为主要有四种，自然教育模式、生活体验模式、文化考察模式和交换学习模式；四种模式的共同点就是注重"研学"与"旅行"的交融。曾素林（2019）需要通过理性认识中小学研学旅行活动课程开发的基本要素，充分遵循课程开发的基本原则，积极建构课程开发的多元维度加以应对。李倩（2019）回顾了国内研学旅行课程的研究，认为其研究虽取得了一定的成果，但仍存在定义不清、理论薄弱、评价方式过于传统等问题。

5. 研学产品与市场开发

在研学的文献中，有 268 篇涉及对研学旅游产品的研究，包括对研学资源、研学基地、研学旅游产品营销等方面。如唐顺英（2004）、汪季清（2012）、杜丽卿（2015）、赵壁（2015）、赵艺辰（2017）、邱悦（2017）、王丽莉（2017）等针对特定区域研学旅游产品的开发、设计、营销进行研究。邓明艳给出了更加系统的研学旅游产品设计思路，她认为，研学旅游项目的主题设计有两条线索：以类型为线索和以地域为线索。以目的类型为线索，沈晓春根据广东省的资源和市场情况将广东研学旅游产品主题分为 8 类：历史教育类、生态环保类、古人类文化遗址及岭南文化类、社会实践类、现代化教育类、主题教育类、宗教文化类、名校交流与观光类。彭小珊（2019）对研学产品进系统研究，认为研学产品包括体验类、观赏类和励志类，其中体验类可分为乡村旅游、森林公园、运动休闲、海洋观光和水族馆；观赏类包括山岳、溶洞、古迹遗址、水城观光；励志类包括民族文化、会展节庆和工艺美术。陈胤丹（2017）等针对红色研学旅游产品地进行研究，认为红色研学旅游则是能够通过旅游体验，寓教于乐，将革命精神和传统文化等通过旅游让学生体验和理解；红色研学旅游既是中国旅游业的发展形势和需要，也是对中国革命传统和中华民族精神的弘扬，既有利于培养发展旅游业新的增长点，又有利于全面建设中国特色社会主义和谐社会。陈素平（2017）通过总结前人的研究认为，2000 年以前我国研学旅游发展尚处于起步期，对研学旅游现状的研究较为匮乏。2000 年至 2015 年这 16 年研学旅游的发展情况大同小异，处于起步期，对研学旅游现状的研究较前一阶段丰富。2015 年后研学机构开始雨后春笋般的出现，呈现 1000 亿规模的研究市场。王仁庆研究我国青少年旅游市场，认为开发研学市场具有必要性，符合国家素质教育的要求。文红、孙玉琴（2005）提出了我国修学旅游市场的开发不重视突出教育因素，凸现出个性不鲜明的现状，从产品、营销、政府角度提出了修学旅游市场开发策略。

四、未来展望

不同学科背景的学者对研学旅行的研究，促进研学旅行基础理论的不断完善、课程体系的开发、研学产品的健全和研学市场的健康发展，取得一些具有实践价值的研究成果，主要表现为研究成果丰富，学科门类齐全，但是高水平成果偏少；研究对象集中在中小学，其研学活动有游无研、无学。基于对1996—2019年研学旅行研究成果的梳理和总结，结合我国研学旅行的实践诉求，未来我国研学旅行应重点关注以下方面：

1. 研学旅行基础理论

理论指导实践。当前我国的研学旅行重点关注实践活动，面对基础理论的研究相对匮乏。健全的基础理论才会引导行业的健康发展。研学旅行研究要重点关注心理学、行为学、教育学、旅游学等基础学科理论，借此完善研学旅行理论体系。

2. 研学服务平台和标准课程体系

研学旅行要重在研和学，行是方式。研学课程要重点挖掘文化内涵。通过与研学基地合作，挖掘基地和地域文化，按照"多主题、多层次、多组合"的目标，制订研、学、游兼顾的课程体系。避免只游不研、只游不学课程建设。建设研学服务平台，构建标准化的研学课程体系，这需要政府、高校、企业和相关培训机构共同参与，齐心协力才能取得最佳效果。

3. 研学人才培养

习近平总书记曾讲要树立强烈的人才意识。人才是第一生产力。2019年10月18日教育部发布了2019年增补专业名单，将于2020年开设"研学旅行管理与服务"专业。国家层面已经开始重视研学人才的培养，各省市、高校也要抓住此次契机，积极做好研学旅行人才的培养。

4. 研学旅行运行机制

研学旅行涉及政府、学校、学生、家长和相关机构。政府出台政策进行支持和引导、学校要制订完善的课程体系和评价标准，研学基地要配合课程体系开展研学活动，学生要做好课程预备指导，家长做好支持工作。因此研学旅行要从政策、经费、组织、安全、课程体系等方面一起抓，以保证研学旅行良好运转。

生态体验式研学旅行理论与实践

作为素质教育重要推进方式之一,研学旅行愈来愈受重视。但社会上对研学旅行的认识和实践探索难免存在误区,认知深刻性受限,导致研学旅行成为少数学生的名校游、奢华游,实质性的教育内涵和价值仍显缺失,也没有真正惠及大多数以至全体学生。在研学旅行中,导致出现效率低下的原因就是把研学旅行当作了单纯的旅游,忽视了研究性学习的科学开展。为了解决这些现实问题,本文从生态体验理论与研学旅行深度融合的视角,探索和阐述生态体验式研学旅行的若干重要理论和实践问题。

一、生态体验理论与研学旅行:一种深度融合关系

从国内外改革发展大趋势看,生态体验理论是一个国际原创学术品牌,而生态体验教育正在全面升温。研学旅行是典型的体验教育方式之一,正在寻求系统科学的理论支撑和切实有效的实践指导。

那么,生态体验理论与研学旅行之间是什么关系呢?简要地说,生态体验理论与研学旅行之间,具有内在一致性的深度融合关系,可以说生态体验是研学旅行发展的时代新方位。一方面,生态体验理论包含着包括研学旅行在内的诸多体验教育的成功经验,汇聚、上升为本体理念,它可以作为研学旅行的理论支撑和实践指南;另一方面,研学旅行作为教育领域改革发展的新生事物,需要高位理论的思想营养和实际指导,可以在生态体验中科学、有效地落地。

国家《关于推进中小学生研学旅行的意见》明确阐述了中小学生研学旅行的定位,"中小学生研学旅行是由教育部门和学校有计划地组织安排,通过集体旅行、集中食宿方式开展的研究性学习和旅行体验相结合的校外教育活动,是学校教育和校外教育衔接的创新形式,是教育教学的重要内容,是综合实践育人的有效途径"。

新时代,生态体验已成为德育现代化的时代新方位。生态体验理论的教育

价值理念，倡导生命成长的生态多样性，强调体验是教育的本体，通过三重生态因子的圆融互摄，优化体验者的生命样态。强调生命有多精致教育就应多精致，好的教育应像原始森林而非人工林，每个学生都应享受到适性、适切的教育。犹如生态农业中，只有充分关注土壤、水分、温度等是否适宜，才能让庄稼茂盛、成长、丰收。生态体验教育实践倡导顺应学生天性，激发学生学习动力、生命成长意念和机缘。

在我国，经过几轮深层次教育改革，新时代的教育已不再是狭义的知识传授与技能习得，而是以立德树人为根本任务，着力培养担当民族复兴大任的时代新人。而在生态体验理念下开展研学旅行，有利于深层转变教育理念，引导师生自觉尊重自然、热爱生命，主动适应社会、文化生活，促进书本知识与生活经验的深度融合；有利于创新人才培养模式，深度拓展实践体验育人的途径和方法；有利于体认和践行社会主义核心价值观；有利于师生生态文明意识和绿色旅行习惯的陶冶，从而有效培养德智体美全面发展的社会主义建设者和接班人。

二、生态体验作为研学旅行的理论指引

根据国际教育大数据显示，生态体验是一种回归生态，回归生命，回归生活世界，凸显愉悦体验的教育思想。生态体验理论是中国本土原创的理论体系，受到国内外学界广泛认可，成为一种国际原创学术品牌。顶层哲学命题是三重生态圆融互摄优化生命样态，它包括三重生态观、体验本体观、生命样态观、生态智慧观、魅力实践观等有内在思想脉络和逻辑结构的八大观。主张存在着不同的生命样态，而教育的功能在于陶养健康润泽靓丽的生命样态；回归生活世界，让教育回归生活实践源头；通过提升亲近感和吸引力而增强教育自身的感染力，让教育要如春风化雨润物无声般浸润体验者的心灵，让道德文化和科学知识变成生命的阳光雨露。

国内外30多年的大样本科学实验反复证明，通过生态哲学观、体验哲学和实践模式创新，实施兼具体验性、科学性和艺术性的生态体验模式，创生出生态多样、感动生命的生态化育实践样式，能够切实有效地破解立德树人的实效难题。全息体验、互动滋养、群集共生是该模式的核心标识，通过体验式干预设计，凸显了教育的践履性、享用性，操作流程清晰、简便易行，且显现为一体万象的实践形态。

教育部《中小学综合实践活动课程指导纲要》就实践活动的课程目标明确提出："通过研学旅行，深化社会规则体验、国家认同、文化自信，初步体悟个

人成长与社会进步、国家发展与人类命运共同体的关系，增强具有中国特色社会主义共同理想和国际视野。"而生态体验理论所倡导的教育价值理念，凸显了生命的生态多样性，强调体验是教育的本体，在体验中激发学生学习动力、生命成长欲念。

生态体验理论对研学旅行和整个教育改革有什么意义呢？辩证地看，研学旅行作为校外教育的一种重要形式，只有遵循教育的内在规律，做出包括但不限于既有生态体验教育理论指引，又有生态体验实践模式设计与开展的研学旅行活动体系、课程体系、评价标准与操作体系及安全风险防控体系，由研学导师陪伴、指导、一起体验，才能从根本上破解其重旅游轻研学的现状。在研学旅行中不仅要关注上山顶摘到桃子，还要关注上山过程的生命感受，要和体验者一起手牵手、肩并肩体验沿途的苦累喜乐，倾听山涧的潺潺流水，闻吸路边泥土花草的芬芳。

将研学旅行与生态体验教育相结合，应该是未来教育发展的一个大趋势。过去，人们把教育理解为有计划、有意识、有目的和有组织的学习。正规教育和非正规教育都是制度化的。事实上，人的许多学习是非正式的。这种非正式学习是所有社会化经验的必然体验。研学旅行正是顺应教育发展的这种大趋势，超越学校和课堂的局限，让中小学生从学校课堂走向更广阔的、丰富多彩的外部世界，这不仅是我国学校教育和校外教育相互衔接的创新形式，更是我国基础教育领域人才培养模式的重大创新。

生态体验式研学旅行自觉凸显了三重生态在教育资源开发中的价值，加强了设计和组织体验活动的科学性、艺术性，以先进文化、宽阔的视野和多彩的活动深层拓展教育的新空间，且让教育充满诗意。生态体验理论可以天然地作为研学旅行的理论指引，以便在生态体验中，体验者和导引者一起渐次实现了性命合一的生命状态，自觉融通三重生态关系，日渐臻于每天诗意地工作、学习和生活，体验一路赏风景、一路欢歌笑语的生命成长境界，享受立德树人的无限妙趣。

三、体验为王创建生态德育模式

从生态体验哲学的视界审视教育，《窗边的小豆豆》给我们的重要启示在于尊重和保护孩子的天性，并以科学的理念、模式和生态圈呵护其健康成长，谨防以教育之名行损害孩子天性之实，压抑或消磨其生命潜能。黑柳彻子说："怎样才能使孩子与生俱来的素质不被周围的大人们损害，而让这些难得的素质得以发扬光大。过于依赖文字和语言的现代教育，恐怕会使孩子们用心去感受自然、倾听神灵之声、触摸灵感的能力渐渐衰退吧？"那么就"不要把孩子们束缚在老师的计划中，要让他们到大自然中去。孩子们的梦想，要比老师的计划大得多"。

显而易见，让"体验"成为学生学习的过程和方式，有着重要的新时代教育与生命成长价值。因为与体验相对应的是知识、理性。长期以来，我们对学生进行的是知识教育，强调知识，强调理性，走进了科学主义、工具主义，丢弃了学习的主体，远离了生活和实践，冷漠了情感，闭锁了心智。久而久之，学生学习方式单一，途径狭窄，甚至不会学习，不会主动获取知识。新课程改革倡导体验，把体验作为一种学习的过程和方式，通过体验来经历学习过程和知识形成的过程，丰富学习过程和途径，丰富情感和经验，让学生学会主动学习，其价值不可低估。

中国的传统教育文化非常注重实践教育。从两千多年前的孔子带领学生周游列国，到明代哲学家王守仁"知行合一"，再到近代教育家陶行知先生提倡的"生活即教育，社会即学校"，都从不同角度强调了体验教育的重要性。

在我国德育改革发展进程中，德育现代化并非一帆风顺。其深层阻力来自片面知识灌输及学科化的路径依赖。根据国际德育大数据显示，回归生态、关注生命、凸显体验、基于网络，是德育现代化的时代基因。生态体验教育模式是全息体验、互动滋养、群集共生。这是一种回归生态，回归生命，回归生活世界，凸显愉悦体验的教育思想。

生态体验模式的实践理路是：聚焦真问题＋营造体验场＋全息沉浸＋激活需要＋生态位优化＋互动陶养＋群集共生＋体验之思＋实践延伸＋穿越生命云层。其实践路径是：遵循活动、体验在先，领悟、反思提升在后的逻辑线索。其实践着力点一是挖掘校内外的自然生态资源，二是充分调动类生态资源，引导代际间的理解、感恩、合作，三是挖掘内生态资源，让体验者在生命多样性开放互动体验中茁壮成长，交互促进、提升生命成长境界。

近两年，我们也在组织一些体验教育。以我们曾经组织的周秦汉唐文化研学旅行为例，学生们"检阅了"秦始皇统一六国的军队——兵马俑；漫步在世界上保存最为完整的古代军事防御体系——古城墙上，追忆金戈铁马保家卫国的英雄。让一件件历史的遗存，来讲述前世的辉煌。有学生在日记里写到"不看不知道，一看吓一跳。兵马俑让法国前总统希拉克折服，称其为世界第八大奇迹。它让我感受到中华文化的博大精深，一种民族自豪感油然而生。我爱我的祖国！"羊肉泡馍、饺子宴，特色浓郁的地方饮食也引起学生们极大兴趣，通过饮食文化，学生们可以了解当地的气候物产、民俗风情、生活习惯。

生态体验式研学旅行在持续深入的研究与探索中不断深化、丰富、完善和成熟，不断拓展新的领地和实践样式，已经成为深受学生和家长欢迎的实践体验教育模式，正朝着系统化、规范化、常态化的方向发展。生态体验教育活动课程化，自觉超越夸美纽斯班级授课制和现代学校局限，在实践中取得显著的教育实效，让师生、亲子和社会大面积受益。

四、研学旅行要在生态体验中科学落地

研学旅行作为近年来在国内兴起的新兴教育形态，是一类典型的生态体验教育方式。它传承了中国传统"读万卷书，行万里路"的精神，也与"生活即教育，社会即学校"理念相契合，又有别于传统的课堂教育，将课堂搬到了自然界、社会生活和人际生活之中，让教育突破校园围墙，变得更贴近自然、贴近生活、贴近生命，也变得更丰富多彩，更有趣味，更有意义，使学生更好地感受生活、感受社会、感受自然。

反思教育史，传统教育被理解为一种有计划、有目的的学校教育，给它设置了有形或无形的墙。其实人的学习方式应多种多样，是所有自然、社会经验的切身体验。研学旅行正是尊重这一规律，超越学校和课堂的局限，让中小学生从学校走向更广阔的校外世界。这可以看成是我国学校和校外教育相衔接的一种创新，也是基础教育人才培养模式的一大创新。黑柳彻子《窗边的小豆豆》在世界上引起无数人的共鸣，其中的巴学园就是一个如梦似幻般的地方，使小豆豆的童年充满了美好韵律，也使她从曾经的"淘气包"，成长为一个可爱、懂事、善良、快乐的好孩子。小豆豆的故事和情境中所流淌的教育思想，正符合生态体验理论及其教育模式。

生态体验式研学旅行是在生态体验模式的实践开展和拓展中，促发有生命感动的体验活动和生命阅历，导引学生进行开放式对话，讲述体验活动的现场感受，开启学生在三重生态下的不同感悟；不断激发学生道德学习的愿望，把不在现场的资源调入当场，进行反思性对话，使学生在探究和自主感悟过程中，不断进入"体验之思"的道德境界。譬如营造一个体验场，创设好体验氛围，是使体验者顺利进入体验之境的关键。没有体验场的营造，开放式对话缺乏氛围，体验者没有诉说真实感受的情绪。比如，给学生营造的场景是正在海洋上航行的轮船"泰坦尼克"号，船不幸触礁，还有15分钟就要沉没了，但救生艇有限，只有一小部分人可以获救，谁应该获救？通过这些体验场，让学生在活动中体悟集体建立需要的要素，如得力的领导、统一的规则、成员间团结协作、小组成员的责任意识和奉献精神，并学会关爱集体，关爱他人。

大自然是最好的生态课堂。生态体验包含有自然生态体验、类生态体验和内生态体验。自然生态体验是体验者在自然之境中的生态体验，它侧重于对人与大自然之间关系的领悟。类生态体验侧重于人与人之间的交流与合作，概括来说就是"处处德育场，人人德行师"；内生态体验是我们自己内心世界的感受和领悟，如何把领悟的东西内化为自己的思想和行动，完善自我，是三重生态体验的最高境界。

生态体验理论应用前景广阔，深层改变教育的实践格局。实践是检验真理的标准，一线校长教师和社会人士对生态体验与研学旅行的魅力实践价值深有体会，在国内外有上千个生态体验教育实验基地，创造出七大成功范例，有数百万师生和家长及社会人士受益。英国、美国、澳大利亚、韩国以及中国的台湾地区、香港特别行政区、澳门特别行政区等都进行了卓有成效的实验。其中，英国皇家防止虐待动物协会（RSPCA）、英国皇家教育学院院士DavidCoggan、PaulLittlefair，围绕"生态体验下动物福利教育""生态体验式道德价值观陶养"等主题，在英国各地、韩国、新加坡等国家及中国台湾，开展了十数年的联合实验与探索，北京十一学校、人大附中、陈经纶中学和中科院附属玉泉小学的师生，各有特色地探索出不同样态的生态体验教育与研学旅行宝贵经验，取得了显著成效和丰厚成果。河北沧州有校长深有感触地说："我们无悔的是每一次的全心投入、真心付出；我们幸福的是收获了生命的感动、智慧的启迪；我们自信的是有生态体验为伴的七彩阳光之路无限光明；我们希望道德之花开遍校园内外，七彩阳光扮靓学生的人生之路。"

由此可见，经过数十年的持续研究与实践探索，生态体验式研学旅行不断结合新时代新诉求新市场，走向纵深地带，成为深受师生家长喜爱的教育模式。生态体验式研学旅行的重要实践价值在于，它有利于促进学生践行社会主义核心价值观，激发学生对党、对国家、对人民的热爱之情；有利于创新人才培养模式，引导学生主动适应社会，促进书本知识与生活经验的深度融合；有利于发展素质教育，从小培养学生文明旅游意识，养成文明旅游行为习惯。换句话说，开展生态体验式研学旅行，是新时代落实立德树人根本任务、强化实践体验育人的重要途径和方法。

云南省地方院校研学旅行人才培养探索

当前,随着国家发展研学旅行相关政策文件的出台,研学市场前景广阔,研学旅行将作为国家侧重发展新方向,然而高层次的研学专家与管理服务专业性研学人才短缺将严重制约研学业的发展。因此,应深入开展地方院校研学导师培养方案,不断完善地方研学复合型人才培养,地方院校应设置科学的研学旅行专业人才培养目标,加强提升研学旅行人才专业素养。

2013年《国民旅游休闲纲要(2013—2020年)》提出"逐步推行中小学生研学旅行";2014年《关于促进旅游业改革发展的若干意见》提出"积极开展研学旅行",加强人才队伍建设;2015年《国务院办公厅关于进一步促进旅游投资和消费的若干意见》提出"支持研学旅行发展",把研学旅行纳入学生综合素质教育范畴;2016年教育部等11部门《关于推进中小学生研学旅行的意见》提出,将研学实践纳入中小学教育教学计划及中小学生综合素质评价体系,研学旅行将逐步成为我国落实素质教育,推动旅游业健康发展的重要途径。伴随我国旅游业的快速发展,研学已成为教育旅游市场的新热点,新的经济增长点。一系列关于研学旅行政策的出台,表明研学旅行具有教育和社会意义,市场前景广阔,但专业人才欠缺,专业素养有待加强,因此,加强地方院校研学旅行人才培养显得极为重要。

一、云南省研学旅行发展现状

云南省地方特色旅游资源丰富,是世界闻名的旅游大省、旅游目的地,云南省会城市昆明是全省最大的教育和旅游集散中心,云南省发展研学旅行具有独特优势。近年来,云南省结合地方实情积极开展类型多样的研学旅行实践活动,积极培育"研学+农业""研学+科普""研学+文旅""研学+非遗""研学+红色"等研学实践活动。云南省研学旅行处于刚起步阶段,云南省相关研学组织成立研学专家委员会,初步草拟了《研学实践导师及服务规范标准》《云南省研学实践服务机构评定与服务规范》《云南省研学实践营地评定与服务规范》《云南省研学实践准入监管办法》《云南省研学实践课程设计管理办法》等文件。目前，研学专业导师和工作人员匮乏，研学从业人员专业素养有待提高等问题严重制约云南研学产业的健康发展。

二、云南省地方院校研学旅游人才培养现状

现阶段，云南省地方院校对培养研学人才还处于探索初期阶段，很多地方院校主要采用校企联合的培养方式，在学校丰富学生的专业理论知识，引导他们在实际研学过程中如何去发现问题，探索问题，解决问题；同时，通过在相关企业、旅游公司、旅行社中去实践研学，可从多方面提升学生能力和专业素养。由于地方院校对培养研学人才还处于探索初期阶段，关于研学人才的培养方式、培养目标、培养要求，学校还没制定出较为完善的研学旅行培养课程体系，校企间的联合培养方式，培养内容也还存在不完善的地方。由于种种原因，从而导致地方院校对学生研学能力方面的培养还没形成专业体系，同时也很难培养出合格的研学专业型人才。

三、云南省地方院校研学人才培养实践研究

我国开展研学教育起步晚，很多地方还没形成较为完整的研学体系。国外很早就开展研学教育，并积极推行这种研学教育学习模式，有较为完善的研学课程体系、研学方法和培养标准等。国外研学教育的关键在于自我专业的培养和能力的提升。在政府部门下发的相关研学旅行文件中就很明确表示各高校要积极学习和借鉴发达国家成熟的研学教育模式，学习他们的研学活动组织、研学经费保障、研学经验推广等，重视地方院校研学旅行导师专业素养的培养，研学人才的培养，研学课程体系的构建，研学专业师资力量的建设，研学工作人员能力的培养，重点在研学专业理论知识、研学实践能力、学习经验等方面的完善。

（一）科学制定研学人才培养目标

研学旅行是综合性实践活动，是基础教育课程体系中重要的实践课程，研学不同于春游、秋游、夏令营和各种社会实践活动。研学旅行活动具有综合性、专业性、实践教育性等特点，这些特点对研学活动的组织、管理与服务等要求标准较高。相关专业的研学旅行管理与研学服务专业要面向地方有旅游专业的院校，培养具备专业知识扎实、对地方旅游景点、地方文化充分了解，会相关研学活动策划、研学课程开发设计，掌握教育学、心理学理论知识、社交技巧等，遇到紧急突发事件可从容应对，能够胜任各项工作，是全能型高技术研学人才。

（二）地方院校应提升研学人才自我成长意识

地方院校应加强对学校研学人才成长的指引，根据自身专业发展方向，提前做好个人发展规划。云南省部分有旅游方向的学院应要求学生结合自身实际情况，制定符合个人成长发展的专业规划，对自己研学专业方向要有一个较为明确的认知。结合学院实际情况，在研学人才的培养成长过程中还要不断指导学生进行自我反思，让学生在反思中不断成长，从而提升自身研学专业素养。

（三）加强师资建设，保障研学人才培养质量

研学人才的培养，研学师资队伍建设是关键的保障。建立一支研学专业型教师队伍，对培养研学市场需求的研学人才显得较为重要。地方研学院校应不断加强对专职研学教师的知识培训，多方面提升教师专业技能，不断提升院校研学教师的专业指导能力。只有通过专业的研学教师才能更好地指导学生，才能使学生充分掌握研学综合实践技能。

（四）加强研学课程体系建设、提高学生的研学水平

地方院校在制定研学人才培养方案中，应加强开设研究型课程体系建设，结合地方特色开展加强对研学人才知识理论的培训，从而不断提升学生的研学知识和素养；研学人才需要面对形形色色的人，应对处理各种突发事件，这就要求地方院校在研学人才培养过程中，应加强社会实践类课程，从多方面培养学生从容应对问题、处理问题的能力，同时还要培养研学人才掌握学习的方式，加强对研学知识的创新；通过自我创新意识来不断提升自身专业成长，争做全方面全能型研学人才。

（五）加强校企合作，建立研学人才实习地

地方研学院校应加强与地方旅游集团、知名旅行社、著名风景区等建立研学合作关系，一方面多为旅游方面的企业输送研学人才，通过借助校企合作，更好地帮助学生完成阶段实习要求，从而真正做到研学理论与研学社会实践相结合；另一方面，院校研学专业教师也可为旅游企业的新老员工进行专业技能培训，提升企业员工专业素养，从而建立校企之间人才输送和企业专业技能培训相结合，最终实现校企双方合作共赢。

四、云南研学旅行发展趋势

云南省地理位置优越，拥有独厚的自然资源、民族文化、红色旅游资源和悠久的历史文化等。昆明铁路局云南铁路博物馆、云南省丽江市古城区青少年学生校外活动中心、中国科学院西双版纳热带植物园三地入选第一批"全国中小学生研学实践教育基地"，云南野生动物园（云南野生动物园有限公司）、石林彝族自治县青少年活动中心、云南省红河州蒙自市青少年活动中心、盈江县青少年学生校外活动中心、祥云县青少年学生校外活动中心、麻栗坡县青少年

校外活动中心、马龙区青少年学生校外活动管理中心、石屏县青少年校外活动中心、思茅区青少年校外活动中心入选 2018 年全国中小学生研学实践教育基地、营地等，说明云南研学产业发展潜力巨大。

研学是一个综合性活动，是一个集政府、学校、旅行社、旅游景区、研学点、交通、安全等多方面研学教育活动。目前，云南研学市场还处于发展初级阶段，需投入大量人力、物力、资金、政策、人才培养、课程研发和研学路线规划设计等。云南的研学基地在不断完善基础设施建设，加强安全主题教育，多方面保障学生的健康安全。地方院校不断加强本校研学导师专业素养的培养，加强研学课程体系的建设，明确研学课程目标以及对应的考核标准。地方旅游企业在结合地方资源优势的同时，要发挥自身企业优势，针对不同的学生设计出多元化可选择的研学主题活动，激发学生的求知欲，从而满足学生需求，能让学生真正乐于参与；面对的群体不同，对应的研学导师也应不同，所以，应培养适合不同群体的专业研学导师。云南省将充分利用自身的资源优势，地方院校的人才优势，开发出一批具有地方特色的研学产品，积极打造云南经典研学路线。

现阶段，针对研学市场的增长需求，云南相关研学机构不断创新推出主题不同的研学产品，同时相关研究机构专门成立研究地方特色、民族性、自然与文化性的课题，针对不同学段特点设计不同的研学产品。为更好地推动云南研学的发展，创新培养研学人才，地方院校应建设一批具有高标准的研学教育地，着力培养一批高素质、高技能、专业性较强的师资。结合院校、地方实际情况，构建一套高标准、可行性较强的研学创新发展机制，着力把云南的研学实践工作打造成为全国研学实践范本。

五、结语

研学活动的正常开展离不开专业的研学导师，研学导师的专业成长对新时期素质教育的改革创新发展和提升研学研究水平起着至关重要作用。云南不断通过政府、院校、旅行社、旅游企业等之间的全方位多领域合作，充分发挥集体智慧优势和组合效应，加强优化实用型研学人才培养方法，探索研学人才培养创新模式，着力培养全方面的研学专业人才。本文以云南省为例，以云南地方院校研学旅行人才培养为基础，全方面提升学生的研学专业知识、研学能力、研学理念、研学经验等，并对云南地方院校研学旅行人才培养提出可参考性建议，以期真正实现云南研学人才的创新培养，提升研学人才的专业成长、专业技能和专业发展，从而更好地推动云南省研学旅行的健康快速发展。

第二篇 02
实践研究

中国研学旅行从红旗渠走来！
——红旗渠风景区研学旅行发展探索

摘要：红旗渠风景区是全国红色旅游经典景区、全国爱国主义教育示范基地、全国研学旅行教育示范基地。在全域旅游发展大环境下，红旗渠风景区积极探索，通过研学项目规划建设、课程开发、线路设计，不断完善富体实践教学、将红色旅游、研学旅游、生态旅游、休闲旅游融为一体，打造红旗渠旅游+研学、教育、农业、生态、休闲新业态。

一、红旗渠及红旗渠风景区简介

1960年2月11日，为了彻底改变恶劣的生存和发展条件，十万林州儿女踏入了茫茫太行山中与大自然进行了一次空前规模的大决战。他们以"重新安排林县河山"的豪迈气概，凭着一锤一钎一双手，逢山凿洞，遇沟架桥，苦战十年，削平了1250座山头，凿通了211个隧洞，架设了152座渡槽，在万仞壁立、千峰如削的太行山腰上建成了全长1500公里的"人工天河"——红旗渠，被誉为"世界奇迹"、"太行山上的蓝色飘带"。有人做过计算，如果把修建红旗渠挖砌的土石筑成高2米、宽3米的石墙，它的长度可以从南国的广州一直连接到北国的哈尔滨。红旗渠的建成，不仅改变了林州的面貌，而且孕育形成了"自力更生、艰苦创业、团结协作、无私奉献"的红旗渠精神。江泽民、李先念、乔石、李铁映、姜春云等众多党和国家领导人先后亲临红旗渠视察并给予高度评价。2019年9月18日，习总书记在河南考察时指出：焦裕禄精神、红旗渠精神、大别山精神等都是我们党的宝贵精神财富。

经过多年发展，红旗渠先后荣获：全国中小学爱国主义教育基地、全国爱国主义教育示范基地、国家重点风景名胜区、全国重点文物保护单位、中国红色旅游景区、全国廉政教育基地、全国红色旅游经典景区、全国研学旅游示范基地、国家AAAAA级旅游景区、全国中小学生研学实践教育基地等

20多项国字号品牌，已成为开展爱国主义教育、艰苦奋斗教育研学旅行最佳场所。

二、红旗渠研学旅行发展举措及效果

（一）首开研学旅行先河

研学旅行在国外已有一百多年的历史并且已经取得诸多成就。作为现代旅游业诞生地的英国，一直以来就有崇尚研学旅游的风气，被称为"大陆游学"的 the Grand Tour，实际就是研学旅游。在韩国，几乎每个学生都参加过各种类型的研学旅游，其中毕业旅行是学生的一项必修课目，纳入学分管理，学生只有参加并修够相应学分，才可以毕业。在国内，2013年2月2日，国务院办公厅关于印发国民旅游休闲纲要（2013—2020年）的通知全国印发了《国民旅游休闲纲要（2013—2020年）》，纲要中提出"逐步推行中小学生研学旅行"的设想。2014年4月19日，国家教育部第十二届全国基础教育学校论坛上一司长发表了题为《我国基础教育新形势与蒲公英行动计划》的主题演讲，首次提出了研学旅行的定义：学生集体参加的有组织、有计划、有目的的校外参观体验实践活动。从设想，到概念的提出，到现在不足10年的时间，所以说中国的研学旅游还处于初级阶段。

从时间上来说，红旗渠研学由来已久。早在1970年，红旗渠水利工程就作为课题写进中学教材；2016年1月，红旗渠风景区被国家旅游局公布为全国首批20家全国研学旅游示范基地之一。以此为契机，2017年5月26日，红旗渠景区在全国率先组织中国研学旅行联盟成立大会暨红旗渠研学旅行论坛，会议制定了《中国研学旅行联盟团体系列标准》和《中国研学旅行联盟红旗渠宣言》，将红旗渠定为联盟的常设会址、副理事长单位，并将每年的5月26日定为研学旅行日。通过一系列活动，推进"红旗渠研学"品牌建设，打造研学旅行，实践教育行业新标杆，形成"中国研学从红旗渠走来"的共识。

（二）高起点规划建设研学基地

2017年，编制了国内第一部研学旅行规划《红旗渠研学旅行专项规划》，规划围绕"一心、两带、四片区"的空间布局、研学项目、研学线路、研学课程以及红旗渠研学标识等总体规划。一心：即"红旗渠研学旅行综合服务与展示中心"，两带："研学旅行发展带、研学旅行拓展带"，四片区："分水苑红色教育及水利科普、青年洞艰苦奋斗体验区、太行山大峡谷地质地貌区、渠首乡土风情教育区"。该规划成功通过了旅游、文化、教育等多领域专家学者的评审，使红旗渠青少年研学旅游项目向标准化、体系化迈进，进一步推动了红旗渠研学旅行向纵深发展。

红旗渠不断加大研学基础和配套设施的建设力度，先后开发了红旗渠田园综合体项目、VR体验馆、渠首探源、实景演出、实训拓展基地等多项研学线路配套设施。

红旗渠景区推进智慧旅游项目全面升级。实现了智慧调度一图管理；智慧救援一键呼救；智慧渠道精准管控。实时感知客流、环境、安全、全面掌握研学活动开展情况，为学生的研学活动保驾护航。

（三）开发完善红旗渠研学理论和实践教育体系建设

（1）红旗渠研学理论教学体系建设

根据孩子们的年龄特点，分学段进行了细化，出版了小学、初中、高中版课程。红旗渠研学旅行教程（小学版）》，重在探索与发现，比如看凌空除险表演、跟除险队员学习绳结打法，模拟场景演练绳结效果）；《红旗渠研学旅行教程（初中版)》重在体验与感悟，比如盆面测量法又叫水鸭子测量法，让学生设计制作水鸭子，并进行测量、分析）；《红旗渠研学旅行教程（高中版)》重在感悟与传承，比如让孩子们提取水源，进行水质检测报告等。

同时，红旗渠与北京教育出版社联合出版了《研学旅行理论与实践》、《全国中小学生研学旅行安全手册》等内容，建立了专业、规范的红旗渠研学实践教育课程体系。

（2）"十个一"红旗渠实践教育体系建设

围绕课程的综合性、教育性、实践性、生活性、安全性五大原则，以红旗渠自然资源和人文精神为核心，将参观游览、互动体验、拓展训练、讲座交流、心得体会等环节进行课程化设计，红旗渠实践教育"十个一"经典实践体验课程，即开一次红旗渠主题班会、看一场红旗渠电影、当一次红旗渠讲解员、推一把独轮车、抡一回开山锤、抬一次太行石、吃一次民工餐、走一次红旗渠、看一场"凌空除险"表演、学唱一首红旗渠歌曲。具体课程目标和内容如下：

第一课：开一次红旗渠主题班会

1. 通过红旗渠主题班会，了解研学的意义、目标以及研学内容。2. 通过生动的红色课堂，了解红旗渠建设时期的时代背景，感受红旗渠建设的伟大壮举，增强迎难而上、战胜困难的勇气。

第二课：看一场红旗渠电影

红旗渠纪录片是一部黑白影片，这部影片是由北京电影制片场拍摄的，红旗渠修建了十年，他们也跟拍了十年的时间，留下非常珍贵的影像资料。学生通过观看影片，走进那段难忘岁月，见证一段艰苦卓著、精神永存、战天斗地的历史。让学生比对今夕，获得心灵震撼，激发豪迈情怀。

第三课：当一次红旗渠讲解员

红旗渠纪念馆是一座收藏、研究、展示和传承红旗渠历史的一座展馆。学生可通过担任场馆讲解员的历练方式，提升自身阅读、理解、表达、展现的能力。并通过向同龄人讲述红旗渠，使红旗渠的故事在同龄人当中得以传承。

第四课：推一把独轮车

当年修建红旗渠时，工地上山高坡陡，道路崎岖，独轮车就成了当时主要的运输工具。林州人正是靠着这种推车精神，前仆后继，推出了一条红旗渠。学生可以通过拼装独轮车、推车体验、推车比赛等多种形式，还原当年修渠艰辛执着的情景，领略"后边来的要往前边放"推车精神的精髓。

第五课：抡一回开山锤

红旗渠为什么被称为人工天河，她就是靠着一双手、一锤、一钎开凿出来的。学生们通过先观看铁姑娘打钎的表演，学习正确的打钎方法，然后分组进行体验打钎活动，在体验中获得快乐，在攻坚克难之后获得成就感。培养吃苦耐劳的精神品质。

第六课：抬一次太行石

抬一次太行石，重如铁。修建渡槽的时候，需要把石块抬到工地上，让学生用铁绳抬"太行石"体验当年修渠民工的刚毅和艰辛，可历练学生力量，激发学生勇气，深刻体会团结协作的精神。

第七课：吃一次民工餐

六十年代，是国家最困难时期，林州人勒紧裤腰带修建了"人工天河"红旗渠。作为新时代红旗渠精神的传承人，学生可通过动手做饭、摘菜、洗菜、切菜、淘米、煮饭等一系列的劳动体验，来感受当年修渠民工的生活，达到回忆往昔，珍惜今朝的研学目的。

第八课：走一次红旗渠

学生从红旗渠青年洞主入口进入，沿红旗渠渠岸徒步3公里，通过脚步的丈量，来感受当年修渠先辈们的艰辛和不易。沿途可以探秘太行山石，还可以瞻仰老炮服、团结洞、虎口崖、神工铺、"劈开太行山"等修渠遗迹。

第九课：看一场"凌空除险"表演

凌空除险是当年修建红旗渠最为壮观和惊险的情景。由当年"除险英雄"任羊成亲自指导培训的新一代"除险者"腰系绳索，在悬崖上飞荡的"凌空除险"表演是红旗渠最为震撼惊险的节目。学生通过观演，可以真切感受到当年修渠者艰苦卓著的精神风貌和勇于创新的非凡勇气。

第十课：学唱一首红旗渠歌曲

学生在咽喉工程青年洞，通过举行重温入队誓言，朗读少年中国说，合唱红旗渠歌曲，激发学生爱家乡、爱祖国情怀。

以上是红旗渠的十个一课程，通过现场教学、场景还原、参与体验、精神教学和学习探索等寓教于乐的教学方式，让同学们在行走中阅读历史、在体验中感受精神，在快乐中完成教育。

2018年4月，红旗渠研学旅行课本评审会在京顺利召开，国内首套具有鲜明特色的中、小学生红旗渠研学教育课本开发成功；2019年，红旗渠的研学课程和研学线路被河南省教育厅评选为"河南省研学实践教育精品课程、研学实践精品线路"。

（四）研学实践活动：

1. 2017年，红旗渠成功举办万名童星游"研学圣地红旗渠"暨"千名铁姑娘打钎"创世界纪录活动。3000余名"铁姑娘"用新颖的舞蹈艺术形式，精彩再现上世纪60年代铁姑娘们的精神风貌。

2. 2018年5月，聘请中央电视台少儿频道主持人月亮姐姐走进红旗渠，拍摄红旗渠研学专题片。

3. 为了让更多的学生学习红旗渠精神，红旗渠景区建立三讲堂，即红旗渠"红色讲堂、劳模讲堂、廉政讲堂"，是红旗渠研学理论教学体系的重要载体。

4. 开展了"红旗渠研学课程进校园"系列活动。不仅请进来，还要走出去，红旗渠景区全年组织研学导师、劳模红旗渠精神宣讲团，走进学校进行红旗渠精神宣讲。为了增强课堂互动性、趣味性和体验性，研学导师准备修渠工具（柳帽、编筐、钢钎、铁锤麻绳），让孩子们进行现场体验。

5. 疫情期间，为解决学生想研学而不能外出研学的困境，红旗渠还开启了研学"线上直播课程"。老师通过线上互动，线上答题等环节，给学生带来不一样的线上研学课程。

6. 2019年3月，红旗渠成功举办"安阳市中小学研学旅行课程"培训班。邀请了国内教育、文旅等各界专家以及安阳市各级教育系统负责人、研学基地负责人、新闻媒体等共计 200 余人开展研学旅行主题培训。

7. 2020 年 9 月 20 日，河南省红色研学座谈会在林州召开。河南省文化和旅游厅、河南省教育厅等领导及各省辖市文化广电和旅游局、教育局，全国中小学生研学实践教育基地、营地，部分河南省中小学社会实践教育基地、研学旅游示范基地、研学旅行单位，以及省内外优秀研学旅行机构等相关单位负责人 300 余人参加了此次会议。

三、存在问题及措施

近年来，参与研学旅行活动的学生人数明显在增加，但是就目前的情况来看，受基地条件的限制，接待和实施效果，参差不齐尚未达到理想状态。存在的问题主要有：

1. 目前，由于研学旅行的师资专业标准缺失。中小学教师、基地（营地）教师、校外社会机构人员、旅行社导游等，在组织和指导研学旅行时应该具有哪些必备的道德素养、职业素养、知识能力才能胜任岗位要求，还没有明确标准规范。现状，导游不具备教学资质，教师不能私自组团外出，而研学导师是集导游、教师、救援员为一身的综合型人才，是推进研学旅行活动的关键保障。研学指导师是未来研学的方向，那么如何培养一批高素质的研学指导师，是我们值得思考的一个问题？

2. 当前旅游服务设施不能满足大批量学生食宿需求。研学多为一小时研学圈，研学实践多为周边学生走马观花式一日研学旅行，无法深入体验研学课程。红旗渠拟规划建设国家级研学营地，占地面积约 5600 亩，建设内容包括两核四区。两大核心组团即纪念馆公园、青年洞景区；四大功能分区，即研学教育区、研学实践区、户外运动科普林区、综合实践教育区。（一）研学教育区：占地面积 800 亩。利用现有的纪念馆公园园区，以纪念馆、历久弥新馆为核心、重点学习红旗渠历史文化、英雄事迹、为红旗渠特色主题性研学教育区域；（二）研学实践区：占地面积 3270 亩。以青年洞景区为核心，以红旗渠为主题拓展研学实践课程，学习红旗渠精神；（三）户外运动科普林区：占地面积 1200 亩。利用中部大部分山体公园（最美奋斗者公园）和一二干渠游线，建设青少年的"户外体育营地"，打造融合科普林、民宿园、健身步道、丛林探险、定向越野、高空溜索、户外拓展、野外生存等功能为一体的户外运动组团；（四）综合实践教育区：占地 360 亩。满足多功能室内外研学如天文观测站、水利电力科普等食住行为一体的可独立性运营的实践营地。

这些项目的落地进一步拉长旅游业链条，补齐旅游业短板，把红色旅游、研学旅游、文化旅游、生态旅游、休闲旅游融为一体，实现旅游业食、宿、行、游、购、娱全面发展，打造红旗渠旅游+农业、生态、休闲新业态。

未来已来，未来可期！牢记习总书记的嘱托，"把红色资源利用好、把红色传统发扬好、把红色基因传承好"，把我们的营地打造好、把我们的课程设置好，把我们社会主义接班人培养好，让红旗渠精神永放光芒！

红旗渠风景区旅游服务有限责任公司

2020年9月21日

大别山红色研学旅行课程开发创新模式探究

一、研究背景

在人才竞争日趋激烈的当今社会，深化育人模式成为教育界及旅游市场研究的热点。研学旅行作为中小学生了解国情、社情及践行社会主义核心价值观的重要途径，于 2013 年在国务院办公厅印发的《国民旅游休闲纲要（2013—2020 年）》中被正式提出。研学旅行纳入中小学教学计划，对深化素质教育改革和旅游业转型发展提供了重要契机。

以"研学"为关键词在中国知网检索到相关文献呈现明显上升之势，尤其 2017 年后喷井式增长，可见研学旅行作为重要的育人途径引起了学者们的极大关注（见图 1）。学界研究倾向于研学旅行的发展背景、内涵界定、实施现状及实践经验等，但对于研学的理论基础、学习机制、课程构建等方面研究还有待拓展和深化。红色研学旅行拓宽了社会主义核心价值观的培育路径，大别山区作为重要的红色教育基地，为研学旅行提供了丰富的课程资源，以大别山为例，研究红色研学旅行课程资源开发具有重要的理论和实践意义。

二、"123456"模式

2014 年 4 月 19 日，国家教育部基础教育一司司长王定华在第十二届全国基础教育学校论坛上，提出研学旅行是学生集体参加的有组织、有计划、有目的的校外参观体验实践活动，明确了研学旅行"两不算，两才算"的特点。

研学旅行育人模式及途径探索任重道远，"123456"创新模式为研学旅行课程资源开发提供了明确要求和思路。所谓"123456"模式即 1 个指导思想，2 个理论依据，3 个阶段，4 个环节，5 种方式，6 个教育目标（见图 2）。

1 个指导思想：坚持"四个以"的基本思想，围绕以立德树人、培养人才为根本目的，以预防为重、确保安全为基本前提，以深化改革、完善政策为着

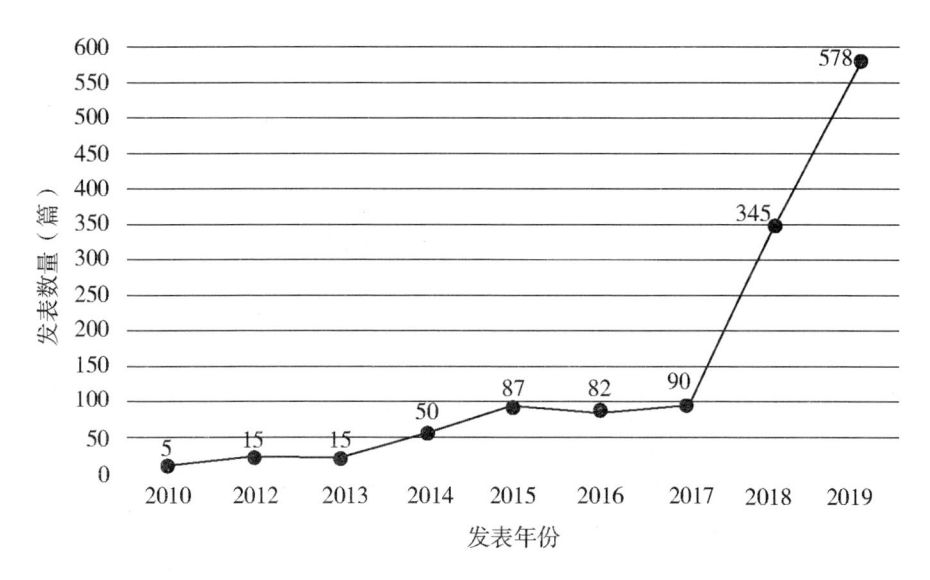

图1 中国知网关于"研学"论文发表趋势图

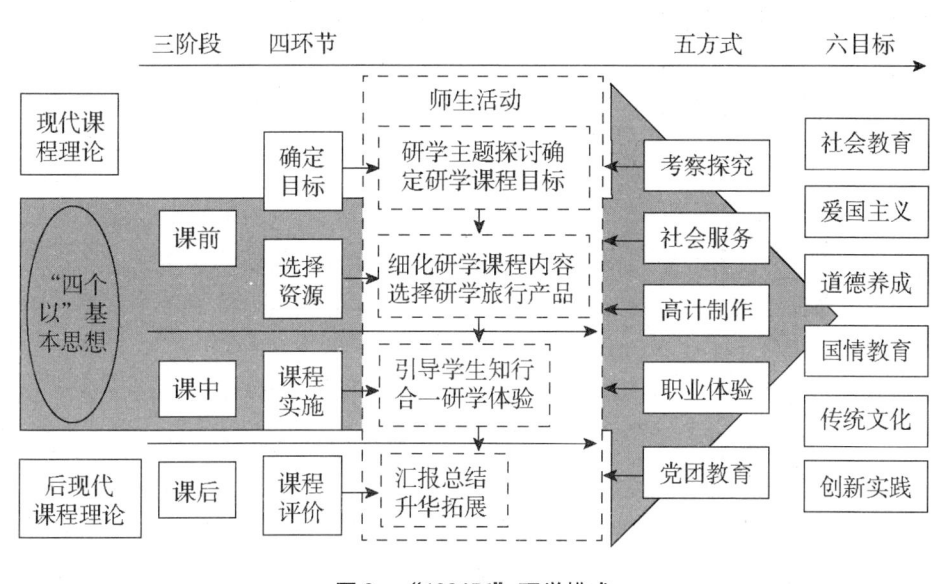

图2 "123456"研学模式

力点，以统筹协调、整合资源为突破口，因地制宜开展研学旅行。

2个理论依据：研学旅行作为育人的活动课程，须将课程理论作为最基本的理论依据，最具代表性的课程理论即泰勒的现代课程理论和多尔的后现代课程理论。现代课程理论是研学旅行课程设计、开发与实施的理论构建；后现代课程理论指出课程内容应具有生成性、开放性、对话性及选择性等特点,很好地顺应了人本化、个性化时代的特点和需求。

3个阶段:按研学旅行课程的实施顺序,整个课程分为课前、课中和课后三个阶段。课前阶段是研学旅游活动课程实施之前的准备阶段;课中是研学活动内容落实的环节,也是核心阶段;课后阶段是研学的评价总结阶段,包括对研学作业的完成、研学成果的展示、研学成绩的认定等核心内容。

4个环节:研学课程包含确定目标、选择资源、课程实施及课程评价四个环节。研学导师根据课程规划、育人目标及学情状况等设计课程目标,基于此选择研学目的地和线路,这是课程资源选择的关键,在课程实施环节,亲身到研学目的地进行参观、考察、体验、探究等,基于研学过程和成果,开展多视角的研学课程评价。

5种方式:研学旅行通过考察探究、社会服务、设计制作、职业体验、党团教育等方式,完成课程目标。

6个教育目标:研学旅行承载社会教育、爱国主义教育、道德养成教育、国情教育、优秀传统文化教育、创新精神和实践能力等教育目标。

三、研学旅行课程开发

(一) 大别山红色研学旅游资源

大别山横跨鄂豫皖三省,既是土地革命时期黄麻起义所在地,也是工农红军第四方面军诞生地;既是抗战时期新四军根据地,也是刘邓大军跃进千里的目的地,革命遗址遗迹众多,红色文化底蕴深厚,为大别山留下了丰富的红色旅游资源。大别山红色旅游资源既有物质形态的麻城市烈士陵园,红安县黄麻起义和鄂豫皖苏区革命烈士陵园,红安七里坪等,也有非物质形态的"坚守信念、胸怀全局、团结一心、勇当前锋"大别山精神。

大别山红色旅游资源主要集中在湖北红安、安徽金寨及河南新县等地。其中红安文物古迹较多,国家级重点保护单位40多处,重点文物保护单位300多处;新县遗址遗迹较多,革命纪念地365处,革命文物90余处;金寨是"全国爱国主义教育基地",拥有革命旧址288处,代表性的红色旅游资源见表1,为红色研学课程设计奠定了良好的基础。

表1 大别山代表性红色旅游资源

资源形态	红色资源类型		红色旅游资源
物质形态	红色旅游经典景区	六安市	金寨县革命烈士陵园
			皖西烈士陵园
			独山革命旧址群
			红二十五军军政机构旧址
			岳西县及金寨县红二十八军军部及重建旧址
		信阳市	新县鄂豫皖苏区首府革命博物馆
			鄂豫皖苏区革命烈士陵园
			首府路和航空路革命旧址
			商城县金刚台红军洞群
			罗山县铁铺乡红二十五军长征出发地
		黄冈	麻城市烈士陵园
			红安县黄麻起义
			鄂豫皖苏区革命烈士陵园
			罗田县胜利烈士陵园
			英山县英山革命烈士陵园
非物质形态	民歌		《董必武回故乡》《打硪歌》等200多首
	民舞		《天足舞》《刘海戏金蟾》等40多支舞蹈
	民间曲艺		快板《张南一豪气冲天》、鼓书《王秀松大义灭亲》等20多首曲艺
	民间艺术		《我跟情郎带红花》《红军哥哥回来了》等器乐20多首
	民间戏剧		《铜锣记》《长褂大仙》等楚剧8首
	民间文学		《风雪大别山》《大势中原——千里跃进大别山》等
	影视作品		《大转折——挺进大别山》《亮剑》等

(二)红色研学课程开发

根据研学对象不同,课程开发的实现目标和实施方式也有所不同。小学阶段,通过亲历、参与少先队活动、场馆活动和主题教育活动,参观爱国主义教育基地等,获得有积极意义的价值体验;初中阶段,积极参加班团队活动、场馆体验、红色之旅等,亲历社会实践,加深有积极意义的价值体验;高中阶段,通过自觉参加班团活动、走访模范人物、研学旅行、职业体验活动，组织社团活动，深化社会规则体验、国家认同、文化自信，初步体悟个人成长与职业世界、社会进步、国家发展和人类命运共同体的关系。

1. 小学研学课程设计

小学生研学旅行一般在四至六年级学生中开展，针对该年龄段特征，研学课程设计以观光、游览、体验为主，增加游戏、活动性的内容，以满足小学生好动、好玩的天性，尽量精简纯理论性讲解比重，生动、有趣，浅显易懂的讲解更容易被小学生所接受。以大别山红色旅游资源为例，设计小学红色研学课程：

（1）课程主题：巍巍大别山，浓浓红色情。

（2）课程简介：追随伟人足迹，传承红色精神，追忆红色岁月，点燃激情梦想。穿红装的少先队员们来到大别山青少年综合社会实践活动基地，通过参观烈士陵园、讲烈士故事、扎小白花、制作花圈、敬献花圈、看话剧等环节，让同学们的精神得到了一次洗礼。

（3）课程目标：了解大别山红色文化内涵，感知红色文化精神，懂得珍惜生活、珍爱生命，牢记革命先烈精神和优良传统，增强责任感和使命感，催发少年树立正确三观。

（4）课程内容："巍巍大别山，浓浓红色情"研学线路设计为2天1夜，具体安排见表2。

表2 小学红色研学旅行课程设计案例

时间安排	研学地点	研学内容
第一天上午	乘马岗	身着红军服，头戴红军帽，鲜艳的红领巾们在大别山青少年综合社会实践活动基地集合出发，前往"全国第一将军乡"的乘马岗，在红星英烈园缅怀先烈、扎小白花、制作花圈、敬献花圈；在乘马会馆参观展厅，安排小小讲解员讲烈士故事等
第一天下午		王宏坤陵墓、王树声故居参观，唱《打麻城》《苏区好风光》等红歌比赛；观看纪录片《王树声大奖》、情景剧《红军干娘》等
第二天上午	麻城烈士陵园、孝文化乡	赴麻城烈士陵园各展厅读文字、看照片、观实物等；孝文化乡了解赵氏子以孝感盗、麻姑救民、帝主扶危济困等美丽传说，强化孝善意识
第二天下午	返程	展示总结

2. 初中研学课程设计

初中研学旅行一般在初一、初二学生中开展，研学课程设计以理解性、知识性内容为主，根据学生特点可开展知识竞赛、探究活动等，以满足学生求知、求奇的心理特点。以大别山红色旅游资源为例，设计初中红色研学课程：

（1）课程主题：重返知青路。

（2）课程简介：坐上时光机穿越回知青少年，来到红安知青茶场，在这里学跳忠字舞、记工分换粮票、体验公社大食堂、踏青采茶、体验农耕文化馆等，接受"贫下中农再教育"，在追寻祖辈青春足迹中，切身体验知青艰苦生活，感受红色年代情谊十足的激情岁月。时间是速朽的，但红色文化将持续鲜活地影响一代又一代人。未来，万人营地将不忘初心，传承红色基因，弘扬革命精神，让红色文化在新时代继续发光，鞭策人们不断向前。

（3）课程目标：通过体验艰苦生活，造就青少年吃苦耐劳的毅力，助推铸造红色品格，发扬红色精神。

（4）课程内容："重返知青路"研学线路设计为3天2夜，具体安排见表3。

表3 初中红色研学旅行课程设计案例

时间安排	研学内容
第一天上午	参观桃花塔生态农业合作社，熟悉各种植物及水产类品种，丰富科普知识
第一天下午	障碍挑水、手推独轮车比赛等活动
第二天上午	采茶记公分、公分换粮票、体验公社食堂
第二天下午	参观农耕文化馆，体验植树、鱼虾养殖等农耕活动
第三天上午	跳忠字舞、演知青话剧
第三天下午	知青大联欢：小知青文艺联欢汇演

3. 高中研学课程设计

高中研学旅行一般在高一、高二学生中开展，研学课程设计以综合性体验、知识拓展、文化挖掘等内容为主。以大别山红色旅游资源为例，设计高中红色研学课程：

（1）课程主题：寻根大别山，传承红色魂。

（2）课程简介：大别山非物质形态的红色旅游资源承载着"坚守信念、胸怀全局、团结一心、勇当前锋"的大别山精神。通过寻根大别山红色文学、艺术等非物质文化形态，强化红色基因传承，弘扬红色文化。

（3）课程目标：通过挖掘红色非物质形态资源，孕育青年红色灵魂，传承红色基因，弘扬红色文化，为人生规划和职业追求奠定基础。

（4）课程内容："寻根大别山，传承红色魂"研学线路设计为4天3夜，具体安排见表4。

表4　高中红色研学旅行课程设计案例

时间安排	活动地点	研学内容
第一天上午	罗田县胜利烈士陵园	通过实地考察不同红色研学目的地，收集红色文学、红色诗歌、红色影视、红色歌舞等素材，开展集红色征文比赛、红色主题演讲、红色歌舞艺术等于一体的红色研学汇报
第一天下午	英山县英山革命烈士陵园	
第二天	红安英山县英山革命烈士陵园、红安七里坪、将军影视城	
第三天	新县鄂豫皖苏区首府革命博物馆、首府路和航空路革命旧址	
第四天	金寨县革命烈士陵园、皖西烈士陵园	

四、研学旅行手册设计

研学旅行手册是学生参加研学活动的指导手册和学习指南，是衡量研学过程和研学结果重要的载体。完整的研学手册包含研学内容的编排和版面的设计，其中研学内容包括研学主题介绍、研学活动记录、成果汇报及基本信息等要素；版面设计依据研学主题从文字、图片、色彩等方面予以美化，以吸引研学对象记录其精彩的学习过程。

全域旅游背景下红安县红色研学旅游发展研究

2016年的全国旅游工作会议上，国家旅游局李金早局长做了题为《从景点旅游走向全域旅游，努力开创我国"十三五旅游发展新局面"》的工作报告，此后，全域旅游受到了广泛关注，我国已将全域旅游作为新时期促进旅游发展的重要战略决策，并于2016年先后公布了两批500个"国家全域旅游示范区"创建单位。2018年3月，国务院办公厅印发《关于促进全域旅游发展的指导意见》，就发展全域旅游作出部署。红色文化遗产是革命先辈们给人类留下的宝贵财富。发展红色旅游，对于加强革命传统教育，增强全国人民的爱国情感，带动红色旅游目的地经济社会的发展，具有重要的现实意义和深远的历史意义。红安县作为国家首批全域旅游示范区创建单位，积极规划，优化全域发展布局，先后获得"全国文化先进县""中国红色经典文化旅游名县""湖北省旅游强县"等荣誉。与此同时，依托得天独厚的红色文化资源优势，红安县积极发展红色研学旅行，获得了广泛的认可。在全域旅游视阈下，如何科学地发展红安县红色研学旅游，带动红安县经济社会的发展是一项重要的课题，本研究旨在分析红安县红色研学旅行开发存在的问题，并探讨相应的解决对策。

一、红安县红色研学旅游发展现状

红安是全国闻名的将军县，是著名的"黄麻起义"发生地，是鄂豫皖革命根据地的中心地。在这块红色土地上，先后走出了中国工农红军第四方面军、红二十五军、红二十八军三大红军主力，诞生了董必武、李先念两位国家主席，产生了223位人民军队将领。全县境内革命历史遗址遗迹和纪念场馆众多，黄麻起义和鄂豫皖苏区纪念园、董必武故居纪念馆、李先念故居纪念园、七里坪革命史陈列馆、61处将军故居等，已经成为中部地区乃至全国中小学生研学旅行（红色教育）的目的地；《黄麻起义》《李先念传》《两百个将军同一个故乡》等一大批珍贵的革命史料，已经成为研究和了解红安以及广大青少年学生开展研学旅行探究活动的重要资源；《黄麻惊雷》《战将韩先楚》《铁血红安》等一大批有影响的影视作品，已经成为中小学生开展爱国主义和革命传统教育的必修课程。红安先后被命名为"全国青少年教育基地""全国爱国主义教育示范基地""全国百家爱国主义教育基地""全国优秀社会实践基地"。

红安围绕得天独厚的红色资源，围绕"追寻将军足迹，传承红色基因"这一主题，开发了六条红色研学旅行精品线路："祭奠革命英烈坚定理想信念"为主题的英烈风骨之旅；"再现黄麻起义感悟铜锣精神"为主题的铜锣精神之旅；"瞻仰主席故居缅怀伟人情怀"为主题的领袖风范之旅；"探访将军故里传承红色信念"为主题的将军风采之旅；"探寻红军足迹领略传奇红安"为主题的红军传奇之旅；"重走红军路永远跟党走"为主题的红色体验之旅。分小学、初中、高中三个学段，编写了三本《红安县研学旅行课程》系列教材。同时，在全县教师队伍、导游队伍等专题培训80名教师为红色研学旅行"导学员"。与此同时，硬件方面，县教育局还加大投入力度，建设有红安青少年综合实践营地、马岗小学和七里中学等营地，红安青少年研学实践教育营地（一期），建有学生公寓、学生食堂、教师接待楼、LED宽屏多功能会议大厅及室内活动馆楼；户外还建设有将军文化广场、红色革命实战模拟区、军训区、高中低空、水上和场地拓展训练区、野炊、露营地和1万平方米的学生训练广场等区域。近两年来，共接待县内外研学旅行活动110多批次，参加活动的青少年学生达到8万余人次，红色教育特色突出，红色研学旅行受到好评。

二、全域旅游背景下红安县红色研学旅行开发存在的问题

虽然红安县的红色研学旅行取得了一些成就，但还是存在不少问题，有待进一步提升，具体如下。

（一）研学旅行产品设计比较单一，文化挖掘不够

2016年11月，教育部等11个部门印发了《关于推进中小学生研学旅行的意见》（以下简称《意见》），对全国中小学研学旅行工作的推进提出明确要求，将研学旅行纳入中小学教育教学计划，要求各地采取有力措施，推动研学旅行健康快速发展。研学旅行应是旅行和研究的结合，引导学生多搜集当地风土人情、自然环境、历史文化等相关信息和资料，开展调查、访问、考察、实验、设计、制作、探索、发现等方面的研究活动，真正将旅行和研究性学习结合起来。但是目前红安县的红色旅行研学产品设计仅限于红色旅游产品，很少涉及当地的自然环境、风土人情和民俗习惯方面的活动。一个地区的红色文化是根

植于当地的自然环境和风土人情，不能把两者割裂开来。红安县有丰富的旅游资源形态，如天台山、禅宗文化、天台书院、各类非物质文化遗产等。红色研学旅行的课程设计应以红色文化研学为主体，兼顾其他资源文化，使得学生能够全方面了解红安县红色文化、地域文化。

（二）旅行方式以静态参观为主，动态参与体验较少

《意见》中指出："研学旅行活动时要因地制宜，呈现地域特色，引导学生走出校园，在与日常生活不同的环境中拓展视野、丰富知识、了解社会、亲近自然、参与体验。"因此，在设计研学旅行活动时要更加关注活动的实践性，避免只让学生简单地参观和听讲解，而是应该设计更多实践性和体验性强的活动，引导学生在实践和体验的过程中将书本知识和现实生活联系起来，丰富感性认识，提升理性思考。而在红安县目前的研学旅行课程设计中，主要还是通过唱红歌、看展品、讲故事、听报告、谈感想等方式让学生学习红色文化，动态参与体验的还比较少。

（三）夜间旅游开发不够，过夜游客较少

中国旅游研究院发布《夜间旅游市场数据报告2019》显示，对过夜游体验有需求的游客占总数比例达92.4%。在消费上，游客单日夜游花费200—400元和400—600元的分别占比27.9%、27%，花费600—800元的占比15.6%。其中，月收入水平在12000元以下的游客选择600元以下夜游花费的比重最高，月收入在12000—15000元的群体选择600—1000元夜游花费的比重最高。这说明，游客对夜间旅游的参与度高、消费旺，夜间旅游已成为旅游目的地夜间消费市场的重要组成部分。来红安进行研学旅行的中小学生和来红安进行旅游的游客的停留时间基本都是1—2天时间，过夜时间很少，夜间旅游供给几乎是空白，不利于充分发挥旅游业的综合带动作用。

（四）旅游收入低，带动作用较弱

红安的研学旅行由于主要是围绕红色旅游景区开展，线路设计较少涉及其他资源形态，如绿色旅游资源、乡村旅游、非物质文化遗产等，当地的旅游纪念品开发相对较为传统，缺乏特色有创意的纪念品，创收较低，加之过夜客的短缺，旅游的综合带动作用较弱。

（五）旅游基础设施有待进一步完善

要实现旅游的全产业、全要素发展，必须要发展好目的地的旅游基础设施。虽然，红安从2016年开始全面规划该县的旅游发展和布局，多方面提升基础设施的配套，但红安研学旅行的基础设施相对还比较落后，难以满足学生和其他

游客的旅游需求。尤其是当代高新技术的发展，游客对智慧旅游智慧设施的需求越来越高涨，红安县在这方面还有很大的完善空间。

三、全域旅游背景下红安县研学旅行发展策略

（一）做好整体规划和顶层设计

红安县研学旅行的可持续发展离不开整体规划和顶层设计。全域旅游视野下发展红安县的研学旅行，必须要转变思想观念，优化产品结构，加快业态融合，提升基础设施，全面提升研学旅行的整体水平和发展质量。首先，要创新红色研学旅行发展规划。根据《意见》的要求，将研学旅行课程的设计和学生的需求切实地结合起来，开发出符合不同年龄不同发展阶段学生需求的课程。根据课程的要求，提升完善红安县的红色研学旅行项目和设施。要坚持全面系统地进行规划，不能只关注纪念馆和景区的建设。其次，重新规划红安县的精品旅游线路，将红色研学旅游和其他旅游业态结合起来，使得学生能够全方位深入地了解和研学红安县的红色旅游文化。

（二）创新旅行体验方式，呈现地域特色

《意见》中指出："研学旅行活动时要因地制宜，呈现地域特色，引导学生走出校园，在与日常生活不同的环境中拓展视野、丰富知识、了解社会、亲近自然、参与体验。"因此，在设计研学旅行活动时要更加关注活动的实践性，避免只让学生简单地参观和听讲解，而是应该设计更多实践性和体验性强的活动，引导学生在实践和体验的过程中将书本知识和现实生活联系起来，丰富感性认识，提升理性思考。因此，红安研学旅行线路和项目要多设置学生积极参与体验的活动，增加趣味性，激发学生的研学欲望。可以充分利用现在的各类高新技术，使学生能够全方面、更深入地研学红色文化。

（三）积极开发多日旅游线路和夜间旅游，延长游客逗留时间

由于线路设计不合理和夜间旅游的缺乏，红安县游客逗留时间通常为1—2天。因此，要尽可能将红色研学旅行和其他旅游业态结合起来，将旅行时间延长，如可以和当地乡村旅游、绿色旅游、非物质文化遗产旅游等结合起来，将线路设计到3—4天。同时要积极做好红安县全域旅游的发展，将夜间旅游考虑进去，从夜间吸引物的建设、规划夜游系统、设计夜游内容、完善夜游配套等方面展开，如开展具有红安地域特色的夜间演艺和主题街区的建设、做好夜间灯光景观、完善休闲街区基础设施等。只有延长游客的逗留时间，才能有机会促进游客消费，增加旅游收入，带动其他相关产业的发展。

（四）完善旅游基础设施建设，创新项目和旅游纪念品开发

从全域旅游发展的要求，结合现代高新技术，全方位提升红安县红色研学旅行的交通、住宿、餐饮、休闲设施等。积极培育和开发一批重点项目，对所有景区建筑进行维修，对红色景点进行精心打造保护，完善服务设施，积极推进建设争创国家5A级景区。同时，加强文旅融合，创新旅游纪念品，尤其是红安县非物质文化遗产纪念品的开发。

四、小结

全域旅游视野下红安县红色研学旅游的发展，需要以"研学+旅游"为核心，培育新业态，开发新产品和夜间旅游，设计精品旅游线路，延长逗留时间，实现企业、社区居民、政府和游客之间的利益共享。

用地域特色激发高校红色基因教育活力
——以湘潭大学红色文化建设为例

党的十八大以来，以习近平同志为总书记的党中央特别强调要传承红色基因。2016年春节前夕，习近平在江西井冈山考察期间，首次明确提出"多接受红色基因教育"的要求，强调用井冈山精神等革命传统铸魂育人。红色基因教育思想丰富和发展了党的思想政治教育理论，为高校加强思想政治建设提供了基本遵循和丰厚养分。红色基因产生于中国广袤的红色热土，丰富的地域性红色文化资源构成了红色基因的多样化谱系来源。因而，凸显地域特色激发红色基因活力，成为高校加强红色基因教育、提高思想政治教育实效的应然和必然选择。

一、围绕地域特色挖掘红色文化资源，激活红色基因

红色资源是中国共产党人精神与文化的象征，是红色基因的有机载体，具有不可比拟的教育价值和资政育人功能。正如习近平在韶山考察时指出："革命传统资源是我们党的宝贵精神财富，每一个红色旅游景点都是一个常学常新的生动课堂，蕴含着丰富的政治智慧和道德滋养。"激活红色基因，关键是要充分挖掘红色资源，有效发挥其资政育人功能。

（一）立足地域红色沃土挖掘红色资源

我党波澜壮阔的奋斗历史，留下了分布广泛、数量众多、形式多样的红色资源，是高校加强红色基因教育的宝贵财富和有效载体。湘潭大学地处毛泽东主席的故乡——湖南湘潭，这是中国革命的重要策源地、毛泽东思想的最初发源地，孕育了共和国领袖毛泽东以及彭德怀、陈赓、谭政、罗亦农等一大批无产阶级革命家，红色资源极其丰富。学校以毛泽东等老一辈无产阶级革命家的生平业绩纪念场馆为依托，推进毛泽东思想和中国共产党革命精神与文化资源

研究，着力挖掘革命传统资源，为学校红色文化建设提供了源源不断的丰厚滋养。如学校出版的《红藏：进步期刊总汇（1915—1949）》，全书共428册3亿余字，系统整理、影印了新中国成立之前创办的各类进步期刊151种，为红色基因教育提供了活生生的教科书。

（二）把握本土历史文化厚实红色底蕴

红色文化是红色资源的灵魂，是中国共产党人独特的优质文化基因。地域红色文化的形成发展，是马克思主义中国化、本土化的生动实践，离不开对本土优秀传统文化和外来优秀文化成果的科学借鉴、吸取和创新。挖掘地域红色资源，必然要将红色文化赋予地域文化载体，以地域案例诠释红色文化的博大内涵和深刻影响。湘潭是湖湘学派的发祥地，历史文化悠久。湖湘文化具有心忧天下、敢为人先、经世致用、实事求是等特殊品格，在近代造就了"湖南人才半国中""中兴将相，什九湖湘""半部中国近代史由湘人写就""无湘不成军"等盛誉。湘潭大学从地域历史文化中寻找红色基因的遗传密码，较好地厚实了红色文化的历史底蕴。如学校从源远流长的湘学经世务实传统中探寻毛泽东"实事求是"思想的形成轨迹，较好地解答了马克思主义中国化关于"实事求是"的核心命题，有利于更好地理解和传承红色基因。

（三）凝练学校办学传统注入红色基因

习近平指出，高校肩负着学习研究宣传马克思主义、培养中国特色社会主义事业建设者和接班人的重大任务。高校的历史和使命决定了高校必然是弘扬传承红色基因的重要阵地。湘潭大学创办于1958年，是由毛泽东同志亲自倡导创办、亲笔题写校名并亲切嘱托一定要办好的综合性大学，先后得到邓小平、华国锋、李先念、江泽民、李鹏、贺国强、刘延东等党和国家领导人的亲切关怀。1974年，教育部专门下文，号召全国高校支援湘潭大学师资和图书。1978年，国务院批准学校为全国重点大学。2005年，教育部与湖南省人民政府共同重点支持湘潭大学建设。可以说，学校50多年的发展历史，就是一部生动的红色发展史，赋予了学校独特的红色文化基因。

二、聚焦文化育人建设校园红色文化，传承红色基因

习近平总书记从不同角度多次指出，历史是最好的教科书、清醒剂，中国革命历史是最好的营养剂，学习党史、国史是必修课。红色基因承载着中国共产党人的理想信仰、先进思想、崇高品德和优良作风，是高校思想政治建设的宝贵财富，也是立德树人的优质资源。要聚焦文化育人，建设富有自身特色的校园红色文化，着力把红色基因教育有机融入育人全过程，以红色文化涵养青年心灵，让红色基因融入青年血脉。

（一）建设富有地域特色的红色研究文化

把红色文化资源转化为育人资源，需要坚实的学科依托和研究支撑。地域特色是高校红色研究的切入点、突破口，更是生命力、影响力所在。湘潭大学从创新红色研究的体制机制入手，凸显毛泽东思想、中国共产党革命精神与文化资源研究的传统和特色，以毛泽东等老一辈无产阶级革命家的生平、思想、业绩、风范研究为重点，着力推动红色研究成果转化教育教学资源，形成了生机盎然的红色研究文化氛围。学校设有红色文化研究"学术特区"，创立的毛泽东思想研究协同创新中心，在全校率先实行协同创新研究、任期考核和年薪制等管理方式。实施了马克思主义理论学科群建设计划，马克思主义中国化研究学科成功入选国家重点学科。组建了红色文化教学科研团队，入选教育部示范马克思主义学院优秀教学科研团队，为红色文化研究提供了有力的人才支持。

（二）建设彰显办学传统的红色课堂文化

课堂教学是红色基因教育的主渠道、主阵地。高校要善于从丰富的红色文化资源中汲取富有感染力的鲜活案例和生动教材，通过学生喜闻乐见、易于接受的方式，不断建设学生真心喜爱、终身受益的思想政治理论课，切实提高教育教学实效。湘潭大学以"思想政治理论课中加强中国共产党革命精神教育"为主线，以主题式整合与提炼教学内容为抓手，深化研讨式、情境式、专题化、信息化等教学方法改革，打造"沿着伟人的足迹——行走的课堂"系列，把红色基因教育有机融入思想政治理论课教学体系创新之中。学校出版了《恰同学少年》《中国共产党革命精神巡礼》《红色旅游与青少年思想政治教育研究》等系列教辅教材，建立了"经典研读""理论授课""红色体验"等课程模块，推出了"研讨式五步教学法"等教学方法改革，开设了思想政治理论课"领航讲坛"，实施了思政课教师"五表率五禁止"行为规范等。良好的红色课堂文化熏陶人、培养人，近年来，学生中相继涌现出"100位新中国成立以来感动中国人物"、全国道德模范文花枝、全国道德模范杨怀保、"舍身救火英雄"夏形义等一大批先进模范人物，被《光明日报》等媒体誉为"湘大群模"现象。

（三）建设独具自身魅力的红色实践文化

红色实践是加强红色基因教育不可或缺的有效方法和重要途径。让学生在红色实践的亲身感受、身体力行中接受教育，有利于进一步增强学生对红色基因的情感认同和价值认同。湘潭大学把"红色元素"融入"青年马克思主义者培养工程"、学生素质教育、校园文化活动和社会实践，积极搭建红色实践平台，完善红色实践机制，营造了充满生机与活力的红色实践文化氛围。学校推出了全国大学生孝文化节、全国大学生DV文化艺术节等品牌第二课堂实践活动，指导学生成立了毛泽东思想生平研究会、邓小平理论研究会等学术组织和雷锋公司、孝行协会、木槿感恩支教团、金翼518等学生社团，在重要节庆、纪念日开展"重温入党誓词，缅怀伟人功绩""颂歌献给党"文艺晚会、雷锋月等多种形式的主题教育活动，组织开展"重走毛泽东小道"、红色胜地韶山模拟导游、走访老党员老红军和抗战老兵、红色调研、红色采风、"梦想社区"志愿服务等社会实践活动，鼓励学生以学术研究、文学创作、艺术表演、公益服务等方式表达自己对红色文化的理解和感悟，使学生在红色实践中成为红色基因的自觉传承者、弘扬者。

三、立足社会服务打造红色文化品牌，弘扬红色基因

高校是优秀文化传承的重要阵地和思想文化创新的重要源泉。习近平强调，坚定中国特色社会主义道路自信、理论自信、制度自信，说到底是要坚定文化自信，文化自信是更基础、更广泛、更深厚的自信。红色基因是马克思主义先进文化因子与中华优秀传统文化因子相结合而形成的极具中国特色的革命文化的核心要素。高校要发挥自身优势，着力打造红色文化服务品牌，不断推动红色文化的传承创新和社会传播。

（一）助力地域红色资源开发

高校是地方区域的文化教育中心，在本土人文、地理和文化资源的研究与传承方面具有天然优势。高校应当充分发挥自身的人才智力和学科专业优势，为地域红色资源开发和红色基因传承提供智力支持。湘潭大学以毛泽东思想研究中心、中国共产党革命精神与文化资源研究中心、全国红色旅游创新发展研究基地、红色旅游研究中心等国家和湖南省重点研究基地为依托，积极开展资政咨询、陈列布展、红色旅游规划和红色宣讲等社会服务。学校全面参与韶山爱国主义教育基地"一号工程"建设，为毛泽东遗物馆的兴建布展和毛泽东纪念馆改扩建提供陈列内容方案和解说词的设计与撰写，参与《中国出了个毛泽东》基本陈列布展。学校参与了湖南省红色旅游专项规划、湘潭市全域旅游规划等地方旅游规划编制，组织编写了《红色旅游发展的韶山特色》《红色旅游研究》等系列著作，为地方红色文化发展提供理论指导和经验借鉴。学校还多次组织师生赴陕西延安、江西井冈山、江苏常熟、广西百色等全国红色旅游经典

景区开展红色旅游调研,为全国红办提供决策参考,《多措并举整合区域红色文化遗产资源》等多项资政建议被中央办公厅等各级党委政府采纳。红色基地首席专家刘建平教授荣获全国红色旅游先进个人称号,学生文花枝作为韶山红色旅游的形象大使,在"中国(韶山)红色旅游高峰论坛"推介韶山的旅游发展前景和规划。

(二) 加强红色基因教育培训

独特的地域红色文化资源,是高校开展红色基因教育的最大优势。高校要主动承担红色文化传播的社会责任,因地制宜,就地取材,开展好社会教育培训。湘潭大学是教育部全国思想政治理论课骨干教师实践研修基地,也是教育部全国高校辅导员培训和研修基地、共青团中央"青年马克思主义者培养工程"全国研究培训基地。学校以"沿着伟人的足迹"为主题,以革命传统教育、爱国主义教育和党性教育为主要内容,依托湖南地方的丰富红色文化资源,紧紧围绕毛泽东等老一辈革命家的光辉业绩、崇高精神和道德风范,系统设计理论讲座、现场讲解、情景体验、激情教学、研讨交流等环节,形成了独具学校特色的红色基因教育培训模式,受到参训学员的充分好评。

(三) 推动红色文化学术传播

文化的传承是继承性和创新性的内在统一。革命传统精神要放射出新的时代光芒,必须坚持马克思主义与时俱进的理论品质,在彰显红色基因遗传密码的基础上,推进创新研究和学术传播。湘潭大学以"三刊""一论坛""一库""一网"和"一馆"为骨干架构,积极推动红色文化的学术交流与传播,赢得了良好的社会影响和声誉。"三刊"是指学校创办的具有浓厚学科特色的《毛泽东研究》学术辑刊、咨政服务的《毛泽东研究资政内刊》以及《湘潭大学学报》的"毛泽东思想研究"专栏。"一论坛"是指全国毛泽东论坛,该论坛从学理层面研究毛泽东思想,总结改革开放的新鲜经验,进一步推进马克思主义中国化,目前已经连续举办八届。"一库"是毛泽东图像资料库,"一网"是毛泽东图像网,"一馆"是毛泽东图像数字博物馆,这是学校正在建设的毛泽东图像数据中心的核心架构,受到湖南省发改委立项资助,首期投入资金800万元。

依托百色做好新时代红色教育培训

近年来,随着"不忘初心、牢记使命"主题教育在全国各地如火如荼地展开,全国各地各类红色教育培训机构如雨后春笋般地出现并投入了红色教育培训的营运之中。在全国的主要革命老区和著名红色文化旅游城市,相关培训机构更是几近饱和,甚至已经出现了恶性竞争的不良现象。同时,红色教育培训中的问题也层出不穷,甚至影响到为学员们提供的培训服务,导致培训实效难以保障,培训目标难以实现。

究其原因,其中难免存在对红色培训的时代主题把握偏差、培训机构师资力量不足、培训经验严重缺乏、对红色教育基地资源开发深挖不够、培训形式简单或单一、服务意识明显不强、片面追求经济效益、培训结束未能及时总结及收集反馈信息等诸多问题,从而影响培训效果,使培训目标的实现差强人意。

本人从事红色教育培训时间已有几个年头,是红色教育培训蓬勃发展的见证者和亲历者,也有了一定的培训教育心得和感悟。现借这个机会粗浅谈谈,尽尽绵薄之力,以求抛砖引玉,和各位同仁一道求得红色教育培训行业的欣欣向荣和健康发展。

以本中心为例,本人所在的百色红魂教育服务中心长期以来为全国各地党政机关、企事业单位、社会团体、大中专院校党员干部职工提供党性教育、革命传统教育、爱国主义教育、理想信念教育,并集教育培训、咨询、服务与研发为一体的专业培训机构。中心以传承中国革命红色文化、弘扬百色起义精神为宗旨,坚决贯彻党的十九大精神,坚持为学员们提供生动有益的红色文化教育培训。中心始终坚持"面向全国、主题突出、特色鲜明、形式多样"的办学要求,紧跟中央大政方针,紧扣红色教育主题,积极深入地探索党性教育、红色基因教育的有效途径,在培训理念、培训内容、培训管理等方面初步形成了一整套行之有效的解决方案。

在培训方式上,百色红魂教育服务中心充分依托百色独特的红色资源,经过认真的探索和总结，逐步形成了以现场体验、互动交流为主，综合运用课堂教学、现场教学、体验教学、激情教学、模拟教学、访谈互动教学等多种形式，形成了"聆听生动党课、参观红色场馆、重走红军道路、唱响革命歌曲、祭扫烈士陵墓、缅怀先烈遗志、重温入党誓词、激发红色情怀"的特色教学体系，确保培训实效，实现培训目标。

通过几年的教学实践，我们积累了较为丰富的办学资源，师资力量雄厚，可根据客户的不同要求，为各类培训班提供周到的课程、食宿、用车服务，以满足全国各地不同单位的不同培训需求。红色教育培训必须与时俱进，因地制宜，才能办好新时期的红色培训机构。

一、把握时代主旋律，主题鲜明地传承好红色基因

习近平同志在作十九大报告时提到，中国共产党人的初心和使命，就是为中国人民谋幸福，为中华民族谋复兴。百色起义是和南昌起义、秋收起义、广州起义齐名的由共产党领导的起义，起义后创建了左右江革命根据地和红七军、红八军。百色起义也是一代伟人邓小平军事生涯的光辉起点，当年他和陈豪人、贺昌、张云逸、韦拔群、李明瑞等共同领导了百色起义。起义成功后，创办了劳动学校和文化夜校，创办了《右江日报》和《士兵之友》等刊物，民族工作蓬勃开展，传统陋习得到改变，社会宣传以群众喜闻乐见的形式得到广泛开展，而所有的一切，都是围绕着共产党的初心使命展开的。今天，我们做的就是要继续守住共产党人的初心和使命，弘扬百色起义精神，传承红色基因，这就是当今新时代红色教育的主旋律。我们应该始终围绕共产党人的初心和使命，展开教育培训，让后人和前来学习的学员以现今各种方式深刻感悟、了解当年的革命目的和革命情景，实现红色教育目的。

二、多渠道、全方位加强师资力量，充分满足学员的需求

长期以来，百色红魂教育服务中心针对培训需求的所展现的新形势、新特点、新要求，持续不断地加强、充实师资力量。围绕初心使命教育和红色教育，红魂教育拓展师资的渠道也越来越多，师资力量从最初的广西区委党校、百色干部学院、百色市委党校的教授，延伸到江西省委党校、广西大学、百色学院、遵义干部学院的教授，以及党史专家、军史专家等，近期更是多次邀请参加过解放战争，抗美援朝战争等战役的老战士、红军后代进行讲课，并和学员们互动，既极大地丰富、充实了中心的师资库，也能因教育培训的侧重点不同，从容地满足学员们的培训需求，听到自己真正想听的专题讲座。

三、因地制宜，红色教育要有鲜明的地方特色

百色地处祖国的西南边陲，西接云南、南临越南，是少数民族地区。百色地区有鲜明的老、少、边、山、穷的特征，而正是这些特征，当年却一定程度上为百色起义的成功带来了便利性。农民运动领袖韦拔群有效地利用了这些特征，使农民运动蓬勃地开展。今天我们进行的红色教育活动，仍然可以围绕这些红色资源及地方特征进行展开。

利用右江、左江流域的分布特点，延伸到左右江革命根据地的建立；根据东兰县列宁岩在深山中的特点，讲述当年农民运动讲习所的建立和深远的影响；前往现场体验田东县真良村运枪小道的崎岖，联想到当年右江农民赤卫军发展武装力量的艰难；亲耳聆听巴麻村壮族村民干栏房收留红军指挥员养伤的故事，感悟当年的红军将士与壮族人民群众的鱼水情深；模拟榕树坳当年的巧遇情景，感叹邓小平与李明瑞的相逢奇缘与革命友情；亲自参观百谷红军村的村史馆，感怀当年全村八十六户农家就有八十五户参加红军的壮举，进而体会当年共产党在人民群众中的凝聚力和感召力。

以上教学内容不争的史实、传奇的色彩、鲜明的特色，不同于江西、贵州、福建、陕西等革命老区，这些课程有着独特的优势和吸引力，是我们在百色的红色教育培训过程中一直所坚持着力挖掘和开发的，课程效果证明，我们的努力没有白费，课程取得了满意的效果。

四、培训形式多样，大力激发广大学员的学习兴趣

通过多年来的积极探索，在红色教育培训形式方面，全国各地的红色教育机构，采用了不尽相同的培训形式。大家利用本地的红色教育资源，开发了诸多有地方特色的培训形式。

我们也根据百色红色资源的分布特点，采用了有针对性的多种多样的教学形式。如目前各个特色不同的教学点开展的不同的微党课、点评教学、敬献花篮、模拟红军编制的军事化整训、乘坐红军船挺进右江、模拟苏维埃大会成立情景、重走红军路（运枪小道、烽火战地）、救助伤员体验、教唱红军歌曲、学编织草鞋、学做红军餐等，课堂教学、现场教学、体验教学、模拟教学、激情教学、互动教学、访谈教学等形式配合使用，很多形式寓教于学、寓教于乐，在过程中接受教育，教学效果显著，教学形式也深受学员们的欢迎。

五、增强服务意识，为红色教育培训提供完善的后勤保障

根据以往对前来百色进行红色教育培训的统计，培训班学员大都来自广西之外的地区，学习时间多为五至七天。因此，在百色学习期间，我们的课程设置会兼顾专题教学和现场教学等教学形式，而且为了保证教学形式的多样性，现场教学点也比较分散。这些教学特点就对我们的后勤服务工作提出了更高的要求。

因此，丰富教学形式、充实教学内容、优化教学流程以及提供良好的食宿服务和完善的教学环境，都是我们持续不断的改进目标。时至今日，我们的教学形式和服务质量已深受前来学习的广大学员的喜爱和好评。

六、主动听取意见和建议，为红色教育机构的可持续发展积攒智慧

几年来，随着红色教育培训的不断开展，我们接触过不同地区、不同层次、不同行业、不同年龄层的前来接受红色教育的学员，他们的需求也有着较大的差异性，对培训内容、教育基地、培训形式的选择不尽相同，对食宿的要求也同样不同。有些班侧重专题讲座，有些班强调现场教学，而有些班喜欢走访、互动等等。我们一般会在培训前进行前期的深入沟通，充分了解客户的培训需求，量身定制学习方案，并且随着沟通的进展情况不断调整方案，直到客户满意为止。

在每期培训班的培训课程结束之后，我们会利用综合评估系统，做出逐项打分，全面评估，并对学员进行跟踪、回访，关键是找出不足，不断及时改进，对发现的问题，进行剖析，为后面的方案调整找出合理的解决方案。

总而言之，各个地区的红色教育培训，既有共性，更有个性。因为自身的资源特点以及学员的需求差异，全国各地的红色教育培训存在较大的差异性是可以理解的，但是，总体要求和培训目标都是相近的。如何根据当今这个伟大时代的特征，针对地域及红色资源的差异的具体情况，进行具体分析，找到适合当地特色的解决方案，并且持续改进，提高红色教育培训质量，最终帮助学员实现培训目标，是我和同仁们共同的追求。

桂北红色教育培训机构存在的问题及对策

党的"十八大"以来，以习近平同志为核心的党中央十分重视红色文化的弘扬和传承，多次作出了铭记历史，不忘初心，牢记使命，砥砺前行的重要指示。在这一主题教育活动背景下，红色教育的培训机构如雨后春笋般涌现出来。据实地调查数据显示：桂北全州、灌阳、兴安三县各种不同性质的红色教育培训机构在2019年6月、7月、8月接待各单位、团体的主题教育业务量都达到饱和，甚至超负荷，在各教学点人山人海，在红色教育发展迎来重大机遇的同时，红色教育培训也凸显出一些问题。

一、培训机构师资队伍建设问题

就师资队伍建设而言，主要存在以下三个问题：

（一）师资队伍数量不足，教学计划落实难度加大

桂北湘江战役的红色景点集中，内涵丰富，是保存比较完整的革命遗址群，战斗遗址群横跨全州、兴安、灌阳等县，是生动展现湘江战役的活教材。传承和发扬长征精神，讲好湘江战役故事，是宣传桂北革命传统文化教育的窗口，红色教育培训机构承担着进行爱国主义教育、加强党性修养、淬炼党性教育的责任，把革命先辈们"勇于胜利、勇于突破、勇于牺牲"的湘江战役革命精神向受教育者讲好，讲透，使受教者真正体会、领悟到长征精神的内涵，把这种精神融入到工作中，是红色教育机构的目标。然而经过走访调查，发现红色教育培训机构的师资队伍数量严重不足，构成很不合理，主要教学核心力量薄弱，很难把红色故事讲好，讲透，真正做到入脑入心，达到高质量培训的效果，尤其是民办的培训机构。主要表现在以下几个方面：

1. 缺乏高职称、高水平的有重要影响力的学术带头人

无论是红色教育还是红色研学，一个培训机构最重要的是必须拥有一支实

力雄厚，结构合理，富有创造力和团结协作精神的师资队伍。这是培训机构持续发展的前提，也是培训机构培训实力的证明，同时也是红色教育效果评价的一个重要指标。提高红色教育的教学质量关键是有一批学术带头人。然而据调查，桂北地区从事红色培训的机构（不包含地方党校）全州县大概有6家，灌阳有8家左右，兴安有10家左右，这些培训机构基本没有学术带头人，现场的教学老师很多只是经过短暂培训就上岗了。教学水平仅停留在背讲解词，更谈不上有自己独特的见解，深入浅出的生动教学。人们常说"名师出高徒"，名师把自己渊博的知识、独特的教学见解、敏锐的嗅觉传授给讲解员，这样培训机构才能上一个档次。平时大家认为红色教育教学就是在红色教学点给客人讲解一些红色历史知识就可以了，错误理解为一线的现场教学老师可以完全替代名师的工作。殊不知一线的现场教学老师由于自己文化素质决定，他不可能达到名师这样的高度。

2. 作为连接培训机构和客户团队桥梁作用的一线现场教学老师文化水平普遍偏低，没有经过专门系统的学习培训

据对全州、兴安、灌阳三县红色培训机构调查得知，现场教学老师文化水平普遍偏低，文化层次分布如下：本科文凭约占20%，大专文凭约30%，更多的是高中（含高中）以下文化水平。

3. 一线教学老师学习主动性不强

桂北湘江战役红色教育是新起的一种红色经济产业，培训机构业务量突然增大，本身储备的老师数量不足，没有设置专门的专职现场教学老师岗位。面对同一时间，如此多的团队来学习，在追求最大利润的驱使下，现场教学老师是"万金油"，身兼数职，一个人包揽整个红色教育运转环节，团队的吃、住、行都是一人负责，现场教学点讲解时，也是随便说一下，不能做到对某些典型的历史事件和热点话题，结合培训单位具体情况，进行深入浅出的阐述，这样直接影响整个红色教育的教学质量。给客人感觉，明明历史很厚重，故事很丰富，陈列馆展陈图片很多，由于教学老师的水平问题，导致红色教育感觉很枯燥无味，这种形式主义的红色教育，不仅不能实现红色教育的初衷，反而可能对优秀红色文化的传承和发扬形成伤害。导致红色教育没有起到真正的教育功能。加上现场教学老师本身对这些历史知识掌握就很少，教学过程中出现讲解时史料不符现象，把这些错误的史料传播给来受教育者，如何能把"不忘初心，牢记使命"主题教育落实好呢？现场教学老师对整个教学环节把控只停留在讲解的最初阶段，背稿子讲解，离开了稿子，就无法讲解了，并没有把历史知识真正融入脑海中，因此也就很难达到因人施讲的高层次的教学。兼职的教学老

师一般存在一个很大缺陷，讲解只是他工作中的副业，平时时间、精力有限，没有树立主动学习，终身学习理念，更不用说努力提高自身讲解技能。这类老师对自身要求相对比较低，导致一线教学老师对自己的讲解岗位不重视，对讲解工作热爱程度不够，加之老师工资一般以带团数量计算，工资比较低，现场教学老师认为只要带客人走完行程上的红色教育点就算完成教学任务了，同时培训机构没有给予老师更多福利保障，导致老师不能全身心投入现场教学工作中。

（二）培训机构设置教学内容单一，没有突出重点问题，教学环节没有创新

在现场教学环节时，基本上是以现场教学老师"一言堂"为主，填鸭式灌输教学，讲解平淡不生动，没有教学双方互动性，而且在讲解时随意性很大，基本上是想到哪里就讲哪里，整个教学显得杂而乱，主题不突出。培训机构在接到团队来开展主题教育活动订单后，没有制定出一个完整、详细的教学计划。现在培训机构普遍存在一个怪象，就是每一个红色教学点教学内容存在重复，一个历史事件反反复复地讲，并没有按照不同的战斗遗址有针对性、重点性地讲解，教学内容缺乏创新和互动，给受教育者感觉红色教育虽然有多个教学点，但教学内容只有一个，重复性较多，造成视觉、身心疲劳。造成这种现象是培训机构对教学重视程度不够，一来觉得增加这些环节太麻烦了，二来学习的团队量大，教学人手本身就不足，三来讲解要突出重点，这考验的是讲解员综合素质，对现场教学老师来说要求比较高，短时间是无法达到的，这也是目前培训机构面临的一个急需解决的问题。

（三）培训机构安全意识教育薄弱

无论从事哪个行业，安全都是必须放在第一位的。坚持安全第一，就是对国家负责，对企业负责，对人的生命负责。安全问题时时讲，狠狠抓，一刻都不能放松。2019年6月4日，全区"不忘初心、牢记使命"主题教育工作会议召开后，红色教育达到高潮，红色景区每天都迎来大批学习的客人。红色教育是行走的课堂，必然会涉及许多安全问题。红色培训机构对安全问题重视程度不够。主要表现在：

第一，工作人员在与团队对接时，没有和客人强调安全第一的重要性。

第二，培训机构存在侥幸心理，安全意识没有时时放在心里。

第三，乘坐交通工具时，司机存在违规操作行为，随车的教学老师没有尽到提醒义务。

培训机构中教学老师往往一个人带40人左右的团队，没有精力顾及方方面面，安全问题是摆在培训机构面前的最大问题。

二、红色培训机构存在问题的解决对策

（一）充实师资队伍的建设，形成名师效应，满足日益增长的培训需求

红色教育培训机构存在师资数量不足，没有高水平的专业带头人的问题，可以采取依托各个高校，建立与地方红旅办、党史办及党校良好的合作关系，充分发挥高校等科研单位的智力优势，为红色线路开发、现场教学模块设置，教学方式探索寻求帮助，实现师资共享。有条件的可专门聘请本地一些知名红色研究专家为学院客座教授，负责指导培训机构的老师。培训机构定期组织老师与合作单位专家交流学习讨论，分享教学的经验，经常组织老师们去各地红色教育点参观学习，借鉴别人的优秀经验，积极参与各地举办的红色学术交流会，多向专家学习，提高老师们业务水平，不定期邀请全国知名红色研究专家来给老师们传授经验，答疑解惑。

（二）提高教师岗位业务技能培训，实行考核制度

针对教师业务水平偏低这种情况，可以考虑采取多种方式招聘较优秀的现场教学老师。可以通过各县红旅办、党史办或党校、负责相关红色教育工作的部门推荐最初名单，然后对名单进行初步考核，考察通过的学员，选定某一时间进行了封闭式理论教学及现场教学培训。在教学上，培训机构专门组织骨干老师编写适用的培训教材，邀请一些高校从事红色研究的教授、学者、地方党史办、党校教授等分别给学员授课。在现场教学点，手把手传授知识给老师，并且设置教学流程，规范教学环节，准确到每一个教学点应该讲解什么内容，如何讲以及详尽的教学顺序。每次教学任务结束后，填写专门的教学效果质量反馈表，对教学认真负责的，获得客人好评的老师，给予奖励，相反，实施辞退机制。

（三）合理整合资源，规划红色路线，开发不同时间多条教学路线

课程线路的开发是保证红色教育研学质量和可持续发展的核心环节。如何进行合理、科学设计的教学线路，如何融入多种教学方法来充实课程内容，让受教育者更直观深刻体会和理解长征精神？这就要求我们在教学线路设计上定位准确，特色鲜明。整个湘江战役战斗遗址有很多处，分布很散，有些地方交通很不方便，连大巴车都无法进入，基础设施落后，不配套。我们在线路开发时一定要考虑这些因素，做好线路设计。所采用的教学线路一定要具有代表性，

可行性，最能体现我们教学目标的，并对教学活动实行监控，及时发现问题，调整教学计划，确保教学效果和培训质量。

(四) 精心设计，采用多种教学模式，实现红色教育的初衷

针对红色教育教学环节单一问题，红色教育培训机构应该联合地方党史办、党校、各高校湘江战役知名专家组成课程开发核心团队，设计出体验式教学加现场教学加专题教学等相结合的多种教学方式。首先，通过组织学员到湘江战役战斗遗址进行现场教学观摩，让学员近距离触摸历史，重温湘江战役革命旧址，并参加体验活动，真正感受到老一辈革命先烈在当年恶劣的斗争环境中不畏艰险、不屈不挠的革命情操。重走红军路，体验红军行军路线，缅怀革命先辈的丰功伟绩，感悟如今幸福生活来之不易，再辅以教学老师的结合学员单位性质或学员具体情况现场点评的一种教学形式。其次，由专门从事湘江战役红色历史文化的研究专家学者把红色军事、政治、文化、人物等历史知识点，紧紧围绕某个主题，选取一些典型的历史事件和热点话题，结合培训单位具体情况和当前形势，准备不同类型的专题给来受教育的团队选择，进行更加通俗易懂的阐述。培训机构可以邀请湘江战役知名专家及地方专家等多视角、深层次现场讲述湘江战役背后一些鲜为人知的传奇故事，走访当地老百姓，听老百姓讲述红军经过自己家门口的故事，深度剖析革命先烈的共产党人的高尚情怀，从而激励新时代党员干部进一步发扬党的优良传统，加强党性修养。使学员在心灵上受到洗礼，在精神上受到震撼，达到"以史育人、以情动人"的教学目的。

通过以上多种教学方式，使得教学内容更加丰富多彩，从而激发学员在教学中重温那段难忘的历史回忆、思考、感悟，才能达到红色教育的初衷，为探索开创多元化红色教育、研学旅行发展模式奠定基础。

(五) 强调安全意识，把安全问题当做首要任务来抓

安全问题是培训机构一切工作的重中之重。红色教育基本上都是在革命发生遗址现场进行的，如何在顺利完成现场教学，确保客人的安全问题呢？培训机构应该从以下几点来抓：

第一，加强对现场教学老师的安全教育，把安全放在第一位，牢固树立安全意识。培训机构应该定期和不定期地召开安全会议，强调安全是机构的第一生命线，条件允许的话，可以邀请当地武警战士为员工讲述相关安全方面的知识，提高老师安全处理应变能力。培训机构应与每位老师签订安全责任书，定期检查老师安全工作是否做到位了，并对老师进行安全考核，把考核与绩效挂

钩，把安全工作做细做实。

第二，培训机构统一给客人购买人身意外险。

人难免会碰到这样那样的意外发生，我们无法预料，但可以预防。所以培训机构在接团时，必须考虑把风险降到最低。培训机构应该提示每一位客人必须统一购买人身意外险，购买意外险体现了培训机构对客人负责，同时也是培训机构规避风险和减轻机构财务压力的方法。

第三，建立班委，各司其职，安全责任层层落实到位。

红色教育现场教学开始前，在团队中建立班委制度，选出负责任、协调沟通能力好的学员担任班委干部，并把团队按每10人一组来分组，由组长负责组员的学习、生活、纪律。这样一来，学员中出现任何情况，组长及时掌握，并反馈到班长这里。充分发挥班干部作用，细化管理，能有效预防风险，从而保证学员人身安全。

第四，安全告诫，签订安全承诺书，严格遵守组织纪律。

培训机构开展红色教育培训第一堂课，就是安全教育课。在课堂上，老师要把整个红色教育点安全问题向学员交代清楚，安全教育课结束后，每个学员都签订安全承诺书。

综上所述，红色教育培训机构要具有团结协作精神，"不忘初心，牢记使命"全心全意为人民服务，做好红色文化宣传，传承好红色基因的宣传教育功能。

中小学红色研学旅行现状分析与课程设计建议
——以浙江省为例

研学旅行是由学校根据区域特色、学生年龄特点和各学科教学内容需要，组织学生通过集体旅行、集中食宿的方式走出校园，在与日常不同的生活中拓展视野、丰富知识，加深与自然和文化的亲近感，增加对集体生活方式和社会公共道德的体验。随着一系列政策的出台及市场的调配作用，研学旅行作为专项旅游正逐步走入人们的视野，并成为拓展旅游发展空间的重要举措。近年来，国家对于研学旅行愈加重视，也提供了相关政策支持。国务院《关于促进旅游业改革发展的若干意见》明确将"研学旅游"纳入中小学日常教育范畴。教育部、国家旅游局等11部委也联合出台《关于推进中小学生研学旅行的意见》，要求助推研学旅行健康快速发展。

《国民休闲旅游纲要》（2013）中明确提出："在放假时间总量不变的情况下，高等学校可结合实际调整寒、暑假时间，地方政府可以探索安排中小学放春假或秋假"，并提出了要"逐步推行中小学生研学旅行"。教育部等11部门印发了《关于推进中小学研学旅行的意见》（2016年），要求将研学旅行纳入中小学教育教学计划，加强研学旅行基地建设，规范研学旅行组织管理，健全经费筹措机制，建立安全责任体系。同时《意见》要求各地将研学旅行摆在更加重要的位置上，推动研学旅行健康发展，研学旅行在国外发展已久，在国内还处于初步发展阶段。目前，研学旅行有着良好的政策支持，很多学校进行了一些有益的探索，但也面临着诸多的问题与挑战，如安全、经费、协调和课程内容与评价等方面存在很多问题。本研究就红色研学旅行的实施现状存在的主要问题进行分析，从红色研学旅行课程设计的视角，提出有效落实与推进中小学红色研学旅行的相关合理化建议。

一、浙江省中小学红色研学旅行实施现状存在的问题

（一）主题模糊且忽视实践背后的教育意义

近年来，教育部先后选取了一些省（区、市）开展研学旅行试点工作。针对研学旅行，很多省、市也制定了相应的研学旅行方案。其中，浙江省教育厅、省旅游局、省发改委等10部门2018年正式颁发《关于推进中小学生研学旅行的实施意见》，要求各地要进一步强化对研学旅行重要性和必要性的认识，切实增强使命感和责任意识，把研学旅行作为深化社会主义核心价值观教育、深化基础教育改革、推进中小学素质教育的重要手段和载体抓细抓实，主动作为，创新工作，因地制宜开展研学旅行，推动研学旅行健康快速发展。经过研学旅行的调查，发现在实践过程中，部分学校抓住机会打造出具有特色的课程品牌，也有部分学校盲目跟风步入误区，对于研学旅行目标的制定还存在目标主题模糊的现象，整个方案设计没有紧紧围绕其制定的主题展开，仅有一两项活动与该次活动主题一致。另外，中小学研学旅行的开展多偏重以游玩为主，较少赋予研学旅行真正的教育内涵。《意见》要求研学旅行应遵循教育性原则，注重系统性、知识性、科学性和趣味性。研学旅行的开展不应将"游"与"学"割裂开来，中小学研学旅行开展大多存在重游轻学的问题，学校组织学生开展研学旅行重心落在趣味性，学生参加一次研学旅行，除了收获乐趣，知识性收获较少，这在一定程度上违背了研学旅行的教育性原则。这一现状的产生原因与研学旅行课程设计不完备有着直接的关系。开展研学旅行前，学校未精心研究与设计研学旅行活动，未提前制定明确的研学旅行活动目标与主题，未深入挖掘研学旅行的教育内涵，一些学生旅行目的地本身就缺乏教育意义，其主要价值就是为学生增添趣味，如游乐园。而对于一些研学旅行条件非常好的目的地，如红色遗址遗迹、历史古迹等，避免组织学生走马观花式的参观，应有针对性地设计更为有趣的知识讲解与趣味活动相结合。

（二）过于注重方案形式，忽视实际操作效果

《意见》要求各地要规范研学旅行组织管理，做到"活动有方案，行前有备案，应急有预案"，但现今，部分学校把研学作为例行公事，每一年研学旅行方案都相差无几，研学旅行线路也无较大创新。多集中于就近的公园，旅游景点游玩为主，研学旅行不分学段，统一前往同一地点开展同一套研学旅行方案。"行前有方案"这是学校做好研学旅行的第一步，有方案不应该只停留于"有"的层面，而应该充分征询学生以及家长意见，选取适合不同年龄阶段的研学旅

行基地开展研学旅行活动，设计新颖，对于研学旅行开展要有提前预期，考虑其实际操作效果，不可重游轻学。对于研学旅行的路线、计划也要周密，特别是研学旅行中学生的活动管理与安全保障工作，如学校要与家长签订协议书，明确学校、家长、学生的责任权利；如学校选择有资质、信誉好的企业合作，并与企业签订协议书，明确委托企业或机构承担学生研学旅行安全责任。以确保研学活动安全有序。

（三）未充分利用红色资源

浙江中小学研学旅行产品开发与设计形式多样，旅游景点、红色基地、游乐园等都有所开发，但较多中小学，特别是小学，研学旅行基地都集中于与该市距离较近的市区开展研学旅行，办学基础较好的私立学校更是选择国际路线来开展研学旅行，较少开发当地红色文化资源。我国积累了丰富多样的革命文物资源，应让大批革命文物"活起来"，红色旅游不同于一般的旅游。革命文物，承载着革命先辈们许多可歌可泣的动人事迹，承载着他们英勇奋斗、不怕牺牲、百折不挠的革命传统、革命精神。浙江省拥有丰富多样的红色资源，在中国共产党的发展历程当中具有重要意义，充分将现有的红色资源进行深度开发，让红色资源活起来，共同促进红色文化事业的蓬勃发展，进而推动旅游业的发展，推进红色资源开发共享。因此，浙江省中小学研学旅行应充分考虑当地红色文化资源，以当地红色纪念地、博物馆、革命纪念馆为突破口，主动作为，创新形式，因地制宜开展红色研学旅行。

（四）评价机制单一

《意见》指出，各地要建立健全中小学生参加研学旅行的评价体系和评价机制，把中小学组织学生参加研学旅行的情况和成效作为学校综合考评体系的重要内容，将学生参加研学旅行情况的评价结果纳入学生学分管理体系和学生综合素质评价体系。但研学旅行是一项新的教育事物，目前全国没有现成的统一的考核机制和监督评价办法。近年来，有学者提出，从研学旅行课程实践的视角，将研学旅行课程分为课前阶段、课中阶段、课后阶段。课程评价分过程性评价与终结性评价。研学旅行是一门综合实践课程，与普通旅行具有质的差异，作为课程，课程实施的课程评价尤为重要。目前，很多学校进行研学旅行课程评价主要采用终结性评价，多体现为研学旅行开展后以班级为单位进行的研学旅行课程评价，课程评价机制单一，不能很好地激发学生的积极性。

二、对浙江省市小学研学旅行课程设计的建议

（一）规范组织管理系统，完善研学旅行课程体系

研学旅行作为一种活动课程，课程是其核心。借鉴泰勒现代课程理论，有学者认为，研学旅行课程的设计、开发与实施，也应该经历确定目标、选择资源、课程实施、课程评价四个环节。政府部门加强监管，学校加强研学旅行课程设计，政府应整合相关部门、学校、学生、家长等力量，有效进行课程开发与设计，完善研学旅行课程体系。

研学旅行课程的设计者和实践者是学校的每一位教师和学生，与此同时还可以吸纳一部分有能力的家长参与研学旅行课程的开发，让课程拥有更广阔的实施空间。红色研学旅行课程开发与设计应充分考虑学生的主体作用，以学生为主，充分考虑学生的年龄特征选择适宜的地点并进行课程内容的开发与设计。还可以让学生、家长、教师都参与到研学旅行课程开发与设计中来，改变由学校一味包办的弊端。研学课程实施过程中，在老师的引导下，通过对社会人文及自然的实践认知，真正将研学的精髓带给每个学生。德国的著名教育学家斯普朗格曾说过：教育的最终目的不是传授已有的东西，而是要把人的创造力量诱导出来，将生命感、价值感唤醒。研学实践不仅要让学生体验到研学旅行的趣味性，收获知识，培养学生多层次的能力，更要培养学生的集体意识和责任感。这更要求我们组织研学旅行的相关部门要制定合理、完备的研学旅行课程设计方案，做到详细、全面、深刻。

在进行红色文化教育为主的研学旅行活动前，教师应布置相关研学旅行前的准备工作，如研学旅行的地点了解，研学旅行的目的地的类型了解。制定切实可行的红色文化研学旅行路线，设计的时候要考虑路线和时间安排的合理性以及不同的地点对于青少年起到的不同的启发作用。研学旅行基地应配合学校做好宣传工作，如提供相应基地图片视频等。进行研学旅行前，教师应采用综合实践以及口语交际的形式，检查学生课前准备情况。在进行研学旅行过程中，可采用讲红色故事、红歌传唱、微电影等进行形式的活动，例如将红色景点所涉及的革命人物、事件编成一个个小故事，串成红色故事书，后续可以开发编写连环画、漫画等，激发学生的积极性，不仅能在参观中获得知识与能力，也能在活动中使得学生加深对历史的记忆，增强其社会责任感。学生回到学校后，不因研学旅行集体活动的结束而结束，教师可举办一次与本次研学旅行相关的讨论、诗歌朗诵、历史知识竞赛等，如参观遗址遗迹后，教师可组织进行讨论

课，说一说在研学途中的所看所感，请学生把看到的、听到的、尝到的说出来、写出来或者画出来，学校可以举办一次与红色文化相关的手抄报、板报比赛，展出优胜的同学以及优胜板报班级的成果，延伸红色研学旅行。

（二）充分开发革命圣地资源，着力红色研学旅行课程开发与设计

浙江是党领导人民开展革命斗争的重要区域之一，革命遗迹遍布全省，红色资源种类丰富，分布广泛，浙江境内分布的这些红色资源，不但丰富了党史，还为当地红色资源的系统开发奠定了坚实的基础。开发革命圣地的红色文化资源意义重大，不仅结合了浙江丰富的红色资源，更丰富了研学旅行产品的种类。以红色文化为主的研学旅行极具创新性与教育意义，研学旅行背景下红色文化课程设计，依托于红色文化遗址遗迹，进行精密的研学旅行设计，通过研学旅行，开发红色文化的教育内涵，实现自然教育，实现开展综合实践课程与红色文化的接轨。通过对中小学阶段研学旅行课程设计，使得研学旅行更加标准化、规范化、具体实施可操作、可评价。《意见》指出，研学旅行要以立德树人、培养人才为根本目标，以统筹协调、整合资源为突破口，因地制宜地开展研学旅行，建立中小学阶段以红色文化为主的研学旅行活动课程。红色研学课程开发符合当下国家对于研学旅行的相关要求，充分践行国家关于研学旅行的要求，顺应国家开展研学旅行政策，极具前瞻性。以红色文化为主的研学旅行必将颠覆花朵式的温室教育，教育模式必将成为新时代教育的潮流。

以红色研学旅行课程设计为例，在课程目标上，学生通过参观革命遗址遗迹，了解革命历史，从看、听了解历史，通过组织人员讲解，进一步拓展与历史相关知识，真正使他们懂得中国共产党，为了民族的独立和解放，为了建设一个新社会，一代又一代共产党人用他们坚定的政治信念、忠诚的政治信仰、坚定的革命意志，前赴后继地努力奋斗，最终开创了开天辟地的辉煌业绩。在青少年研学旅行的过程中参与红色文化体验，还原当地历史事件，将其拍成微电影，既丰富了旅行的内容和形式，又使得学生加深对历史的记忆，增强其社会责任感。绘制红色手绘地图，融入青少年喜闻乐见的卡通元素，增强地图的生动性。开发手工课，并且与浙江红色资源密切结合，强调动手实践，鼓励探索和拓展，实用性、操作性、体验性强，既开发了学生的想象力，又为文创产品的开发提供了思路。

现在社会上大多以一种灌输式的方式，使青少年以被动的方式接受红色文化教育，有时候会达到适得其反的效果。因此，在课程资源的选择上，充分考虑学生的主体性，选择革命旧址纪念地，让学生在研学旅行过程中自主生成课

程资源。就研学旅行地点的选择上，浙江是党领导人民开展革命斗争的重要区域之一，革命遗迹遍布全省，红色资源种类丰富，分布广泛，浙江境内分布的这些红色资源，不但丰富了党史，还为当地红色资源的系统开发奠定了坚实的基础。研学旅行目的地不同，结合小学不同阶段研学旅行课程目标，恰当选取研学旅行课程资源，使得研学旅行能更好地达到预期效果。在课程实施过程中，学生进行研学旅行前，教师可通过视频、图片等了解重大历史事件及革命烈士先进事迹，让学生做好先前的知识储备。通过参观革命纪念馆等，将红色文化与旅游产业相结合，以寓教于乐的形式让青少年自觉参观、游历红色文化景点，是让其自觉主动地靠近红色文化，走进主流精神世界中的重要举措。

（三）建立健全红色研学旅行的评价机制

研学旅行作为一门综合实践课程，应着重于其教育性，着力开发研学旅行的教育价值。在实践过程中，由于研学旅行活动时间短暂，参与课程设计的主体多，社会实践性强，对其评价就比较复杂。此外，研学旅行的开展多以班级为单位，在开放、广阔的外部环境中，如何照顾每一位学生的差异、全面评估学生在活动中的表现，同样给教师评价增加了难度。教育行政部门要强化对学校研学旅行工作的督查和评价，建立健全中小学生参加研学旅行的评价机制，把组织学生参加研学旅行的情况和成效作为学校综合考评体系的重要内容。学校要在充分尊重个性差异、鼓励多元发展的前提下，对学生参加研学旅行的情况和成效进行科学评价，并将评价结果逐步纳入学生的综合素质评价体系。

英国哲学家约翰·洛克在《教育漫话》关于儿童旅行的意见中写道："教育的最后一部分通常是旅行；一般认为，旅行之后便大功告成，造就一个绅士的工作终告结束。"因此，要着力建立研学旅行课程评价体系，采用多种课程评价方式，将研学旅行课程评价延伸到研学旅行的每一个过程与阶段，注重过程性评价。这一环节主要在课后阶段完成的同时也要渗透在课前阶段和课中阶段，可以说，课前阶段、课中阶段、课后阶段都应该有课程的评价。课程评价的方式多种多样，包括研学作业的完成、研学成果的展示、研学体会的分享、研学成绩的认定等。师生互动共制评价目标，学生自评与相互评价结合在监控自身学习状态的同时，提升自我效能感以及成就感，实现研学课程认知的深度体验。若综合使用同伴互评，在交流中彼此琢磨各自的知识与见解，则益于个体自身知识面的拓宽以及合作精神的培养。此外，对于情感类课程内容，如爱国情怀的激发、集体荣誉感的增强、合作精神的培养等，学生间的交流感悟、思想碰撞等互评方式则更为有效。

三、结语

从目前红色研学旅行实施现状来看，浙江省中小学阶段的研学旅行课程设计过程中仍存在课程目标主题模糊、与学科课程间的联系不大，重游轻学，忽视了研学旅行背后的教育意义；课程资源形式单一，忽视本土资源开发；课程实施过程较为随意，学生实质参与少、活动缺乏探究；评价方式单一等问题，这些都在一定程度上减弱了研学旅行的预期效果。

红色研学旅行对学生素质的全面发展具有重要的、积极的推进作用，是一个系统工程，需要多方协作。政府、学校、教师、家长、学生等主体都应积极参与，加强完善红色研学旅行课程体系。就浙江省中小学红色研学旅行的有效落实而言，充分开发红色文化资源，丰富研学旅行课程内容，着力于红色研学课程开发与设计，具有很好的现实意义，使青少年开阔视野、增长知识、了解国情、热爱祖国，同时提高他们的社会责任感、创新精神和实践能力，最终达到学以致用、知行合一。此外，将浙江省的红色资源由点到面整合丰富起来，更好地进行资源配置，达到完善旅游产业结构、创新发展文创产业、实现协同育人的目的。

提升河源红色旅游优质发展

红色是中华颜色谱系的重要组成部分，代表着喜庆、祥和、热闹、奔放、斗志、革命等。习近平曾对文艺界和社科界的工作者语重心长地说："共和国是红色的，不能淡化这个颜色。"红色除是一种色彩表征外，还承载了中华大地五千年的历史，有些时候抑或是中国人的文化图腾和精神皈依的象征。当前，深挖红色资源禀赋，提振红色旅游优质发展，已成为文化旅游界乃至整个社会的一大热点问题。本文以广东河源市为例，期抛砖引玉，教于方家。

一、河源提振红色旅游的资源禀赋

河源，又称"槎城"，地处广东省东北部，位于风景秀美的东江中上游，素有"绿色之都""广东绿谷"之誉。河源辖五县一区，全市面积1.56万平方公里，常住人口309.4万人（2018年）。作为"客家古邑"，河源是岭南文化发祥地之一；作为"红色河源"，河源是中国革命策源地之一。

（一）中国革命策源地之一：红色资源禀赋

河源是红色文化的富集地，辖区内有龙川为中央苏区县，和平、连平为中央苏区规划范围县，紫金为国家革命老区县，堪称"红色河源"。

河源人民有着光荣的革命传统，创造了独具特色的红色文化，红色基因异常强大，党史革命史资源极为丰富。从河源新民主主义革命时期的历史看，河源的党组织、革命先辈、党员、老区的广大群众，对推动广东乃至中国革命发挥了重要作用。河源的地方党史是中国共产党历史的重要组成部分，特别是在中国共产党的早期（"五四运动"至土地革命战争前期），河源可以说是中国共产党开展革命活动最活跃的地区之一，拥有中国共产党最早的党员（阮啸仙、刘尔崧），并涌现出了中共广东革命史上"东江三杰"（阮啸仙、刘尔崧、黄居仁）等一批革命领袖。

借重中央党史研究室原副主任谷安林观点,河源红色资源禀赋具体表现为以下三个全国最早的"地区之一":河源是全国最早开展马克思主义传播的地区之一、河源是全国最早开展农民运动的地区之一、河源是全国最早建立农村革命根据地的地区之一。

(二)客家地区崇文重教:研学培训优势

在客家学奠基人罗香林(1906—1978)《客家研究导论》《客家源流考》中指出,河源是中国为数不多的纯客家地区。这里的纯客家地区,一般是指客家人占90%以上的地区。

客家河源内在的人文精神是儒家的"重文崇教",其突出表现是河源人"四重"的道德价值观念。"四重"即重名节、重孝悌、重文教、重信义。这种客家人文精神既带有浓郁的理想主义色彩,又富有求是务实的品格,为河源地方培育了许多各领风骚的仁人志士。在古代,如宋朝广东第一进士古成之、工部尚书王汝砺,明朝"槎城之槐"、云南巡抚李焘,清朝"一门三代四节钺,五部十省八花翎"的颜检家族。在近代,河源不仅是太平天国名将冯云山、石达开的祖居地,还是伟大的民族英雄、中国民主革命伟大先驱孙中山的祖居地。在现代,河源是中国共产党的早期农民运动领袖、人民审计制度奠基人阮啸仙和中国青年运动、广东工人运动的先驱刘尔崧,以及著名作家、文学评论家肖殷的故乡。在当代,河源是中国政法战线的杰出领导人、最高人民法院原院长肖扬的家乡。总之,客家河源自古崇文重教的传统,对于研学培训必定具有很好的优势。

(三)融入粤港澳大湾区:地缘市场禀赋

粤港澳大湾区建设已提升到国家发展战略层面。从长远战略来看,粤港澳大湾区的发展目标是打造国际一流湾区和世界级城市群,这必然需要比今天更为广阔的战略腹地作支撑,现阶段规划涉及的重大基础设施、重点发展平台、重要经贸合作等必将延伸和辐射到周边地区。这对于河源研学旅行发展而言,无疑是一个重大的历史机遇。

从地缘市场来看,河源1.56万平方公里的面积中一部分处于粤北山区、一部分处于珠三角地区,地域面积在广东省21个地级市中名列第四。河源地理位置独特,区位优势明显,与香港、广州、深圳3个世界一线城市的距离均不超过200公里,是粤东西北唯一近距离接受3个世界一线城市辐射带动的地市;河源东临福建省龙岩,北与江西省赣州接壤,处东江流域和闽粤赣三省交界地区,既是粤港澳大湾区通往江西的"门户",也是珠三角连接长三角、辐射大内陆的重要枢纽。随着交通体系的进一步完善，河源将融入珠三角的"一小时经济生活圈"，在交通区位上与粤港澳大湾区形成更高效的紧密联系直至融为一体。

二、河源提振红色旅游的创新做法

河源提振红色旅游的新举措、新办法，主要是通过挖掘红色文化资源，构建红色旅游文化产业链来实现的，具体包括以下三个方面。

（一）全面挖掘红色历史文化内涵

文化是旅游之魂，红色革命历史是中华民族历史中重要的一笔精神宝库。提振红色旅游优质发展，关键是要深入挖掘红色精神财富，思考如何将红色历史、红色传统和红色精神在旅游中传递给广大游客，从而更好地传承红色文化。为此，河源首先深入开展了革命遗址普查工作。截至2018年12月底，经普查登记，河源列入名录的革命遗址一共248个，其中重要历史事件和重要机构旧址92个，重要历史事件及人物活动纪念地88个，革命领导人故居21个，烈士墓3个，纪念设施43个，其他遗址1个。为更好地服务河源红色旅游，促进经济社会发展，河源在认真梳理红色革命遗址保护开发利用工作相关资料的基础上，着力建立网上红色文化资源数据库。经过一年多的努力，于2019年4月28日举行了河源市红色革命遗址数据库上线仪式，成为广东全省地级市中最早建立的红色革命遗址数据库。

河源在全面挖掘红色历史文化内涵上，还十分注重对革命遗址的修缮保护和开发利用工作，仅在2018年便投入资金2000万元。同时，还积极组织力量征集依附在这些遗址上的相关史料证据包括文物、红色故事等。对于讲好红色故事，从河源市到各县区均成立了"新时代红色文化讲习所"，而且举办了多场相关赛事活动。于河源而言，讲好红色故事，在细微之处引起情感共鸣，才能让人们内心留下深刻烙印，从而使红色旅游真正成为新时代弘扬民族精神的文化工程。

（二）区域性规划红色旅游线路

河源有着丰富的红色旅游资源。近年来，河源在发展红色旅游上竭尽全力，并取得一系列令人鼓舞的成绩，成功塑造了一批红色旅游品牌，对推动全市经济社会发展大有裨益。

在红色旅游线路规划上，以河源紫金县为例。紫金县是广东省著名的革命老区县，是全国最早开展马克思主义传播、最早创建农村革命根据地、最早创建苏维埃政权的县区之一。2019年3月，紫金县位列全国第一批革命文物保护利用片区分县名单。

紫金规划红色旅游线路时，把原海陆紫惠（炮子）革命根据地（苏区镇）作为一个区域性旅游目的地来开发，利用红色古驿道（龙窝镇）开发户外徒步行、生态观光道（南岭镇）等线路，采取一日游、两日游方式，增设停车场、打造红色文化主题饭店、特产街，开展旅游推介活动，制作明信片、导游图资料进行广泛宣传，让人们看到紫金的红色历史底蕴和优美生态环境。

（三）以"红色+"构建红色旅游文化产业链

"红色+"是指红色更加自觉主动地向经济、社会各领域渗透，为经济发展和社会变迁植入红色基因。"红色+旅游"，可赋予旅游思想的内核，培育新的经济增长点。

目前河源正在合理开发红色旅游资源，构建红色旅游文化产业链，把红色文化资源开发利用融入构建"客家古邑，万绿河源"旅游产业建设当中。如连平县大湖镇正在充分利用红色文化资源，对全镇做整体的旅游规划，由恒大旅游集团投资、建设与运营。未来大湖镇将更加坚定地走"红色+"的文旅生态融合发展道路。

此外，河源还把红色革命遗址保护利用纳入红色旅游相关规划，开辟"东江革命风云""中央苏区盐道与粤赣古驿道""古邑文化、香港文化名人大营救"等经典专题旅游线路，结合文化游、生态游、乡村游、健康游、古驿道游等项目，加大投入、统筹规划、共同开发，把河源的重要红色革命遗址和主要文化名镇（村）、风景旅游区、革命老区串联起来，带动区域经济发展，并拓展红色文化外延、增强红色旅游活力。

三、河源提振红色旅游的成绩成效

当前，红色旅游日益成为越来越多游客的出游选择，这是人们与日俱增的爱国主义情感的一种实践表达，也是推动社会经济发展的一种新引擎。于河源而言，红色旅游带来的成绩成效主要体现在以下三个方面。

一是红色旅游增加了河源地方财政收入。据不完全统计，2017年河源红色旅游接待游客268万人次，旅游收入22亿元，红色旅游业已经成为河源旅游经济发展不可缺少部分。根据河源市2019年《政府工作报告》中所述，河源2018年"全年接待入市游客3587万人次，增长12.1%；实现旅游总收入316.7亿元，增长16.1%"。当中，红色旅游的创收对旅游总收入亦必定是功不可没的。

诚如今年国庆期间河源市东源县下屯村村委书记阮烈志指出的:"红色旅游为村里增收也很明显,今年村里有30亩百香果挂果,仅靠游客就全部销售出去了。"

二是红色旅游带动了河源地方的基础设施建设。随着红色旅游业的迅猛发展,河源进一步加大了对全市红色旅游景区的基础设施建设投入,逐步完善交通、餐饮、住宿及其他各项配套服务,完善景区"吃、住、行、游、购、娱"等配套设施建设,如新建了一批停车场;新增了革命旧(遗)址线路标识;加强了卫生管理,新更换、增加一批与景区风格统一的垃圾桶,以及完善自驾游的相关配套服务,发展民宿业等。在方便游客的同时,以便吸引更多游客的到来。根据河源市2018年《政府工作报告》中所述,河源在2018年投入各类资金72.46亿元,扎实办好十件民生实事,其中的两件即为实施"旅游厕所革命"和推进红色文化遗址修复工作。

三是红色旅游提高了河源城市名片的知名度。基于城市的快速发展和规模效应,在未来的全球性竞争中,国家和区域之间的竞争将以城市的竞争为重点,这是不争的事实和不可逆的潮流。美国城市理论家、社会哲学家刘易斯·芒福德指出,未来城市建设的主要问题是如何发挥城市"精神上的能量"。红色旅游作为文旅融合的一个典型效应,必将在城市精神能量聚集上大有作为。事实亦是如此。在今年国庆期间,仅河源市紫金县苏区镇接待游客日均达2000人次。几年来,该镇接待参观学习的外地人员不断增加,达10多万人次,这大大提升了当地的知名度。

此外,河源红色旅游离不开社会信息化这个时代背景。利用新媒体传播优势,河源创作了一批红色网络精品宣传、推介红色河源。2017年,河源推出的纪念紫金"四二六"武装暴动90周年微视频,总点击量突破170万人次,在全国广受好评。目前,河源正在策划制作讲述系列红色遗址故事的《峥嵘岁月,红色基因》系列微视频以及红色精品广播剧《赤炮风雷》,河源红色故事系列漫画也在积极创作中。这些成果和创作的推出,无疑也是构成河源提振红色旅游成绩成效的一部分。

四、河源提振红色旅游的规划建议

为充分挖掘和利用红色历史文化资源,积极发展红色旅游,推动河源地方经济社会持续健康稳定发展,规划建议如下:

(一)指导思想

高举习近平新时代中国特色社会主义思想伟大旗帜,全面贯彻党的十九大精神，扎实落实习总书记"把红色资源利用好、把红色传统发扬好、把红色基因传承好"的重要指示精神，坚持稳中求进工作总基调，以《2016—2020年全国红色旅游发展规划纲要》为指导，围绕建设粤港澳大湾区优质生活圈，以旅游供给侧结构性改革和全域旅游为工作重点，高扬信仰旗帜、传承红色基因，促进河源市红色旅游产业转型升级、跨越发展，做强红色旅游"拳头产品"，打响"红色河源"旅游品牌。

(二) 基本原则

一是坚持社会效益为优原则。充分发挥河源红色旅游资政育人、修德康养的作用，坚持社会效益优先，积极探索红色旅游发展在促进地方公共文化服务建设、推动贫困地区脱贫攻坚领域的新思路。

二是坚持提质转型为重原则。积极转变红色旅游发展方式，从以政府为主导向政府引导与市场运作相结合转变，从偏重红色旅游硬件建设向硬件与软件并重转变，从偏重红色旅游遗产保护向保护与利用并重转变，从偏重红色旅游数量增长向重视质量提升转变，加快实现河源全市红色旅游全面转型升级。

三是坚持融合发展为体原则。树立红色旅游全域发展观，以建立健全区域合作机制为抓手，促进红色旅游与研学旅行、乡村旅游、康养度假、文化创意相融合，延伸红色旅游产业链，丰富合作模式，提升合作水平，实现一体化发展，形成红色旅游"点、线、面、体"综合服务体系。

四是坚持共建共享为主原则。积极探索创新红色旅游资源变资产、资产变资本、资本变资金的投融资机制；创新表达形式，探索红色文化教育培训、红色旅游创新发展机制；调动各类市场主体、社会组织参与共建，形成资源全面保护与红色旅游可持续发展相互促进、良性循环的新模式。

五是坚持生态环保的原则。开发红色旅游，要把保护生态环境始终摆在第一位，决不能以牺牲环境为代价，切切做到"最大程度的保护、最大程度的恢复、最小程度的破坏"生态环境，决不搞大挖大建，野蛮、破坏环境的施工开发。

(三) 主要任务

一是加快中央苏区留守红军纪念园、江东新区东江抗日战争革命遗址群等项目建设。自2011年开始，河源便积极开展中央苏区留守红军纪念园的建设工作，积极向上争取"中央苏区留守红军纪念园"项目。2016年，该项目已成功纳入《全国红色旅游经典景区名录》。2019年，江东新区东江抗日战争革命遗址群升级改造项目获广东省专项支持。在建设过程中，可以将VR、AR等现代科技融入纪念园介绍和红色革命遗址的讲解中,从而让游客身临其境地体会到革命先烈的艰难困苦与英勇无畏,让红色历史成为"可以穿越的历史"与"可以透视的故事"。唯有如此,普通游客才能真正融入红色经典中去,打造有现代感的红色旅游。

二是全力创建河源万绿湖国家5A级景区,打造"红色+生态"旅游融合发展模式。万绿湖又名新丰江水库,因四季皆绿,处处皆绿而得名。它占地面积1600平方公里,其中水域面积370平方千米,蓄水量约139.1亿立方米,是华南第一大人工湖,是华南地区最大的生态旅游名胜,2002年7月被国家旅游局评为AAAA级旅游区。万绿湖距广州、深圳均在200千米以内,为东江中下游城市及香港地区4000多万人提供了优质的水源和供水保障,是珠三角的"后花园",香港的"生命河"。这一方面,可以规划建设环万绿湖自行车道或亲水驿道,沿道串联温泉康养区、红色文化、客家文化等景区景点整合资源,打造河源全域旅游新格局。

三是推动实施乡村红色旅游"百镇千村"提质升级行动,加快乡村特色民宿建设。河源许多古村落,在革命年代,为红色政权作出过巨大贡献。在市、县、镇各级政府的高度重视下,建议针对古村落一带的红色旅游资源特点,加大政府支持力度,推进创建美丽乡村、休闲度假,形成服务融红色文化和客家民俗文化于一体的乡村旅游业发展的"红色古村落"模式。

总之,从红色旅游业发展要素来看,河源具有丰富的红色文化资源和自然生态景观,加之区位优势显著,通过深挖红色资源禀赋,创新发展形式和促进业态融合,河源就一定能提振红色旅游优质发展。

附录

河南省研学实践教育课程申报表

课程研发单位	林州市红旗渠风景区旅游服务有限责任公司		
课程负责人	林永艺	联系电话	13837205263
课程名称	弘扬红旗渠精神 打牢青春底色研学课程		

学龄 \ 天数	一天	二天	三天	四天	五天
课程分类 小学		√			
课程分类 初中		√			
课程分类 高中					

课程简介 (300字以内)	为贯彻落实好习总书记"把红色资源利用好、把红色传统发扬好、把红色基因传承好"的指示精神，红旗渠景区积极探索新时代红色旅游文化产业的健康可持续发展新模式，推出"弘扬红旗渠精神 打牢青春底色研学课程"系列课程。 　　"弘扬红旗渠精神 打牢青春底色"系列课程，是依托独有的红旗渠精神资源、丰富的红色旅游资源和自然人文资源，以"十个一"为主要内容和活动载体，突出新时代教育的"特色性、时代性、时效性"，精心打造的红旗渠精神教学课程。
申报单位意见	（签章） 　　年　月　日
上级部门意见	（签章） 　　年　月　日

弘扬红旗渠精神　打牢青春底色

红旗渠入选教育部第一批全国中小学生研学实践教育基地，是教育部等六个部委联合命名的"全国中小学爱国主义教育基地"，中宣部命名的"全国爱国主义教育示范基地"，国家旅游局命名的"首批中国研学旅游目的地"和"全国研学旅游示范基地"。作为中国石工建筑的人工奇迹和时代精神的重要载体，红旗渠自建成以来，就一直是中国乃至世界瞩目的焦点，研究和学习的范例。

在中国共产党建党 98 周年到来之际，为深化和更大价值发挥景区精神教育和素质教育的独特功能，更好地在新时代的中小学生中传承红旗渠精神，通过研究和学习达到精神的升华、素质提升的目的，景区依托独有的石工建筑、精神价值、太行山优美的自然山水景观等资源优势，结合国家教委素质教育的规划要求，针对全国中小学生致力打造出"中国青少年红旗渠研学之旅"精品研学课程。

少年、儿童是祖国的花朵、民族的希望。树立高尚品德，传承革命红色文化和优秀传统文化，掌握科学知识，塑造健康身心，铸就核心素养，是未来主人翁的必修课。

红旗渠风景区依据中小学生课程教学的内在要求，以红旗渠自然资源和人文精神为核心，将参观游览、互动体验、拓展训练、讲座交流、心得体会等环节进行课程化设计，打造了《弘扬红旗渠精神 打牢青春底色研学实践课程》，让学生在行走中阅读历史，在体验中感受精神，在快乐中完成教育。

一、课程目标

1. 知识和技能目标

通过红旗渠爱国主义教育活动，让同学们了解红旗渠修渠背景、红色历史，汲取红旗渠精神之源，培养优良品质，培养学生的社会责任意识和勇于创新的精神，提升学生社会实践的能力。

2. 方法和过程目标

通过红旗渠研学活动，让同学们在行前探究、行中体验、行后讨论中深刻领悟"自力更生、艰苦创业、团结协作、无私奉献"的红旗渠精神，感受当年修渠之艰苦，认识到今天幸福生活来之不易。

3. 情感态度和价值观目标

同学们在研学实践活动中感受到作为新时代中国特色社会主义接班人，能够更好地传播红旗渠故事，传承和弘扬红旗渠精神。塑造正确人生价值观，树立远大理想，报效伟大的祖国和人民。

二、课程原则

1. 教育为本原则

研学旅行要以教育为本，以全面提高学生素质为目标，通过"游"达到"学"的目的。研学是目的，旅行是手段，基地是载体，教育是根本。红旗渠研学活动围绕学生的教育内容、教育特点开展，在研学产品供给、研学线路编制和研学基地建设中，体现游中学、学中游，参与性、体验性和学习研讨的教育规律，不断提高学生的认知能力和实践能力，寓教于乐，增进学生对自然和社会的认识。

2. 文化传承原则

研学旅行教育活动以红旗渠精神为主要内容，以践行社会主义核心价值观为体现，以培养社会主义接班人为目标，依托自然资源和人文资源开展社会实践和国情认知的教学活动，从中小学阶段解决为谁培养人、培养什么样的人的问题，实现素质教育的创新模式。

3. 安全第一原则

研学旅行活动的全面实施，确立安全第一的原则，没有安全就没有研学活动的开展，这是开展研学旅行所遵循的重要原则。安全第一就是树立全员安全观，明确安全责任，规范安全制度，细化安全岗位，建立安全保障。

三、课程资源

红旗渠纪念馆位于林州市城区北部15公里处，红旗渠总干渠在这里一分为三条干渠。1965年4月5日红旗渠总干渠通水仪式在这里隆重举行。2014年5月1日，红旗渠纪念馆新馆落成开馆。建筑面积6300平方米，布展面积4000平方米，展线总长515米，展馆以红色为基调，造型似灵动的渠水。展厅由"序厅""旱魔""奇迹""丰碑""梦想""精神"六部分组成，用2000多件珍贵文物和雕塑、绘画、灯光、多媒体、4D动感、智能触摸等现代艺术表现形式和手段，立体再现了当年10万大军战太行的震撼场景。

红旗渠纪念馆不仅是收藏、研究、展示、传承红旗渠历史的一座展馆，更重要的是它反映了林州的发展历史，是学生感悟自力更生、艰苦创业、团结协作、无私奉献的红旗渠精神的一个窗口。

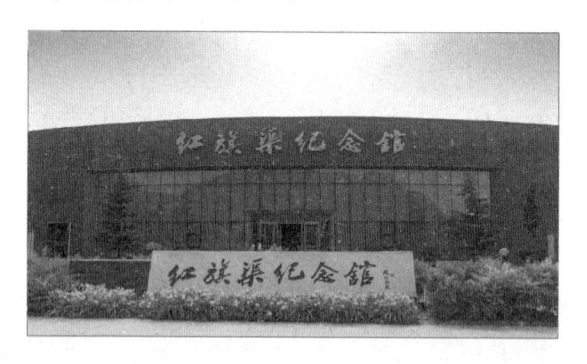

红旗渠纪念馆

红旗渠精神VR体验馆位于红旗渠纪念馆展馆负一层出口处，占地面积约700平方米，共有11间体验室，按设计要求可同时容纳80多人体验。整个VR体验馆包含3大体验板块，分别为VR名人馆、VR观影区、VR游戏体验区。

VR技术又称"虚拟现实技术"，是一种可以创建和体验虚拟世界的计算机仿真系统，它利用计算机生成一种模拟环境，是一种多源信息融合的交互式的三维动态视景。学生只需要戴上一个VR头盔，就仿佛亲临红旗渠开凿现场，体验20世纪60年代，前辈们如何在极其艰难的条件下，发扬自力更生、艰苦奋斗的精神，凭着一锤一钎一双手，在巍巍太行山上修建"人工天河"红旗渠。

红旗渠精神 VR 体验馆

红旗渠分水闸是红旗渠分水的大闸门,是红旗渠总干渠分水的枢纽工程。闸房内安装启闭力15吨的启闭机3台,房下有三个大闸门,孔宽均为2.5米。闸门内奔泻出两股清水,右边分出的是红旗渠一干渠,为双孔,沿西山到合涧镇和英雄渠汇流,渠长39.7公里,设计流量14立方米/秒,灌溉面积35.2万亩;二干渠为单孔,沿林县盆地东北边山腰蜿蜒东去,到马店村东止,渠长47.6公里,设计流量7.7立方米/秒,灌溉面积11.62万亩;三干渠从上游500米处分出向东到东岗镇东卢寨村,渠长10.9公里,设计流量3.3立方米/秒,灌溉面积4.6万亩。

红旗渠分水闸

　　水利科普园展示了中华民族历史上治水的典范工程,它生动地高度浓缩了中国水利灌溉史、农业发展史,深刻揭示了水利是国家经济发展的命脉,水是生命之源、万物之本,是中华文化遗产的璀璨瑰宝!

水利科普园

漳河水从峡谷断崖上飞泻成瀑，咆哮翻腾，如裂石穿空，蔚为壮观。河水的飞速下跌，形成了深达百米的深潭，传说有一络蚕丝的长度那么深，所以这里又叫络丝潭。

络丝潭

这座红色的廊桥，是青年洞景区入口标志性建筑，整体设计为一条曲线形的红色飘带，犹如盘龙连接浊漳河与红旗渠，是红旗渠形态的延伸。廊桥长350米，是少有的盘旋、弧形景观式桥梁，施工精确度误差不超过2毫米，堪称"世界一流、国内首创"。

红飘带——廊桥

实训基地是结合当年修渠民工在渠上的日常工作，打造出的研学实践活动基地。通过推小推车、抬太行石、拉土吊车、吃民工餐、唱红旗渠歌曲等系列体验活动，让学生感受当年林县人民战天斗地、艰苦创业的精神！

实训基地

红旗渠大型实景演出，以红旗渠为主题，以真山真水为舞台，以真人真事为题材，展现当年修建红旗渠真实的场景，通过缺水、盼水、引水、通水四个部分来演绎修渠历程。

情景表演

青年洞是红旗渠总干渠的咽喉工程之一，洞长616米，高5米，宽6.2米，设计流量23立方米/秒，挖土石方19400立方米，总投工13万个。1960年十万大军战太行，林县人民在太行山上逢山凿洞，遇沟架桥，从地势险恶、石质坚硬的太行山腰穿过，削平山头1250座，凿通隧洞211个，架设渡槽152座，苦战十年修筑了1500公里的红旗渠。

青年洞

红旗渠纪念碑，碑体通高2.2米，为6棱体，每个棱面宽0.74米。碑顶为仿古式屋檐。碑的正面有"红旗渠纪念碑"六个刷金大字，为1990年4月5日，由时任全国人大常务委员会副委员长彭冲为庆贺红旗渠通水25周年题写，其他5个碑面的内容分别是红旗渠简介、红旗渠示意图、毛泽东语录"水利是农业的命脉"、红旗渠主要建筑物简介、"红旗渠精神永放光芒"之碑文。

红旗渠纪念碑

一群人推小推车干活，休息的时候，第二个来的一定要放在第一个人的前边，第三个放到第二个的前边，以此类推，最后来的就放到了最前面，骨子里永远有一种不甘落后、争先恐后的意识。正是凭着小推车这种工具和这种争先恐后的意识，才有了红旗渠。

小推车雕塑

开挖红旗渠有四种方法：上开法、砍腰法、下接法、凿洞法。这里的地形只能采用上开法，因为上部岩石破碎，容易塌方，打洞法不可行。而用上开法，也不用把整个山头推平，从中间穿过，省工省力。当然在有的地方则需要推平山头。在整个红旗渠修建中被推平的或像这样被穿越的山头共有1250座。

两半山

军号声声，号令千军。向大自然开战就是一场战争，需要千军万马统一行动、步调一致。军号嘹亮，在太行山上回荡，指挥着数十里工地上的民工进退有序、行动一致，凝结成一个强大的兵团，与太行山博弈。

号角雕塑

每一个修渠者背后都有耐读的故事。山就是碑，碑就是山。这个英雄的群体已化作一座巍峨的山碑，与太行山永恒。壁立千仞，渠流万古，英雄的故事总在一说再说。

太行回声石刻

铁锤叮当，钢钎铿锵，打破了太行山亿万年的寂寞；炮声隆隆，无坚不摧，撕裂了干渴的旧山川。林县人民以渠线为弦，以炮声为鼓，用铁锤钢钎弹奏了一曲重整山河的英雄交响乐章，时代的强音在太行群峰间回响。

太行影像

这个山崖叫鹰嘴崖，原来这里是一整块的岩体，修渠时把它拦腰斩断，就形成了这样一个景观：突兀的山峰像雄鹰极目远眺，意欲展翅高飞。向同学们展示劳动不仅创造财富也创造美景。

鹰嘴崖

这是当年修渠时为保证质量而留下的责任界碑。哪一段渠是哪个村修的，就刻上哪个村的名字，将来万一因质量原因渠道出了问题，不仅追究你这个村的责任，而且还要由你这个村来把渠道恢复好。可以说，红旗渠是林州人民用理想和良心堆砌起来的伟大生命。把真名实姓的村名刻在渠岸上，是林州农民最诚实的承诺，是以世世代代乡土之名做出的最朴素的诚信标识。

界碑

　　长50余米，宽只有0.4米，仅容一人单身独行，遇到体壮身宽者尚需侧身吸肚才能通过。仰望崖尽之处，仅见一线天光。

一线天

这面墙上的"十水言"诗，是由红旗渠工程的领导者杨贵于 1990 年 4 月 5 日重回林州时所撰。这首诗 10 句话 13 个"水"字，充分体现了杨贵心灵深处那种"欢乐着人民的欢乐，忧患着人民的忧患"的情愫，饱含深情地告诫后人：红旗渠水融有汗水和泪水，真的来之不易啊，如果不珍惜和节约用水，是对不起修渠人的。

十水言碑

四、课程实施

红旗渠研学课程"弘扬红旗渠精神 打牢青春底色"研学实践课程以讲一堂红旗渠大课、当一次红旗渠讲解员、看一场红旗渠电影、走一次千里长渠、推一把独轮车、抡一回开山锤、抬一次太行石、吃一次民工餐、看一次凌空除险、唱一首红旗渠歌曲，以"十个一"为主要内容和活动载体，旨在提升学生认识自然、认识社会的能力，培养学生的社会责任意识和勇于创新的精神，提升学生社会实践的能力等研学目的。

讲一堂红旗渠大课

时　　间：3 个小时

地　　点：纪念馆会议室

授课对象：中小学生

课程名称：劳动创造幸福

授课过程：

引导语：读万卷书，行万里路！同学们好，欢迎大家来到红旗渠研学大课堂，研学大课堂分为两个部分，第一是开班仪式，第二进行"劳动创造幸福"授课，通过本次讲课，同学们了解林县缺水的原因，对红旗渠和红旗渠精神有一个全面的认识和了解，让同学们懂得"青春是用来奋斗的"。

开班仪式：

第一项：全体师生起立　　奏唱国歌　　行注目礼

第二项：班主任开班讲话

第三项：学生代表讲话

第四项：少先队员宣誓

第五项：研学老师实践活动介绍、布置研学任务、研学规则

第六项：结束，开始授课

劳动创造幸福课程知识点

1. 红旗渠

从太行山腰修建的引漳入林的工程，被称之为"人工天河"。红旗渠以浊漳河为源，渠首在山西省平顺县石城镇侯壁断下。红旗渠灌区共有干渠、分干渠10条，长304.1公里；支渠51条，长524.1公里，斗渠290条，长697.3公里，合计总长1525.6公里，加农渠总长度达4013.6公里。

2. 为什么修建红旗渠

一担水的故事

民国初年，桑耳庄村有三百多户的人家常年要到 4 公里外的黄崖泉去担水吃。由于山高，坡陡，曾经跌死跌伤了很多人。民国九年（1920 年）大旱，黄崖泉的泉水小得只有香火头那么粗。大年三十，一位名叫桑林茂的老汉起五更就爬上了黄崖泉，想趁早挑一担水回家过年。但是，来挑水的人太多，他一直挨到了天黑才接满了整整一担水回村。新过门的儿媳妇叫王水娥，她惦念老公爹一天外出接水还没有回来，便出村去接。由于天黑路滑，又是小脚，刚从老公爹的肩膀上接过担子没走几步路，一不小心被路上突起的石头给绊倒了，一担水洒了个净光。全家人眼看着包好的饺子没有水下锅，在一旁的新儿媳看到后是又羞又愧，在心里怎么也过不了这道坎，结果就在万家团圆的除夕夜悬梁自尽了。

旧林县是一个"十年九旱"的穷苦之地，老百姓深受缺水之苦。据《林县志》记载，从 1436 年到 1949 年这 500 多年间，发生过较大的旱灾就有 104 次，大旱绝收 38 次，甚至发生了 5 次"人相食"的惨剧。通过上述讲解，让同学们了解过去旧林县缺水的历史！

3. 了解缺水原因

林县缺水是与其特殊的地质条件、气候、地理环境密切相关。

（1）气候原因

林县春季温和而多旱，夏季气温高，降水量集中且多暴雨，年降水量的 56% 都集中在 7、8 两个月份。自 9 月至来年的 6 月降水较少，再加上林州地形陡峭、沟谷纵横，地表缺少森林覆盖，导致水土流失非常严重。

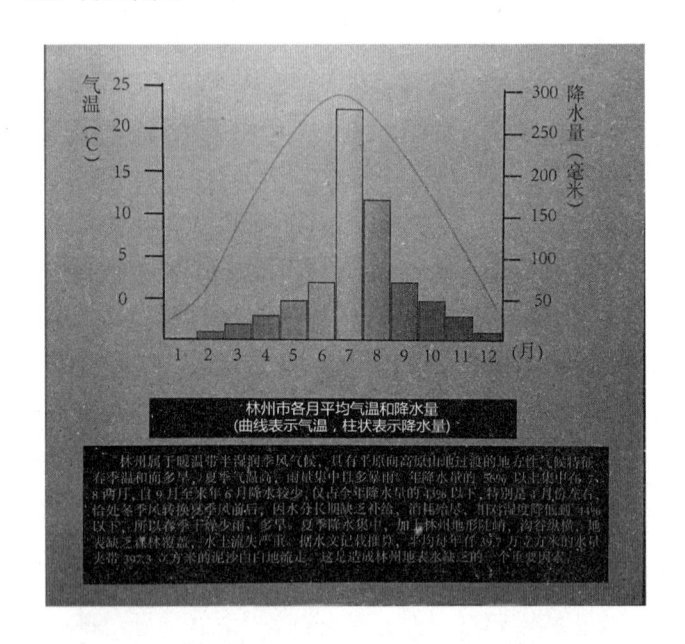

(2) 地质原因

林县境内断层较多，由于大小断层交错出现，导致地表水大量漏失，而且没有很好的隔水层，即使在没有断层的地方，也广泛分布着石灰岩，石灰岩有个特征，多裂隙、多溶洞，给地表水漏失又提供了通路。所以结合以上原因，林县属于资源性缺水。

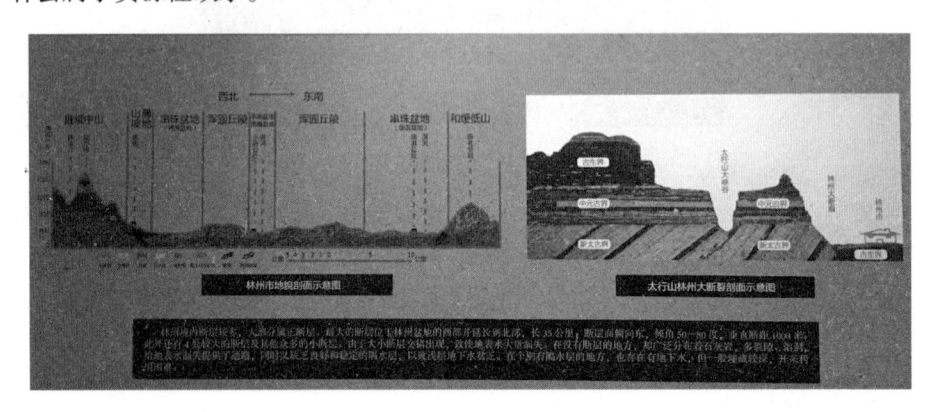

4. 太行山脉

延伸中学地理知识：最北端在北京的关沟一带，向南延伸至河南与山西交界的王屋山。太行以东是广阔的华北平原，西边是山西高原，是中国地形第二阶梯与第三阶梯的分界线。

5. 凌空除险

红旗渠总干渠修筑在"飞鸟不能驻足，猿猴难以攀援"的太行绝壁上，在修渠时，民工们悬挂在半山腰上，挥捶打钎、装药放炮，炸出一个个小平台，再在这个平台上作业，在放炮过后，常有松动的石头掉下来砸人，这个时候为了保障修渠民工们的安全，一支特殊的队伍叫除险队，应运而生。

6. 红旗渠英雄人物介绍

杨贵，1954年4月，被任命为林县县委书记。在林县整整工作了21年。率领林县人民，历经十余年，修成了人工天河——红旗渠，创造了伟大的红旗渠精神。人们都如此评价杨贵说："古有都江堰，今有红旗渠；古有李冰，今有杨贵。"红旗渠的建成在国内外产生了巨大的影响，成为我国水利建设上的一面旗帜。

吴祖太（1933—1960），河南省原阳县白庙村人。毕业于河南省黄河水利专科学校，1958年到林县水利局工作。1960年3月28日王家庄隧洞洞顶裂缝掉土严重，出于对人民群众安危的高度负责，与姚村公社卫生院院长李茂德深入洞内察看险情，不幸洞顶坍塌，夺去他年轻的生命，终年27岁。

任羊成，红旗渠工程动工后，任羊成转移到红旗渠工地劈山修渠，放炮后，经常有松散石头掉下来，给在崖下修渠民工带来很大危险。为了保证施工安全，立即决定成立除险队，任羊成第一个报名，被大家推选为除险队长，他终日带领队员们腰系大绳，飞崖下崭，凌空除险，扫除障碍，被群众称为"飞虎神鹰"。

7. 红旗渠带来的深刻变化与成就

（1）人民群众切实得到了实惠；

（2）解放和发展了生产力；

（3）促进了社会事业发展；

（4）锻炼和培养了人才；

（5）带动了林县的对外开放；

（6）培育了红旗渠精神。

8. 红旗渠精神的内涵

红旗渠精神，就其本质特征而言，主要包括四个方面，即"自力更生、艰苦创业、团结协作、无私奉献"。红旗渠不是依赖国家，向上伸手的产物，而是坚持自力更生为主，国家扶持为辅的原则，主要依靠林县人民的人力、物力和财力修建而成的。因此红旗渠工程的兴建，就突出表现了自力更生的精神；红旗渠工程十分艰巨，又是在三年困难时期上马，在粮食紧张、物资短缺、设备技术条件落后的情况下，历尽艰辛修建而成的，这就使艰苦创业精神表现得十分明显；红旗渠工程规模较大，参加施工人员众多，如果不是全县各个地方、各个单位都以大局为重，相互支持，相互配合，如果不是全国有关部门及驻军部队的大力支持，特别是各级水利部门及工程技术人员和山西省干部群众的大

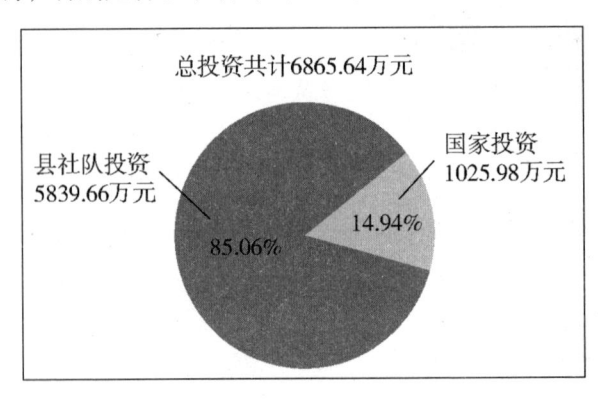

力帮助，就难以保证工程的顺利进展。所以，修建红旗渠过程中，同样突出表现了团结协作精神；红旗渠修建过程中，无论受益地区和非受益地区都不计较利益得失，为红旗渠建设贡献力量，特别是81位同志为红旗渠建设献出了自己宝贵生命，这就集中表现出了无私奉献的可贵品质。

结束语

同学们，世界是你们的，也是我们的，但是归根结底是你们的。你们青少年朝气蓬勃，好像早晨八九点钟的太阳，中华民族伟大复兴的希望就寄托在你们身上。习近平总书记说："幸福都是奋斗出来的。"同学们，生命的能量在脚下，最好的课堂在路上，最好的课本是研学，2019年我们都是追梦人，让我们一起加油！

红旗渠纪念馆是一座全面反映红旗渠建设成就和发展历史的专题纪念馆。青少年可通过任场馆讲解员的历练方式，提升自身阅读、理解、表达、展现的能力。在担任讲解员的过程中通过向人讲述红旗渠，使红旗渠的故事在同龄人当中得以流传，使红旗渠精神在同龄人当中得到传承。

当一次红旗渠讲解员

20世纪60年代，在食不果腹的情况下，勒紧裤腰带修建了"人工天河"红旗渠。作为新时代红旗渠精神的传承人，学生可通过吃一次以大烩菜为特色的民工餐，来感受当年修渠民工的生活，体悟他们用极低能量保障，挑战身体极限的艰辛和豪壮，达到回忆往昔，珍惜今朝的研学目的。

当年修建红旗渠时，工地上山高坡陡，道路崎岖，独轮车就成了当时主要

吃一次民工餐

的运输工具。正是靠着这种推车精神，林州人前仆后继，推出了一条红旗渠，推出了十万大军出太行，推出了今日林州的美好生活。学生可通过推车体验、推车比赛等多种形式，还原当年修渠艰辛执着的情景，领略"后边来的要往前边放"推车精神的精髓。

推一把独轮车

比赛规则：每队选出三名队员参赛，一个人两手紧握推车推把用力往前推，一个人在车旁扶着车往前推，一个人用一根绳子系在车头往前拉。从实践场地起点白线处至对面终点白线处用时最短者获胜。

活动工具：小推车、拉绳。

参与人员：每队安排三人一组参与。

1500公里的红旗渠，是用一块又一块的石头砌成的。这一块又一块的石头是修渠工人用开山锤和开山钻，一锤一钻凿成的。抡起开山锤，击打开石钻，在"叮叮当当"的凿石声中，在一抡一顿的弧线里，体验荒石变成料石、绝壁变成长渠的艰难过程，让青少年在体验过程中获得快乐，在攻坚克难之后获得成就感。

抡一回开山锤

比赛规则：由实践基地的现场安全员示范和讲解，安排指导大家做活动，学生们要掌握正确的抡锤和扶钎姿势，防止被砸伤。

活动工具：大锤、钢钎、柳帽。

参与人员：这项活动需要每队选出五名队员参与比赛。（有一个人双手扶两只钢钎，四个人抡锤打钎）

太行石，重如铁。当年民工就是通过肩挑手抬的原始方式，用这一块块的太行石垒砌成了今天的红旗渠。红旗渠架设在太行山绝壁的山腰，也架设在修渠民工的肩上。让学生用铁绳抬"太行石"，体验当年修渠民工的刚毅和艰辛，可历练学生力量，激发学生勇气，启发学生智慧，彰显团队精神。

比赛规则：由实践基地的现场安全员示范和讲解，安排指导大家做活动，学生们要掌握正确的捆石、抬石方法。抬离地面不高于50厘米，确保安全。由一人捆石头，捆好之后，两人用抬杠抬石头，从起点开始到终点返回，用时最短者获胜。

抬一次太行石

活动工具：抬杠、铁绳、柳帽、垫肩。

参与人员：所有学生平均分成四个队伍，每队推选一名队长和旗手，站在队伍的前面，活动进行时每队安排两人一组或者四人一组参与。

红旗渠青年洞主入口进入，沿红旗渠渠岸徒步三公里，通过脚步的丈量，推演1500公里红旗渠的蜿蜒与壮阔。人行渠墙，走近史册。沿途还可观赏到太行回声、号角吹响、测量渠线、推独轮车等修渠英雄雕塑，瞻仰老炮眼、团结洞、"劈开太行山"等修渠遗迹，感悟十年修渠的艰辛历程。

走一次千里长渠

沿途介绍

　　这是以当年修建红旗渠时的农民技术员路银为原型所创作的。当时修渠困难是一个接着一个，首先搞测量的难题摆在了大家面前，在困难面前他们没有被吓到，土法上马，一个脸盆、一条黑线、一根木棍就可以测量水平，创造了这种测量法。半个世纪过去了，红旗渠的水依然在缓缓流淌，这里蕴含了林县人民的高超智慧。

踏遍青山雕塑

　　各位学员，现在我们看到的是位于红旗渠总干渠上的创业洞，它是总干渠上的第九号隧洞，全长63米，高5米，宽6.3米，由林县东姚人民公社开凿，1960年11月动工，1961年9月竣工，为了纪念当年修渠大军艰苦创业的精神而得名。

创业洞

这是位于红旗渠总干渠上的第十号隧洞，团结洞全长 26 米，高 5 米，宽 6.3 米，由林县临淇人民公社开凿，1960 年 11 月动工，1961 年 6 月竣工。临淇位于林州市最南部，与新乡的辉县搭界，是全县不能用到红旗渠水的乡镇之一，但在当年修建红旗渠时，没有一个老百姓因为用不到红旗渠水而不参加修渠的，这正是大团结精神的体现，所以将此洞命名为"团结洞"。

团结洞

老炮又叫烧炮，这个炮眼是当年进行过爆破之后遗留下的痕迹。可以说整个修渠过程中很大一部分是靠炮崩出来的，放炮是一项艰巨的任务，全是靠人工点燃，如果在工作中稍有不慎就会有生命危险。

老炮眼

虎口崖，崖高百丈，山崖向外突出十余米，像老虎张开的大口。修渠时，山崖上时有松动石头掉下来砸人，这就要大智大勇的人腰系绳索，下崭除险，像雄鹰展翅般在空中游荡，飞荡数次，才能荡进虎口，除掉险石，人们称这叫"虎口拔牙"，于是此山崖被称为"虎口崖"。

虎口崖

　　在那艰苦的年代，数万建渠民工齐集工地，没有住房，就夜宿山崖，顶风雪、战酷暑，毫无怨言。他们留下了豪迈的诗章："崖当房，石当床，虎口崖下度时光。我为后代创大业，不建成大渠不还乡。"后人称他们住过的崖檐为神工铺。

神工铺

教唱《定叫山河换新装》《俺的家乡实在美》《推车歌》等红旗渠经典红歌。通过雄壮激昂的时代旋律荡涤学生心灵，激发爱国情怀，让激情饱满的歌声在血脉中昂扬、流淌，陪伴其走过未来漫长的人生之路。

学唱一首红旗渠歌曲

凌空除险是当年修建红旗渠最为壮观和惊险的情景。在青年洞天河亭，由当年"除险英雄"任羊成亲自指导培训的新一代"除险者"腰系绳索，在悬崖往复飞荡的"凌空除险"表演是红旗渠最为震撼惊险的节目。通过观演，学生可以真切感受到当年修渠者艰苦卓著的精神。

看一场"凌空除险"表演

五、线路安排

时间			课程内容	地点
两天线路	第一天	上午 9：00	乘坐大巴车抵达红旗渠纪念馆	纪念馆
		上午 9：30	理论教学：讲一堂红旗渠大课（开班仪式、红旗渠知识讲座）	纪念馆会议室
		12：00	午餐	酒店
		下午 14：00	现场教学：当一次红旗渠讲解员 红旗渠纪念馆是一座全面反映红旗渠建设成就和历史的专题纪念馆。学生可担任场馆讲解员，向同龄人讲述红旗渠的故事	纪念馆
		下午 16：00	VR展馆：看一场红旗渠电影	纪念馆VR展馆
		下午 16：30	现场观摩：观摩红旗渠的枢纽工程——分水闸，认识和了解分水闸的作用及意义	纪念馆
		18：00	晚餐	酒店
	第二天	上午 8：00	乘坐大巴车抵达红旗渠青年洞	青年洞
		上午 8：30	体验教学：登红旗渠，感受"自力更生、艰苦创业、团结协作、无私奉献"的红旗渠精神	青年洞
		上午 10：00	体验教学：推一把独轮车、抡一回开山锤、抬一次太行石	青年洞实践基地
		上午 11：00	体验教学：同学们自己动手准备午餐	青年洞实践基地
		14：00	情景教学：观看红旗渠大型实景演出《又见红旗渠》	青年洞
		下午 15：00	现场观摩：观摩红旗渠的重点咽喉工程——青年洞，学唱一首红旗渠歌曲，举行成人礼、集体朗读《少年中国说》	青年洞
		下午 17：00	结束教学安排，送班	

六、课程评价

1. 研学课程要建立考核评价机制。通过科学评价，激发同学参加研学活动的兴趣，提升教师组织开展研学活动的能力，推动研学基地健康的发展。

2. 对学生的评价提倡多元评价，注重过程评价，教师要鼓励学生建立自己的研学活动档案，运用学生自我评价、教师评价和学生相互评价等方式，把学生在研学活动中的行为表现、情感态度、自我反思、体验与收获记录在档案中。

3. 对教师的评价主要包括教师组织活动的态度、知识结构、活动方案、资源开发以及组织、管理、指导和协调能力等。

4. 对研学基地的综合评价主要体现在规章制度建设、教师配备与培训、课程开发与教研、活动组织与实施、设施设备配置、社会资源利用、学校协调、满意度、档案建设、经济使用、生活服务和安全保障等。

河南省研学实践教育课程
原创承诺书

郑重承诺：

　　本团队提交的研学实践教育课程<u>弘扬红旗渠精神　打牢青春底色</u>，全部根据团队研学实践教育理念和实践，由本团队独立撰写，系原创内容。如发现与上述承诺情况不符，本团队愿意承担一切后果。

承诺单位（盖章）：

2019 年　　月　　日

主要参考文献

1. 教育部等：关于推进中小学生研学旅行的意见，2017-11-30.
2. 国家旅游局：研学旅行服务规范，2017-05-01.
3. 教育部：中小学生综合实践活动课程指导纲要，2017-09-27.
4. 北京博雅方略集团：如何推进研学旅行产品高质量发展［J］. 中国旅游报，2019-08-23.
5. 陈非. 修学旅游初论［J］. 大连海事大学学报（社会科学版），2009（8）.
6. 张其惠. 王坚忠. 修学旅游研究述评［J］. 辽宁经济职业技术学院学报，2010（6）.
7. 徐仁立. 革命老区精神传承与生态文明新区创建［J］. 渭南师范学院学报，2016.
8. 徐仁立. 旅游产业与文化产业融合发展的思考［J］. 宏观经济管理，2010（1）
9. 徐仁立. 红色旅游思想教育功能及其实现［J］. 学校党建与思想教育，2009（4）.
10. 徐仁立. 红色旅游发展概论［M］. 中国旅游出版社，2017.
11. 徐仁立. 进一步推进红色旅游进校园进课堂进教材［J］. 中国旅游报，2015-10-14（4）.
12. Porth, S. J. Management education goes international: a model for designing and teaching a study tour course［J］. Journal of Management Education，1997，21（2）: 190-199.
13. Andrea Macchiavelli, GruppoCLAS, Milano. The dialogue of school exchange swith the tourism system［J］. Tourism Review，1997，52（1）: 34-40.
14. 中华人民共和国教育部. 中小学学生赴境外研学旅行活动指南［EB/

OL]. (2016 - 12 - 19) [2019 - 11 - 20]. http：//old. moe. gov. cn//publicfiles/business/htmlfiles/moe/s271/201407/171507. htm.

15. 教育部等 11 各部门. 关于关于推进中小学生研学旅行的意见 [EB/OL]. (2016 - 12 - 19) [2019 - 11 - 20]. http：//www. moe. gov. cn/jyb_ xwfb/gzdt_ gzdt/s5987/201612/t20161219_ 292360. htm.

16. 徐褒琳. 研学旅行研究进展与启示 [J]. 中国集体经济, 2017 (01): 122 - 124.

17. 张凌云. 国际上流行的旅游定义和概念综述——兼对旅游本质的再认识 [J]. 旅游学刊, 2008 (1): 86 - 91.

18. 陈林, 卢德生. 我国研学旅行历史演变及启示 [J]. 江西广播电视大学学报, 2019, 21 (1): 26 - 31.

19. 翟小铭, 郭玉英, 李敏. 构建学习进阶：本质问题与教学实践策略 [J]. 教育科学, 2015, 31 (2): 47 - 51

20. 黄崴. 主体性教育理论：时代的教育哲学 [J]. 教育研究, 2002 (4): 74 - 77.

21. 汪明杰. 在地化教学：教育生态化转型的支点 [J]. 世界教育信息, 2018, 31 (12): 13 - 16 + 24.

22. 李坤崇. 教学评量 [M]. 台北：心理出版社, 2006: 5.

23. 龙肖毅. 论新中国首次民族团结修学旅游 [J]. 世纪桥, 2013 (13): 68 - 70.

24. 庞长富, 苏甦. 主体能动作用与行为科学的激励理论 [J]. 天津社会科学, 1985 (3): 38 - 41.

25. 郭晓红. 论主体能动性与客体制约性的辩证法 [J]. 哈尔滨学院学报（教育）, 2002 (2): 99 - 101.

26. 曲文研. 论马克思的主体能动性 [D]. 辽宁大学, 2011.

27. 国务院. 关于加快发展旅游业的意见 [EB/OL]. (2009 - 12 - 03) [2019 - 11 - 20]. http：//www. gov. cn/zwgk/2009 - 12/03content_ 1479523. htm.

28. 武晓玮. 国外研学旅行理论研究综述 [J]. 湖北理工学院学报（人文社会科学版）, 2019, 36 (5): 12 - 17.

29. 钟生慧. 研学旅行设计：理论依据与实践策略 [D]. 杭州师范大学, 2019.

30. 王聪培. 古代游学与现代研学旅行的比较分析 [J]. 课程教学研究, 2019 (7): 94 - 96.

31. 朱丽男，石媚山. 研学旅行的理论基础与实施策略研究［J］. 旅游纵览（下半月），2019（2）：201-202.

32. 李军. 近五年来国内研学旅行研究述评［J］. 北京教育学院学报，2017，31（6）：13-19.

33. 陈光春. 论研学旅行［J］. 河北师范大学学报（教育科学版），2017，19（3）：37-40.

34. 陆庆祥，程迟. 研学旅行的理论基础与实施策略研究［J］. 湖北理工学院学报（人文社会科学版），2017，34（2）：22-26.

35. 国务院. 关于印发国民旅游休闲纲要（2013—2020年）的通知［EB/OL］.（2013-02-18）［2019-11-20］. http：//www.gov.cn/zhengce/content/2013-02/18/content_3928.htm.

36. 王淑慧. 多元化教学评价的研究［D］. 华中师范大学，2011.

37. 马亚琴：中日研学旅行对比浅析（J），度假旅游，2018（8）.

38. 张义民：日本修学旅行的目的、特点及其意义（J），教学与管理，2018（17）.

39. 司利、张浩：日本修学旅游发展模式与经验探究（J），旅游研究，2012（6）.

40. 曹晶晶：日本修学旅游发展及其对中国的启示（J），经济研究导刊，2011（4）.

41. 冉源懋 王浩霖：研学旅行的英国实践及启示（J），西南交通大学学报（社科版），2019，20（3）.

42. 司宇琦 储德平 王鹤琴 罗燕燕 曾艳芳：英国学校教育旅行的典型模式（N），中国旅游报，2019-05-14（03）.

43. 栾聪，侯爽，唐瑞阳. 浅谈研学旅行对青少年素质教育的影响［J］. 度假旅游，2019（3）：117.

44. 徐丽姗，阚碧霞. 青少年研学旅行创新融入德育美育教育研究［J］. 中共乐山市委党校学报，2019，21（4）：110-112.

45. 彭晶，孔海棠. 青少年红色文化研学实践教育问题与对策研究——以皖西地区为例［J］. 安徽理工大学学报（社会科学版），2019，21（2）：95-98.

46. 李倩，黄小亚，董媛. 红色研学旅行基地建设与研究——以重庆红岩基地为例［J］. 中国集体经济，2018（21）：105-106.

47. 殷世东，程静. 中小学研学旅行课程化的价值意蕴与实践路径［J］. 课程. 教材. 教法，2018，38（4）：116-120，115.

48. 胡呈军. 牢记使命砥砺前进书写研学旅行发展新篇章. 红色文化网 http：//www. hswh. org. cn/wzzx/hyzx/2018 - 05 - 28/50600. html.

49. 陈林 卢德生：我国研学旅行历史演变及启示（J），江西广播电视大学学报，2019. 21（1）.

50. 王昆欣. 研学旅游：青少年成长的大课堂［N］. 中国旅游报，2015 - 05 - 20（10）.

51. 丁运超. 研学旅行：一门新的综合实践活动课程［J］. 中国德育，2014（9）：12 - 14.

52. 杨艳利. 研学旅行：撬动素质教育的杠杆——访上海师范大学旅游学系系主任朱立新教授［J］中国德育，2014（17）：21 - 24.

53. 申红燕. 研学旅行：学生核心素养培育的新路径［J］. 教师教育论坛，2017，30（10）：71 - 73.

54. 滕丽霞，陶友华. 研学旅行初探［J］. 价值工程，2015（34）：251 - 253.

55. 白宏太，田征，朱文潇. 到广阔的世界中去学习——教育部中小学"研学旅行"试点工作调查［J］. 人民教育，2014（2）：34 - 39.

56. 崔允漷，王中男. 学习如何发生：情境学习理论的诠释［J］. 教育科学研究，2012（7）：28 - 32.

57. 李军. 近五年来国内研学旅行研究述评［J］. 北京教育学院学报，2017，31（6）：13 - 19.

58. 陆庆祥，汪超顺主编. 研学旅行理论与实践［M］. 北京：北京教育出版社，2018.

59. 朱传世著. 研学旅行设计［M］. 北京：中国发展出版社，2019.

60. 杨振之. 研学旅行：基地是载体内容是根本关键在导师［N］. 中国文化报，2019 - 04 - 13（007）.

61. 教育部国家发展改革委等11部门. 《关于推进中小学生研学旅行的意见》，中华人民共和国教育部. 2016 - 11 - 30.

62. 杨晓. 《研学旅行的内涵、类型与实施策略》，《课程·教材·教法》，2018（4）：131 - 135.

63. 向长征. 《试析中小学校研学旅行的实施策略》，《中小学德育》，2017（9）：17 - 19

64. 陆庆祥程迟. 《研学旅行的理论基础与实施策略研究》，《湖北理工学院学报》，2017（3）：22 - 26.

65. 梁烜. 《中小学研学旅行的现状分析与有效实施策略》，《中国教师》，

2017 (5): 25-28.

66. 教育部等 11 部门. 教育部等 11 部门关于推进中小学生研学旅行的意见 [EB/OL]. http://www.moe.gov.cn/srcsite/Aob/s3325/201612/t20161219_292354.html.

67. 李柯. 社会生态系统理论在违法犯罪青少年矫正教育中的应用 [D]. 北京: 首都师范大学, 2011.

68. 丁运超, 丁勇成. 地理教学视角下的研学旅行 [J]. 中学地理教学参考, 2016, (7).

69. 宋娟, 秦升阳, 董峰"中国高句丽史"课程开展研学旅行的探索与实践 [J]. 通化师范学院学报, 2014, (12).

70. 吴支奎, 杨洁. 研学旅行: 培育学生核心素养的重要路径 [J]. 课程. 教材. 教法, 2018, (4).

71. 国内研学旅行课程研究: 回顾、反思与展望, 李倩 (西北师范大学教育学院, 甘肃兰州, 730070).

72. 陈慧婷. 研学旅行解说系统构建研究 [J]. 江苏商论, 2017 (1): 54-56.

73. 陈成文, 潘泽泉. 论社会支持的社会学意义 [J]. 湖南师范大学社会科学学报, 2000 (6): 25-31.

74. 郭华. 国外旅游利益相关者研究综述与启示 [J]. 人文地理, 2008 (2): 100-105.

75. 施良方. 课程理论——课程的基础、原理与问题 [M]. 北京: 教育科学出版社, 1996.

76. 王军海, 任国友. (中国劳动关系学院安全工程系应急决策与仿真分析实验室, 北京 100048).

77. 李学坤, 刘华. 中小学生研学旅行安全风险管理与对策研究.

78. 中小学生研学旅行的发展思路与运行机制研究——以重庆市为例 杨永双, 邵瑞劲. 重庆市武隆区教育技术中心, 重庆 408500.

79. 钟林凤, 谭诤. 研学旅行的价值与体系构建 [J]. 教学与管理, 2017 (31).

80. 李兴防. 研学旅行的特点及实施准备研究 [J]. 中学地理教学参考, 2017 (7).

81. 陈慧婷. 利益相关者视域下的研学旅行社会支持系统构建 [J]. 商业经济, 2017 (11).

82. 田晓伟，张凌洋．研学旅行服务发展中的公私合作治理探析［J］．中国教育学刊，2018（5）．

83. 严黎，何燕燕．江西省研学旅行的现状分析［J］．现代教育管理，2019（6）：210－211．

84. 朱蔚琦．文旅融合背景下研学旅行的发展研究［J］．齐齐哈尔师范高等专科学校学报，2019（4）：30－31．

85. 郑怡清．基于SWOT分析的我国中小学研学旅行发展策略研究［J］．地理教学，2019（13）：54－57．

86. 宋世云．系统构建中小学研学旅行课程内容［J］．中小学信息技术教育，2019（9）：84－87．

87. 刘璐，曾素林．中小学研学旅行研究进展与反思［J］．教育探索，2018（1）：8－12．

88. 李晓．研学旅行背景下的旅游管理专业人才培养改革分析［J］．互联网＋教育，213－214．

89. 彭俊芳．研学旅行利益相关方分析与协调［J］．中学地理教学参考，2019（8）：4－6．

90. 吴静涛．中小学研学旅行课程化问题的成因及纾解［J］．教学与管理，2019（8）：80－82．

91. 张加欣．我国研学旅行的发展现状及策略研究［J］．课程教学研究，2019（7）：89－93．

92. 安铮：《新"游学"体验旅行研究》，《旅游管理研究》，2014.6．

93. 徐仁立．红色旅游发展概论［M］．中国旅游出版社，2017．

94. https：//baike.baidu.com/item/%E6%89%8E%E8%A5%BF%E4%BC%9A%E8%AE%AE/7757635？fr＝aladdin，扎西会议．

95. https：//mp.weixin.qq.com/s/hbdFGpwarO－EZBxIKbiltA，威信党史，2018－08－30．

96. https：//mp.weixin.qq.com/s/WkabyPrB_QKiuJFVxtk2UQ，威信党史，2018－10－11．

97. https：//mp.weixin.qq.com/s/3cVEN8WZJH69vuqbfylk8Q，威信党史，2018－08－09．

98. 张泰城．红色资源是优质教育资源［J］．井冈山大学学报，2010，（1）．

99. http：//www.zxgbxy.org.cn/Item/Show.asp？m＝1&d＝2642，扎西干部

学院，学院简介．

100. http：//www.weixin.gov.cn/view/weixinmain/1/941/view/20565.html 【记者再走长征路九】培训人数超 4 万人次扎西干部学院这样传扬长征精神．

101. 国务院办公厅关于印发国民旅游休闲纲要（2013—2020 年）的通知．中央政府门户网站，2013 - 2 - 18.

102. 国务院关于促进旅游业改革发展的若干意见国发〔2014〕31 号．中央政府网，2014 - 08 - 21.

103. 教育部等 11 部门关于推进中小学生研学旅行的意见．中华人民共和国教育部，2016 - 12 - 18.

104. 教育部办公厅关于公布第一批全国中小学生研学实践教育基地、营地名单的通知教基厅函〔2017〕50 号．中华人民共和国教育部，2017 - 12 - 06.

105. 教育部办公厅关于公布 2018 年全国中小学生研学实践教育基地、营地名单的通知教基厅函〔2018〕84 号．中华人民共和国教育部，2018 - 11 - 1.

106. 国家旅游局．研学旅行服务规范：LB/T054 - 2016 [S]，2017.

107. 桑国元，郑立平，李进成．21 世纪教师的核心素养 [M]．北京师范大学出版社，2017.

108. 李宏兴，教师的四大核心素养．中国教师报 [J]，2017（8）．

109. 刘栩辰．从导游人才的职业素养谈导游人才的培养 [J]．读与写（教育教学刊），2013（9）．

110. 沈民权，杜国标，赵昱菁．导游岗位职业素养分析 [C]．全国职教德育教学研究会 2012 年职业素养内涵与训练研究专辑，2012.

111. 刘惊铎，生态体验式职业生涯规划教育模式新探索 [EB]，新浪微博，2018.

112. 国务院．国家职业教育改革实施方案 [S]．2019.

113. 马丁·塞利格曼．持续的幸福．浙江人民出版社 [M]，2012.

114. 国务院办公厅关于印发国民旅游休闲纲要（2013—2020 年）的通知．新华网 [引用日期 2013 - 02 - 18].

115. https：//kns.cnki.net/KCMS/detail/42.1838.C.20190926.1726.006.html

116. Gunay Aliyeva Impacts of Educational Tourismon Local Community：The Case of Gazimagusa, North Cyprus [D]. North Cyprus：Eastern Mediterra - nean U - niversity, 2015.

117. SamahAAAhmadianM. Educational tourism in Malaysia：Implications for com - munity develop - ment practice [J]. Asian Social Science, 2013 (11)：17 - 23.

118. 濮元生,濮蓉.RMP视角下南京市生态+研学旅游产品开发研究[J].江苏商论,2018,409(11):50-52+55.

119. 曾祺,吴必虎.跨国访学旅游中的异文化体验与旅游经济——以台湾地区学生赴美游学为例[J].旅游科学,2013,27(6):73-82.

120. 殷堰工.苏州国际教育园开展体验式研学旅行[J].唯实:现代管理,2017.

121. 骆鹏飞,史小珍.我国农村青少年研学旅游发展浅析[J].农村经济与科技,2017(5):278-280.

122. 李军.近五年来国内研学旅行研究述评[J].北京教育学院学报,2017(6):13-19.

123. 白长虹,王红玉.以优势行动价值看待研学旅游[J].南开学报(哲学社会科学版),2017(1):156-164.

124. 杨菲,么聪敏.发展心理学视角下关于中小学生研学旅行教育体验内容的思考[J].西部素质教育,2017,3(17):98-99.

125. 陆庆祥,程迟.研学旅行的理论基础与实施策略研究[J].湖北理工学院学报(人文社会科学版),2017(2).

126. 朱洪秋.研学旅行课程的政策基础、理论依据与操作模型[J].中小学德育,2017(9):20-23.

127. 刘刚,杨丁.基于研学旅行建构第二课程体系[J].教学与管理,2018(34):74-77.

128. 张艳霞.新乡市中学生乡村研学旅游市场开发研究[D].

129. 王占龙.基于剧场理论的研学旅游优化策略研究[J].河北旅游职业学院学报,2019,24(1):51-53.

130. 孙茜.基于顾客满意度的红色研学旅游基地可持续发展研究[J].湖北理工学院学报(人文社会科学版),2017(2).

131. 张向敏,郭莹莹,李曼秋.研学旅行之构建开放型初中地理综合实践活动[J].读与写(教育教学刊),2017(09):92-93.

132. 陈俊英.发挥地理学科优势,助力研学旅行基地建设[J].中学地理教学参考,2018(13):32-34.

133. 李阳.博物馆与研学旅行相结合探析[J].2019(12).

134. 高丙成,朱祥慧.弘扬沂蒙精神:区域推进红色研学课程建设——访沂南县教体局局长李道宽[J].现代教育,2018(2):4-6.

135. 吴涛.红色研学旅行中的社会主义核心价值观教育研究[J].湖北理

工学院学报（人文社会科学版），2017（2）.

136. 陈胤丹. 西安市红色研学旅游产品开发研究［J］. 旅游纵览（下半月），2017（1）：179-180.

137. 范妮娜. 青少年红色研学旅游产品开发研究——以沙家浜风景区为例［J］. 佳木斯职业学院学报，2019（5）.

138. 赵庭，赵广忠. 探索红色研学旅行的沂南模式——访山东省沂南县教育体育局局长李道宽［J］. 中国德育，2018.

139. 王绪堂. 沂蒙精神引领下学校红色研学旅行的探究——以沂南县孟良崮实验学校为例［J］. 现代教育，2018，No.631（2）：18-20.

140. 王晓燕. 研学旅行：课程开发是关键［J］. 中小学信息技术教育，2018（10）.

141. 周璇，何善亮. 中小学研学旅行课程：一种新的课程形态［J］. 教育参考，2017：81.

142. 于俊霞. 小学研学旅行活动课程开发研究［D］.

143. 罗亚玲. 最美的教育在路上——研学旅行活动课程体系实践研究［J］. 教育科学论坛，2018.

144. 刘璐，曾素林. 国外中小学研学旅行课程实施的模式、特点及启示［J］. 课程. 教材. 教法，2018，v.38；No.414（4）：138-142.

145. 曾素林，刘璐. 基于关键能力的中小学研学旅行活动课程开发的挑战与对策［J］. 教育探索，2019，319（1）：33-37.

146. 李倩. 国内研学旅行课程研究：回顾、反思与展望［J］. 西北成人教育学院学报，2019，139（1）：81-86.

147. 唐顺英［1］. 曲阜：孔子家乡文化修学旅游开发研究［J］. 社会科学家，2004（5）.

148. 汪季清，李庆庆. 黄山市修学旅游开发的原则和策略［J］. 淮海工学院学报（人文社会科学版），2012，10（6）：60-63.

149. 邓明艳，汪明林. 青少年修学旅游市场开发与世界遗产保护［J］. 乐山师范学院学报，2004，19（6）：120-123.

150. 沈晓春. 广东修学旅游产品开发研究［J］. 邵阳学院学报（社会科学版），2011，10（2）：65-68.

151. 彭小珊. 研学旅行产品开发策略研究——以南宁市为例［J］. 广西师范学院学报：哲学社会科学版，2019，40（2）：93-100.

152. 陈胤丹. 西安市红色研学旅游产品开发研究［J］. 旅游纵览（下半

月), 2017 (1): 179-180.

153. 陈素平, 梅雨晴. 近20年我国研学旅游研究综述 [J]. 湖南工程学院学报 (社会科学版), 2017 (3).

154. 王仁庆. 我国青少年旅游市场开发初探 [J]. 消费经济, 2002 (1): 56-58.

155. 文红 [1], 孙玉琴 [1]. 对开发修学旅游市场的思考 [J]. 怀化学院学报, 2005 (1).

156. 王昆欣. 研学旅游: 青少年成长的大课堂 [N]. 中国旅游报, 2015-05-20 (10).

157. 教育部等11部门. 教育部等11部门关于推进中小学生研学旅行的意见 [EB/OL]. (2016-11-30) [2017-10-30].

158. 丁运超. 研学旅行: 一门新的综合实践活动课程 [J]. 中国德育, 2014 (9): 12-14.

159. 陆庆祥, 程迟. 研学旅行的理论基础与实施策略研究 [J]. 湖北理工学院学报, 2017 (3): 22-26.

160. 白宏太. 到广阔的世界中去学习——教育部中小学"研学旅行"试点工作调查 [J]. 人民教育, 2014 (4): 34-39.

161. 黄传骅. "课程化研学"的开发与思考 [N]. 中国旅游报, 2014-06-23 (11).

162. 李军. 近五年来研学旅行研究述评 [J]. 北京教育学院学报, 2017 (6): 13-19.

163. 吴涛. 红色研学旅行中的社会主义核心价值观教育研究 [J]. 湖北理工学院学报 (人文社会科学版), 2017 (3): 32-34.

164. 莫林丽. 大别山区红色旅游资源整合开发研究 [J]. 安徽农业科学, 2016, 44 (31): 169-171.

165. 朱东国, 蒋晓煜. 全域旅游视角下井冈山红色旅游产业融合策略. 赣南师范大学学报, 2018 (6): 108-111.

166. 凡宇, 黄三生. 全域旅游视域下江西红色旅游的创新发展. 中共南昌市委党校学报, 2018, 16 (5): 46-50.

167. 范晓慧, 梁科. 全域旅游下海南红色文化旅游资源的开发探究. 度假旅游, 2018 (7): 74-75.

168. 林树良, 陶蕊. 全域旅游下红色旅游发展探析——以广西桂林为例. 经济研究导刊, 2018 (23): 103-105.

169. 陈晓艳. 陕西省红色研学旅游产品的旅游吸引力提升研究. 陕西学前师范学院学报, 2019, 35 (3): 121-125.

170. 李倩, 黄小亚, 董媛. 红色研学旅行基地建设与研究——以重庆红岩基地为例. 中国集体经济, 2018 (7): 105-106.

171. 罗洁. 让研学旅行成为真正的人生课程 [J]. 北京教育, 2017 (6): 1.

172. 于书娟, 王媛, 毋慧君. 我国研学旅游的问题成因及对策 [J]. 教学与管理, 2017 (19): 12.

173. 周璇, 何善亮. 中小学研学旅行课程: 一种新的课程形态 [J]. 教育参考, 2017 (6): 76-81.

174. 赵露, 廖华平. 小学研学旅行实施现状分析与课程设计建议——以四川 L 市为例 [J]. 才智, 2018: 70-73.

175. 教育部等 11 部门关于推进中小学生研学旅行的意见（教基 2016 (8) 号文件）. [R/OL] http//www.edu.cn/edu/zheng_ce_gs_gui/zheng_ce_wen_jian/zong_he/201612/t20161219_1476909.shtml.

176. 国务院办公厅关于印发国民旅游休闲纲要（2013—2020 年）的通知. 新华网, 2013-02.

177. "共和国是红色的（两会现场观察）" [N]. 人民日报, 2019-03-05.

178. 谷安林. 河源讲坛: 薪火相传, 奔向未来 [N]. 河源日报, 2008-05-09.

179. 李钢. 河源挖掘红色文化资源, 构建红色旅游文化产业链 [EB/OL]. 金羊网, 2019-08-26.

180. 叶梅芬. 2019 年政府工作报告 [EB/OL]. 河源市人民政府网, 2019-01-23.

181. 彭茂洋. 国庆假期, 河源红色旅游持续升温 [N]. 河源晚报, 2019-10-03.

182. 叶梅芬. 2018 年政府工作报告 [EB/OL]. 河源市人民政府网, 2018-03-20.

183. 国务院办公厅.《国民旅游休闲纲要（2013—2020 年）》[Z]. 2013-02-02.

184. 国务院办公厅. 关于促进旅游业改革发展的若干意见 [Z]. 2014-08-21.

185. 国务院办公厅. 国务院办公厅关于进一步促进旅游投资和消费的若干

意见 [Z]. 2015 - 08 - 11.

186. 国务院办公厅. 教育部等 11 部门关于推进中小学生研学旅行的意见 [Z]. 2016 - 12 - 19.

187. 刘松敏. 高职院校旅游管理专业研学旅行复合型人才培养探索 [J]. 产业与科技论坛, 2019, 13: 211.

188. 昆明日报. 把政策、资源优势转化为产业发展胜势云南省欲打造全国研学实践范本发布时间 [OL], 2019 年 07 月 24 日, http: //yn. yunnan. cn/system/2019/07/24/030335442. shtml.

189. 陈超. 江西省高职院校研学旅游人才培养初探 [J]. 国际公关, 2020, 02: 106.

190. 陈瑶. 高职教育研学旅行人才培养模式构建 [J]. 科技视界, 2019, 36: 214.

191. 代莹. 研学旅行视阈下高职旅游管理专业人才培养改革研究 [J]. 科教导刊（上旬刊）, 2019, 10: 28.

192. 教育部办公厅. 教育部办公厅关于公布第一批全国中小学生研学实践教育基地、营地名单的通知 [Z]. 2017 - 12 - 06.

193. 教育部办公厅. 教育部办公厅公布 2018 年全国中小学生研学实践教育基地、营地名单 [Z]. 2018 - 11 - 01.

194. 陈林, 卢德生. 我国研学旅行历史演变及启示 [J]. 江西广播电视大学学报, 2019 (1): 26 - 31.

195. 冉源懋, 王浩霖. 研学旅行的英国实践及启示 [J]. 西南交通大学学报（社会科学版）, 2019 (3): 99 - 106.

196. 司宇琦, 储德平, 王鹤琴, 等. 英国学校教育旅行的典型模式 [N]. 中国旅游报, 2019 - 05 - 14.

197. 曹晶晶. 日本修学旅游发展及其对中国的启示 [J]. 经济研究导刊, 2011 (4): 134 - 136.

198. 杨生, 司利, 张浩. 日本修学旅游发展模式与经验探究 [J]. 旅游研究, 2012 (2): 25 - 29.

199. 杜淑芳. 国内外研学旅游发展对内蒙古的启示与思考 [J]. 北方经济, 2019 (4): 49 - 51.

200. 白长虹, 王红玉. 以优势行动价值看待研学旅游 [J]. 南开学报（哲学社会科学版）, 2017 (1): 151 - 159.

201. 吴颖惠. 研学旅行需要注意的几个问题 [J]. 中国教师, 2017 (17):

9-11.

202. 刘璐,曾素林. 中小学研学旅行研究进展与反思 [J]. 教育探索,2018 (1):8-12.

203. 荆文风. 中小学研学旅行课程建设研究 [D]. 湖北:华中师范大学,2019.

204. 【重走长征路】云南湾子苗寨:红色旅游成致富支点 [EB/OL]. 央视网,2016-10-09.

205. 郑怡清. 基于SWOT分析的我国中小学研学旅行发展策略研究 [J]. 地理教学,2019 (13):54-57.

206. 邓达,尹静,于敏章. 中小学研学旅行课程发展现状分析及策略研究 [J]. 基础教育研究,2020 (7):29-31.

207. 屈玉君. 中小学研学旅行现状及对策分析 [J]. 教育实践与研究,2018 (4):42-44.

208. 王滢兰,李丰华. 中小学研学旅行存在的问题及有效策略之初探 [J]. 发展,2019 (1):94.

后 记

为了更好适应全国研学旅行蓬勃发展的新形势,进一步加强研学旅行理论与实践研究,促进研学旅行持续健康发展,中国红色文化研究会红色旅游学术研究专业委员会组织相关专家、学者撰写了这部专题研究型的著作。

本书各研究专题由红色旅游学术研究专业委员会主任、百色学院徐仁立教授倡议并提出各专题研究题目,分别由全国学界相关教授、博士和业界相关专家、学者等分工共同撰写完成。最后由徐仁立教授审稿、修定,西南林业大学地理与生态旅游学院硕士研究生郑祖槐编排、修订。全书分为理论研究、实践研究两部分。共计28个专题,各专题撰稿人如下:

第一篇 理论研究

一、研学旅行的性质与影响

(徐仁立:全国著名红色旅游研究专家、广西文旅厅资源评定专家、中国红色文化研究会红色旅游学术研究专业委员会主任、百色学院革命老区红色旅游研究中心负责人、教授)

二、研学旅行基本理论研究

(阚如良:三峡大学经济与管理学院旅游系主任、三峡学者、硕士导师,湖北省旅游发展决策咨询专家;王巧巧:中南财经政法大学硕士研究生;张程,宜昌大地风采创意策划有限公司策划师)

三、国外研学旅行发展概况及其启示

(徐仁立:中国红色文化研究会红色旅游学术研究专业委员会主任、百色学院红色旅游研究中心教授;郑祖槐:西南林业大学地理与生态旅游学院硕士研究生)

四、盘点解读中小学研学旅行的政策法规

(陈丽军、何小洁、姚凡、杨玉兰、廖璞玉:黄冈师范学院地理与旅游学院)

五、研学旅行发展的历史现状问题与对策

（胡呈军：原全国红办副主任、中国红色文化研究会副会长、研学旅行工作委员会主任）

六、研学旅行课程设计研究

（凌常荣：广西大学商学院教授，广西传统文化研究会副会长；郝滢屹、祝慧：广西大学商学院研究生）

七、研学旅行基地建设研究

（张建忠，山西财经大学教授、博士后；郝金连，山西大同大学副教授，博士）

八、研学旅行的组织实施策略研究

（杨凯：黄冈师范学院地理与旅游学院院长、教授，红色旅游学术研究专业委员会常务副主任）

九、研学旅行的社会支持系统

（李婉玲：黔东南职业技术学院副教授）

十、研学旅行实施过程中的瓶颈化解研究

（叶俊：黄冈师范学院地理与旅游学院院长助理，副教授；李廷格：黄冈师院学生）

十一、红色旅游景区在青少年体验式研学旅行开发的策略研究

（杨秀珍：《中国报道》杂志社民生观察栏目主编，中国研学旅行联盟副理事长兼秘书长，中国红色文化研究会研学旅行工作委员会副主任兼秘书长）

十二、爱国主义教育基地研学旅行研究

（郑祖槐：西南林业大学地理与生态旅游学院硕士研究生、云南省文山市德厚镇中学、文山市第一中学南校区教师）

十三、中小学生研学旅行研究

（郑祖槐：西南林业大学地理与生态旅游学院硕士研究生、云南省文山市德厚镇中学、文山市第一中学南校区教师）

十四、研学导师的职业素养与岗位技能培训

（徐鹏：中国红色文化研究会研学旅行工作委员会副主任）

十五、研学旅行效益评估研究

（甘婷、赵云：黄冈师范学院地理与旅游学院教师）

十六、研学旅行持续发展的影响与前景分析研究

（陈翠：黄冈师范学院地理与旅游学院教师）

十七、研学旅行学术研究综述

（许庆勇：南昌大学旅游学院副教授、博士，红色旅游学术研究专业委员会秘书长）

十八、生态体验式研学旅行理论与实践

（刘惊铎：国家开放大学政法学部部长、教授、生态体验教育中心主任，中华人民共和国国史学会研学教育委员会主任、澳门城大博士生导师）

十九、云南省地方院校研学旅行人才培养探索

（徐仁立：中国红色文化研究会红色旅游学术研究专业委员会主任、百色学院红色旅游研究中心负责人、教授；郑祖槐：西南林业大学地理与生态旅游学院硕士研究生）

第二篇 实践研究

一、中国研学旅行从红旗渠走来！——红旗渠风景区红色旅游发展新探索

（常彦奋：林州市红旗渠风景区旅游服务有限责任公司部门经理）

二、大别山红色研学旅行课程开发创新模式探究

（陈翠：黄冈师范学院地理与旅游学院教师；陈丽军：黄冈师范学院地理与旅游学院副教授、博士在读）

三、全域旅游背景下红安县红色研学旅游发展研究

（高艳静：黄冈师范学院地理与旅游学院教师）

四、用地域特色激发高校红色基因教育活力——以湘潭大学红色文化建设为例

（刘建平：湘潭大学副校长、教授、博士生导师，湖南省红色旅游研究中心首席专家；张佑祥：湘潭大学马克思主义学院党委书记）

五、依托百色做好新时代红色教育培训

（詹晴霜：百色红魂教育服务中心主任）

六、桂北红色教育培训机构存在的问题及对策

（陆海联：全州桂北红色革命传统教育培训学院院长）

七、中小学红色研学旅行现状分析与课程设计建议——以浙江省为例

（彭文文：浙江理工大学马克思主义学院）

八、提升河源红色旅游优质发展

（杨党校：河源职业技术学院红色文化研究中心主任，中山大学马克思主义学院在读博士）

由于我国研学旅行刚刚起步,理论建设与实践发展尚不完善,我们水平有限,研究不够,许多问题还有待于在今后的研究与实践中不断充实、完善、修正、提高,热忱欢迎各位同仁批评、指正。

徐仁立
2020 年 6 月 8 日于百色澄碧湖畔